Dietrich Ritschl

Konzepte
Gesammelte Aufsätze
Band I: Patristische Studien

For
Dan Migliore
remembering an
excellent evening

Dietrich

Feb. 1977

Basler und Berner Studien
zur historischen und systematischen Theologie

Herausgegeben von
Max Geiger und Andreas Lindt

Band 28

Dietrich Ritschl

Konzepte

Gesammelte Aufsätze
Band I: Patristische Studien

Herbert Lang Bern
Peter Lang Frankfurt/M., München
1976

Dietrich Ritschl

Konzepte

Gesammelte Aufsätze
Band I: Patristische Studien

Herbert Lang Bern
Peter Lang Frankfurt/M., München
1976

ISBN 3 261 01995 6

©

Herbert Lang & Cie AG, Bern (Schweiz)
Peter Lang GmbH, Frankfurt/M. (BRD)
1976. Alle Rechte vorbehalten.

Druck: Lang Druck AG, Liebefeld/Bern (Schweiz)

Dem Andenken an

ERNST WOLF
1902–1971

gewidmet

INHALTSVERZEICHNIS

ABKÜRZUNGEN

EvTh	Evangelische Theologie
HThR	Harvard Theological Review
JES	Journal of Ecumenical Studies
KuD	Kerygma und Dogma
Migne	J.P.Migne, Patrologia cursus completus, Series Graeca (PG), et Latina (PL)
RE	Realencyklopädie für protestantische Theologie und Kirche, 3. Aufl.
RevBén	Revue Bénédictine
RGG	Die Religion in Geschichte und Gegenwart, 3. Aufl.
SJT	Scottish Journal of Theology
ThLZ	Theologische Literaturzeitung
ThR	Theologische Rundschau
TuU	Texte und Untersuchungen zur Geschichte der altchristlichen Literatur
ThZ	Theologische Zeitschrift (Basel)
ZKG	Zeitschrift für Kirchengeschichte
ZNW	Zeitschrift für die neutestamentliche Wissenschaft und die Kunde der älteren Kirche
ZThK	Zeitschrift für Theologie und Kirche

VORWORT

Während meiner fast zwanzigjährigen Tätigkeit als Pfarrer und theologischer Lehrer in Schottland, den USA und auch Australasien ist ein Teil meiner Arbeiten an Orten erschienen, die hier schwer zugänglich sind. Zusammen mit thematisch ähnlichen Aufsätzen in deutscher Sprache sollen sie jetzt in Aufsatzsammlungen vorgelegt werden. Die Arbeiten mögen alle den Hintergrund der Fragestellungen in Kirche und Theologie der angelsächsischen Länder verraten, bleiben auch zum Teil unübersetzt. Auch einige bisher unveröffentlichte Studien sind aufgenommen worden.

Der erste Band enthält patristische Studien. Die Fachhistoriker mögen es dem Systematiker nachsehen, wenn er etwas grosszügig mit ihrem Material umgeht. Jedenfalls rechne ich mich zu den dankbaren theologischen Rezipienten ihrer historischen Forschungen.

Als nächstes soll ein Band mit Arbeiten zu dogmatischen und ethischen Fragen folgen.

Der kleine Band ist dem Andenken an Ernst Wolf gewidmet, der mir – ohne dass ich sein Schüler gewesen war – während meiner langen Abwesenheit in zahlreichen Briefen Rat und Fürsorge zuteil werden liess und dessen unerwarteter Tod mir die ohnehin schwierigen Jahre des Einlebens hier noch schwerer machte.

Reigoldswil BL, Ostern 1976
D.R.

HIPPOLYTUS' CONCEPTION OF DEIFICATION

Remarks on the Interpretation of Refutatio X, 34*

It is true that the theology of Tertullian and Novatian has influenced later trinitarian conceptions much more than Hippolytus has. His ecclesiology and soteriology, however, are an important point of transition from Irenaeus' doctrine of the Church and of Union with Christ towards the later conceptions of a mystical sacramental understanding of Union with Christ. Hippolytus is in many ways responsible for the development of a doctrine of participation in Christ expressed as deification or mystical union. His theological interest is limited to a part of Irenaeus' doctrine of participation: to the $\kappa\alpha\iota\nu\grave{o}\varsigma$ $\check{\alpha}\nu\theta\rho\omega\pi o\varsigma$, and hence to the Church as the assembly of the saints, the baptised, the just, who possess the Holy Spirit, and are connected with the apostles through the hierarchical episcopate.

I

Hippolytus' primary interest in the concreteness of the visible Church is shown by his rejection of a naïve chiliasm,[1] which he shares with Tertullian. This does not mean, however, that Hippolytus rejects or under-estimates the promise of the eschatological fulfilment. Quite the contrary: from this hope of fulfilment the Church gains strength in its unworldliness, baptism receives meaning in its effectiveness, the martyr takes courage in his distress, the clergy support in its position, and Church discipline power in its rigorism.[2] Hippolytus is following Irenaeus[3] (his teacher?), but he speaks to a different historical situation and has other opponents than Irenaeus had. The Church in his view is the communion of the just and is realised through baptism,[4] which purifies and is connected with the regeneration through the Spirit.[5] The Church is the bride and body of Jesus Christ,[6] however, together with the synagogue, as the

---

*   Veröffentlicht in Scottish Journal of Theology, Vol. 12, Nr. 4, Dezember 1959, S. 388–399.

[1]   Cf. his *Chronicle* (Die griech. christl. Schriftsteller, Vol. 46, Berlin 1955).

[2]   A very thorough analysis of Hippolytus' ecclesiology is given in A. Hamel's book *Kirche bei Hipp. von Rom,* 1951. Cf. T. F. Torrance's review in SJT, Vol. 5, 1952, pp. 208ff.

[3]   Cf. A. Hamel, op.cit., pp. 19, 36f., 81, 83f., 137, 140, 143, 164, 173, 178f., 203n, 205ff., 213f. Different, however, pp. 81, 119, 127f., 189.

[4]   Cf. G. W. H. Lampe, *The Seal of the Spirit,* 1951, pp. 143f.; C. M. Edsman, *A Typology of Baptism in Hippolytus,* Studia Patristica II, 1957, pp. 35ff.

[5]   Cf. also Interim Report of the Special Commission on Baptism, Church of Scotland, May 1956, pp. 23–29, primarily concerning the Apostolic Tradition.

[6]   Comm. on Song of Songs, and gr. Fragm., 26 to Proverbs, and Comm. on Daniel 1,16 (Comm. sur Dan., ed. Maurice Lefèvre, Paris, 1947, p. 100), etc.

commentary on the Song of Songs says.[7] The Church expects to come into the 'holy land',[8] to the paradise,[9] which is the original image of the Church and also the image of its perfection.[10] However, the Church may not be identified with the Kingdom of God.

The Church is not only the bride of Christ but also the woman that continuously gives birth to the infant-Christ.[11] This is the work of proclamation which the Church performs. The Church continues the work of Christ, but not as if she were separated from Christ. It is Christ who works in and through the Church. The Church is in Union with Christ. Direct deification in the terms of hellenistic thinking is not mentioned in Hippolytus except in the 'classical' passage Ref. X, 34. A. v. Harnack says at one place[12] that here Hippolytus had connected the rational thought that $\gamma\nu\tilde{\omega}\sigma\iota\varsigma$ redeems with the conception that Christ causes the deification through His incarnation. At another place,[13] however, Harnack states that Hippolytus here thought of redemption as *receiving* $\dot{\alpha}\phi\theta\alpha\rho\sigma\dot{\iota}\alpha$ and as *being* deified; that is, Christ was actually only thought of as law-giver and teacher. It is well known that Harnack and those who followed him have criticised Hippolytus as well as Irenaeus and Athanasius as being 'mechanical' in their (Greek) conception of redemption as gaining $\dot{\alpha}\phi\theta\alpha\rho\sigma\dot{\iota}\alpha$. This view has been challenged in recent years. The passage on deification in Ref. X, 34 should not be understood as typical for the whole doctrine of atonement in Hippolytus, for it is rather a kerygmatic or 'sermonic' passage than a dogmatical statement.

It has often been observed that Hippolytus has actually two conceptions of the Church.[14] This dichotomy is in a certain way similar to the two trends in the theology of Irenaeus. As for Hippolytus, it has been stated that he on the one hand thinks of the Church as the communion of the just who live in holiness, and on the other hand of the Church as being the hierarchical organisation which possesses the truth. A. Hamel's book has shown that N. Bonwetsch has stressed the first conception because he has examined primarily the exegetical writings of Hippolytus, whilst Graf Preysing has based his studies on the *Refutatio* and ends up with the other conception. It is not necessary, according to Hamel's studies, to understand these conceptions as mutually

---

[7]   Similarly Origen, Athanasius and Ambrose.
[8]   Bless. Moses 15,3 (Gebhardt-Harnack, T.u.U., Vol. 26, 1a, N. Bonwetsch, p. 66).
[9]   Comm. on Daniel 1,17 (Lefèvre, p. 103f.).
[10]   This is a striking similarity to Ep. Diogn. chap. 12.
[11]   De Antichr. 61 with reference to the woman in Rev. 12 who is prefigured in the person of Susanna (Comm. on Daniel).
[12]   *Grundriss der Dogmengeschichte*, 1931, p. 135.
[13]   *Lehrbuch der Dogmengeschichte*, 4th ed. 1909, I, p. 614.
[14]   It has even been suggested that two authors are responsible for the works we ascribe to Hippolytus: Josippus as author of the Refutatio and some other works, and Hippolytus as author of the exegetical works, Apostl. Tradition, de Antichr., etc. (P. Nautin's theory, 1947).

exclusive. Each view must be understood in relation to the historical situation in which Hippolytus found himself. The hierarchical view of the Church was developed in connexion with Hippolytus' attempt to justify his own schismatic decisions against Callistus. If this is related to the *Refutatio*, then some light might be thrown on the interpretation of Ref. X, 34, the direct deification-passage.

Hippolytus' conception of the union between Church and Christ is based on Irenaeus' christology, which has been hardened and moulded towards ecclesiology. It might be possible to summarise Hippolytus' doctrine of the Church in spite of the two aspects, the hierarchical and the spiritual.

(a) The *Urbild* or original image of the Church: the heavenly, unworldly Paradise,[15] the assembly of the just,[16] the communion with God, the spiritual house of God, the place of salvation, the status of the society of saints before the fall and after the resurrection. (All these are terms or statements which can find biblical support, but the person of Jesus Christ is bypassed.)

(b) The *empirical* Church: it possesses the Spirit,[17] it gives birth to Christ in the same way as the Logos is giving birth to the Church, the apostles and their successors are the recipients of the Holy Spirit and transmit the orthodox doctrine, it is the Holy Spirit Himself who causes orthodoxy ($\tau\grave{o}\nu$ $\lambda\acute{o}\gamma o\nu$ $\grave{o}\rho\theta\acute{o}\nu$), the episcopate connects the Church with the apostolate, the Church possesses and guards the power of the Spirit and therefore has authority.[18] The Church has a hostile attitude towards the world ('Babylon'), it hovers so to speak above the world.[19] Those who belong to the Church are already on their way to leave the world behind,[20] the Church is already 'in heaven', in this world the Church is constantly in flight, saves itself in the safe harbour, at the Cross. The journey is safe, the love of Christ is with the Church and his commandments are the Church's 'anchors of iron'.[21] (All this is a peculiar application of Irenaeus' theology of Incarnation.)

(c) The Church in *eschatological* perfection: Christ is the $\kappa\epsilon\phi\alpha\lambda\acute{\eta}$ of the Church.[22] He, the Logos, carries the Church with His love.[23] His second advent will bring the Kingdom[24] to the saints, they will rule in eternity.[25] Then the

---

[15]   Comm. on Daniel, 1,17.
[16]   Comm. on Daniel, 1,14.
[17]   Ref. Praef. 5, 6 and 7 (Migne, PG 16, 302f.).
[18]   Cf. Irenaeus, Advs. Haer. III, 4, 1. III, 11, 8. III, 24, 1. IV, 33, 7.
[19]   Comm. Song of Songs VIII, 2 (Bonwetsch, T.u.U., Vol. 23, 2c, p. 40 and 94, e.g.: ". . . von allen schlimmen und stürmischen Versuchungen lebt sie also abseits").
[20]   Bless. Moses 17,3 (T.u.U., 26, 1a, p. 70: ". . . berufen durch das Evangelium, bereit auszugehen aus dieser Welt in eine andere Welt . . . die Ruhe der Seligkeit des unverweslichen ewigen Paradieses zu ererben").
[21]   De Antichr. 59 (Migne, PG 10, 780).
[22]   Bless. Jacob 27,5 (Text: N. Bonwetsch, T.u.U., 26, 1a, p. 45).
[23]   Comm. on Daniel IV, 37 (Lefèvre, p. 338).
[24]   Comm. on Daniel IV, 23,5 (Lefèvre, p. 306).
[25]   Comm. on Daniel IV, 10,1 to Daniel 7,17–18 (Lefèvre, p. 280).

new aeon begins, the time of the Church will be over, the time of the $\beta\alpha\sigma\iota\lambda\epsilon\iota\alpha$ will break in.

Participation in the Church requires sinlessness. Hippolytus has a quantitative conception of sin.[26] Baptism is the prefigured eschatological incorporation into the being of the Kingdom of God; it requires sinlessness, but causes it at the same time. The criterion of sinlessness is obedience to the law. Those who do not keep the commandments indicate that they do not have the Spirit. The fruits shall prove the righteous man and saint. The $\pi\nu\epsilon\tilde{\upsilon}\mu\alpha$ is understood as a material power of God, a view similar to that which we find in the liturgy of the eucharist in the *Apostolic Tradition*. It is possible to generalise and say that Hippolytus' theological thoughts are centred upon the destiny, concreteness and future of the Church. His primary interest is in ecclesiology; all other parts of dogmatics are subordinate to it.

II

What can now be said with regard to Hippolytus' doctrine of Union or deification? This fits well the conception of the Church in the commentaries. It Hippolytus — like many other early fathers — believes in the special privilege of the martyrs who will receive the heavenly reward immediately after their death.[27] Prophets and apostles have the same fortunate fate even if they were not martyrs.[28] For the Union between Christ and the saints in general Hippolytus uses the following expressions: 'belt' on the body of Christ, members of the body who become the body, co-heirs, and co-rulers. Above all these there is the direct passage about deification in Ref. X which Hippolytus formulated in the language of Irenaeus. If one wants to leave out the *Apostolic Tradition*, because its authorship is not absolutely firmly established, Ref. X, 34 can be considered the only passage on deification (besides the innumerable passages on 'bride and husband' which actually teach Union with Christ and not deification). However, other passages express essentially the same view, especially when thoughts of Irenaeus are employed; but then it is often difficult to discern how far they are just borrowed from Irenaeus or really represent Hippolytus' own teaching.

The one passage in Ref. X, 34 says that 'orthodoxy' saves and effects deification. This fits well the conception of the Church in the commentaries. It must, however, be emphasised that Hippolytus does not conceive 'orthodoxy' as mere 'knowledge' in the sense of $\gamma\nu\tilde{\omega}\sigma\iota\varsigma$ or of 'Christ as a teacher' as Clement of Alexandria sees it. The interpretation of orthodoxy as *'gnosis'*, and

---

[26] Ref. X, 12 (?) (Migne, PG 16, 3426).
[27] Comm. on Daniel II, 37 (Lefèvre, p. 188) and De Antichr. 59.
[28] Martyrs (without laying on of hands) and confessors (after laying on of hands) are honoured as presbyters, in Apostl. Tradition, 10, 1 and 2.

of Christ as teacher or law-giver, as Harnack often maintained, does not embrace the full teaching of Hippolytus. True doctrine is not to be understood as being 'ethical' but as being incorporated into the one apostolic-episcopal Church that possesses the Spirit which enables the saints to 'understand'. The main point to be made here is that Hippolytus does not intend to teach 'deification' separated from 'Union with Christ'. The important passage is this (Ref. X, 34):

1   This is the true doctrine of the Deity, O men, Greeks and Barbarians, Chaldeans. . . .
    through this knowledge (ἐπιγνώσεως) you shall escape the approaching threat of fire of
    judgment. . . .
5   this you shall escape by being instructed (διδαχθείς) about the true God, and you shall
    have an immortal body and with it an incorruptible soul (ἕξεις δὲ ἀθάνατον τὸ σῶμα
    καὶ ἄφθαρτον ἅμα ψυχῇ), and you will receive the Kingdom of heaven, and you, whilst
    living the earthly life, have known the heavenly King, and you shall be a companion of
10 God (ὁμιλητὴς Θεοῦ) and a co-heir with Christ (συγκληρονόμος), (you shall) not (any
    longer) (be) enslaved by lusts or passions or diseases. For you become God (Γέγονας
    γὰρ θεός): for whatever sufferings you have undergone while being a man, (God) gave
    these, because you are a man; but whatever God has, this God has promised to grant (to
15 you), because (ὅτι, others: ὅτε, Latin: quia) you have been deified, you have become
    immortal (ὅτι ἐθεοποιήθης, ἀθάνατος γεννηθείς). This is the (proverb) 'Know thyself',
    when you acknowledge (ἐπιγνούς) God, the Creator. For the knowledge of oneself
    means at the same time (συμβέβηκε) to be known by the one by whom you are called
20 (Lat: Si quis enim se ipsum cognovit, contigit ei, qui ab illo vocatus est, ut
    cognosceretur (sc. a Deo)). Do (therefore) not fight with one another, O men, and do
    not hesitate to run back. (? παλινδρομεῖν, Lat.redire). For Christ is the God above all,
    who has decided (arranged) to wash away sin from men, to make a new man of the old
25 man; He, who from the beginning called man His likeness, by an example (διὰ τύπου)
    (He) has shown his love (στοργήν) to you; if you obey His solemn ordinances and
    become a good follower of the (one who is) good, then you will be similar (to him) and
    you will receive honour from Him (ἔση ὅμοιος ὑπ' αὐτοῦ τιμηθείς). For God, who has
30 also made you a god (θεὸν ποιήσας) to His own glory, is not as poor as a beggar.

Two things must be noticed. Firstly, the fact that these words conclude the whole of the Refutation; they form the solemn conclusion of all that has been said and they are at the same time an appeal to the reader. We must understand these statements in this context. In fact, there is no new thought introduced with the exception of the Irenaean formula 'you become God' which is in a certain way alien to the thought forms of the Refutatio. Like Irenaeus in the last chapter of Adv. Haer. and in Praef. V – at important points – Hippolytus also uses pointed and daring formulations, not with the intention to establish theological terms but rather to sum up the whole argument in an unmisunderstandable manner. – Secondly, the use of the second person singular is interesting. It can perhaps be interpreted in connexion with the appeal for repentance and peace.[29] However, those exhortations could have been

[29] Cf. the change from plural to singular in Gal. 4, 5, 6 and 7: 'so that we might receive adoption as sons. And because you are sons . . . so you are (εἶ) no longer a slave but a son.'

expressed in plural forms. The only plural forms in the passage are to be found in the address at the beginning; then in the objective statement that God has decided to wash away the sins (ἐξ ἀνθρώπων), and in the admonition to keep peace with one another, which is only logical because more than one person is concerned when peace is in question.

Another observation has to be made before the passage can be interpreted. The end of the previous chapter is a summary of Irenaeus' theology as it was understood by Hippolytus. He speaks there of the true humanity of Christ, i.e. of His participation in our humanity and the result of this, i.e. our participation in Him. Our obedience is participation in His obedience. What He has done in His humanity was done for us:

> ... in all these (obedient acts) He has offered His own manhood (ἄνθρωπον), so that (ἵνα) you, when you suffer, will not be despairing, but, confessing that you yourself are a man (ἄνθρωπον), can expect to receive also what (God the Father) has granted to this (His Son).[30]

This passage indicates more clearly than many others that here Hippolytus has really understood the heart of Irenaeus' biblical theology. When you are in desperation, look at your own humanity ('confess it'!) and know that Christ shared our humanity! But this is one of the very few passages[31] which show this understanding. It is important to realise that it directly precedes the passage on deification.

On the basis of what has been said about Hippolytus' theology, the following interpretation of Ref. X, 34 can now be attempted. Lines 3–4 speak of the same escape from the world which can be found in general in Hippolytus' writings. The Church is on its way out of the world towards a better place. The world, enslaved by demons, will be destroyed by the fire[32] of judgment. To escape this fate is the genuine meaning and mission of the Church. To understand this requires the orthodox doctrine. Hippolytus says often that the coming end is near, although his Church was more established than Irenaeus'. – It can be said that this conception of the Church which escapes the world contradicts the christology and soteriology on which the ecclesiology is meant to be built.

Lines 5–7 repeat the previous thought and express it more precisely by saying what the goal is that the believers will reach when they have escaped this world. The object[33] of the doctrine ('knowledge') is the true God (θεὸν τὸν ὄντα), not man and not the Church. The goal is the immortal body and with it an incorruptible soul. Hippolytus teaches that the bodies will rise.[34] He

---

[30]   Ref. X, 33 (Migne, PG 16, 3451).
[31]   Cf. also Contra Noet 17, the whole chapter, ending thus: ἀληθῶς γενόμενος ἄνθρωπος (Migne, PG 10, 828), etc.
[32]   Cf. also De Antichr. 5 (Migne, PG 10, 733), etc.
[33]   Cf. Ref. IX, 31 (Migne, PG 16, 3411).
[34]   E.g. Adv. Graecos II (Migne, PG 10, 800), etc.

mentions the soul besides the body, probably because of the Greek doctrine which says that the soul, but by no means the body, can be united with the Godhead. For Hippolytus body and soul belong inseparably together.

Lines 8−10 show how Hippolytus thinks of the beginning of heavenly life already on this earth: the unification begins here in this earthly life by means of knowing the heavenly King. What the world cannot offer and not understand, this the baptised believer will receive in the Church and especially in the Eucharist. His present life is nothing but an anticipation of the life to come. The real fruits of the work of Christ will only be received in the future. The believer is not yet, but he will become, a 'companion of God'. Companion of God and coheir with Christ belong together. Hippolytus thus transposed the Union with God in Christ into the eschaton, and he did not feel able to go as far as the Pauline theology and the Johannine tradition. For him inheriting and knowing everything about God are identical. This is the promised salvation.

Lines 11−13 describe the power of the demons which enslave everything that is still living in this earth. Hippolytus names the three main barricades which separate man from the status of complete and blessed union with God. They are the exponents of the life in this fallen world. The fact, that just these three (lusts, passions, diseases) will be abolished at the great day, is such tremendous news that the expression 'you become god' is just strong enough to point to the enormous contrast between this life and the life to come. This radical term is meant to be one short summary of what Hippolytus has already said: the coming glory will be so absolutely new compared with the old aeon, and so new and different from the old world as the heavenly King is different from this world with its suffering. But he wants to avoid a misunderstanding: the suffering the readers of the *Refutatio* have to undergo is not an indication of God's impotence. God knows what he is doing. Hippolytus can say in other passages that the devil has sent diseases and sufferings, but it is clear to him that God is also Lord over devil and demons. Therefore he can say here in a short statement that it was God who gave the (evil) conditions which are still to be experienced by the believers in this old world.

Lines 14−15 lead back to the subject of Union after the short excursus about the suffering and the justification and the purpose of it. The thesis of Union with God in terms of deification is now generalised. The words $\theta \epsilon o \pi o \iota \epsilon \tilde{\iota} \nu$ and $\dot{\alpha} \theta \dot{\alpha} \nu \alpha \tau o \varsigma$ are here connected so that one interprets the other. Because of the context it is clear that the deification is an eschatological event. It is, however, prefigured in Jesus Christ, but no further mention of this christological basis is made. The passive form of $\theta \epsilon o \pi o \iota \epsilon \tilde{\iota} \nu$ and the sentence as such make it quite clear that Hippolytus wants to say that deification is an act of grace, i.e a gift. God gives what He has. We would have nothing to complain about Hippolytus if he had said 'God has life, and besides God there is no life; He in His grace is determined to give you His life, because He wants you to be the recipient of His life', or something like this. A strong point can be made that this is actually what Hippolytus wants to express. It is primarily the formulation of the thought which has caused so many to criticise Hippolytus' concept of 'deification'.

Lines 16–21. At the first look it is difficult to see why Hippolytus here quotes the Greek proverb and how far it leads over to a new thought. There is a hidden quotation of 1 Cor. 13.12, and the Greek proverb stretches the meaning of verse 12b: 'then I shall understand fully, even as I have been fully understood' (R.S.V.). The quotation of the Greek proverb becomes clear when we realise in which context it is used: the application is the call for peace. The 'knowledge of God' was mentioned at the beginning of the passage and it is actually the thread through the whole *Refutatio*. The question is now how this knowledge of God relates to the knowledge of men, i.e. to the life of men. This free interpretation and application of 1 Cor. 13.12 is not an apologetic concession to Greek thinking, it is rather an appeal with this logic: those who acknowledge God, must and will understand themselves, i.e. their destiny – later Gen. 1.26 is referred to. There is no logical or chronological order stated. The form συμβέβηκε does not answer our question. This much, however, can be said that the Edinburgh edition of the Ante-Nicene Christian Library does not translate correctly by saying: 'discover God within thyself, for He has formed thee after His own image'. This is an impermissible contraction of this proverb with the later sentence (l. 24) 'who from the beginning called man His likeness' (Gen. 1.26). Hippolytus is not referring to an 'order of creation' which enables him to understand man. On the contrary, he refers to Christ, to the washing away of the sins, to the new over against the old man. He says all this before he refers back to Gen. 1.26.

Lines 21–25. The call for peace is connected with the peculiar verb παλινδρομεῖν[35] which occurs rarely in Greek literature. It must be understood as an action of 'repentance' rather than as 'self-analysis'. The readers of the *Refutatio* are admonished to 'run back' to the 'orthodox knowledge' or true doctrine, referred to in lines 1 and 3. There is no indication that Hippolytus wants to say that his readers should make an effort to return to their original destiny, defined in Gen. 1.26. This work cannot be performed by them, but it has been accomplished by Christ, who is called God.[36] There is a textual difficulty. It is possible to read: 'Christ is the one whom the God over all has ordained to wash away the sin from men' – however, the order of words is against this reading. (Cf. Bunsen's reading in Migne PG, 16, 3453/4, variae lectiones 33.) Of theological interest only is the statement – in either of the readings – that God's plan for salvation can only be understood because of Christ's atoning work. The *imago Dei* becomes visible in Christ. The justification or even deification is grounded in Christ's love; it is anchored in

---

[35] Cf. Liddell and Scott, *A Greek-English Lexicon*, 1951, ad loc.
[36] It depends on the translation whether this passage excludes subordinationism (of which Hippolytus is accused), or whether Christ is understood as an 'instrument' used by God for the washing away of sins.

His love as τύπος. This goes together with the teaching of Hippolytus that the Church is kept alive by the love of the Logos as long as the Church lives in this world.

Lines 25–29. The condition 'if[37] you obey ... then you will ...' is disappointing. It reminds us of Hippolytus' rigorism in the treatment of the *lapsi* and in general of his attitude towards Callistus in the controversy concerning repentance and confession. But his thinking, in spite of the unfortunate expression of it, is not without biblical support. This condition is surely one aspect of the obedient life. We hear soon about the other aspect, namely that it is God in Christ who confers honour to the follower of Christ. The perfection of man (Matt. 5.48) is not man's own work; it is God's mighty act, performed to God's own glory. The promise 'you will be similar (to him)' must be read together with the following phrase ὑπ᾽ αὐτοῦ τιμηθείς. This determines in a certain way the translation of the last sentence, which has always been considered to be difficult. Οὐ γὰρ πτωχεύει Θεὸς καὶ σὲ θεὸν ποιήσας εἰς δόξαν αὐτοῦ – Non enim mendicus est Deus, qui et te deum fecit ad ipsius gloriam – has been translated by the ANCL: 'For the Deity, (by condescension,) does not diminish aught of the dignity of his divine perfection; having made thee even God unto His glory!' It seems difficult to retrace the thoughts of the translator. The Latin translation is quite correct and no reason can be seen why the ANCL prefers this other translation and refers to only two other alternatives, namely, Bunsen: 'for God acts the beggar towards thee' – and Wordsworth: 'God has a longing for thee'. The verb πτωχεύειν means either 'to beg' or 'to be as poor as a beggar'.[38] The latter meaning makes good sense, so that we can read: 'For God, who has also made you a god to His own glory, is not as poor as a beggar'. The emphasis is on the 'also you' and it must be read together with the previous statements about the forgiveness of sin, about the love and the honour. God honours us to His own honour; He can do this because He does not need our honour. He has sufficient honour for Himself. This is the meaning of the statement that He is not a beggar. He can give from what He has; He has honour, He can give honour. What He gives is His, or rather it is He Himself. Therefore: σὲ θεὸν ποιήσας.

III

The combination of θεὸν ποιεῖν, θεοποιεῖν, ὅμοιος, ὁμιλιτὴς θεοῦ, μιμιτής, συγκληρονόμοι, ἀθάνατος, etc. shows that Hippolytus does not intend to teach a doctrine of 'deification' centred upon a clear terminology. He is using Greek as well as biblical terms. He wants to state that the work of atonement is not

---

[37] Cf. also holiness as condition for office-bearers, Ref. IX, 12 (Migne, PG 16, 3386), Comm. on Daniel I, 17, etc.
[38] Cf. Liddell and Scott, p. 1550.

men's but Christ's work. The terms of the Bible and of Irenaeus' theology and of other sources are all being used to express this one thought. It must, however, be seen that Hippolytus' doctrine is not as clear and powerful as Irenaeus' soteriology. Hippolytus' thoughts are closely related to his understanding of the Church, whilst Irenaeus tries to formulate his soteriology on the basis of his conception of the humanity of Christ.

Since Hippolytus thinks that the Church does not really live any longer in this world but that it is on its way out of the world, his thoughts have already a slight touch of mysticism which we also find in the liturgies of the third and fourth centuries. The believers are not any longer under the real power of the demons of this world; therefore they are to live an obedient life of purity and perfection. Worship and sacraments lead them nearer and nearer to their heavenly Lord. The *Apostolic Tradition,* which is most probably Hippolytus' own work, and many liturgies which were influenced by his thoughts illustrate this very clearly. Hippolytus projects salvation into the eschaton and the eschatological perfection into the time of the Church.

It can be said that Hippolytus' conception of 'deification', as it is expressed in Ref. X, 34, is actually in its origins a doctrine of participation in the (human) obedience of Christ with the promised reward of participation in God's honour. However, the way in which this is expressed, is moulded by the anti-gnostic controversy on the one hand and the episcopal and sacramental understanding of the Church on the other hand. It has therefore opened the door to sacramental mysticism which teaches that the holy group of baptised believers is already on its way out of the world to unification with the heavenly King. Irenaeus' conception of the importance of the humanity of Christ was better and more radically understood by Athanasius than by Hippolytus, whose ecclesiology was in many ways separated from christology. This seems to be the reason that Hippolytus did not lay a solid ground for a biblical doctrine of participation but remained rather in the area of the uncertain and ambiguous thoughts of deification. The unbiblical idea of deification can only be replaced by a sound doctrine of Union with Christ if the humanity of the risen Lord is taken seriously in all thinking about the Church and the world.

ATHANASIUS
Versuch einer Interpretation*

Vorwort (gekürzt)

Athanasius scheint mir in besonderer Weise ein Anwalt der Ökumene zu sein. Er ist der letzte Theologe der Alten Kirche, dessen später gesammelte und wohl auch ergänzte Schriften vom östlichen und westlichen Teil der Kirche stark beeinflußt und zugleich im Osten und Westen gehört und ernstgenommen worden sind. Aber haben wir die unter seinem Namen auf uns gekommene Theologie im Westen wirklich ernstgenommen?

Was ich hier vorlege, ist eine erste Zusammenfassung von Gedanken und Fragen zur Theologie des Athanasius und zur Methode der Interpretation seiner Schriften. Seit ich im Herbst 1955 am New College in Edinburgh zum ersten Mal ein Seminar über Athanasius gehalten hatte, haben mich seine Schriften beschäftigt und auch zum Studium des Irenaeus und der späteren Väter angeregt. Das eigentlich dogmen-historische Interesse ist dabei aber zweitrangig geblieben, und meine Kenntnisse der Rezeptionen und Tradierungen der Texte sind dementsprechend begrenzt. Die Literaturangaben können keinerlei Anspruch auf Vollständigkeit oder auch weise Auswahl erheben. Die Fachhistoriker mögen mir dies verzeihen. Die Zitate sind bei häufiger Übernahme von Formulierungen aus den üblichen Übersetzungen von mir öfters verändert oder neu übersetzt. Ich kann schlecht beurteilen, ob es textkritisch zu verantworten ist, die jetzt als athanasianisch tradierten Schriften theologisch als Ganzes zu lesen und zu beurteilen. Sie sind in dieser Studie als Gesamtkomplex aufgefaßt, wie er später wirksam gewesen ist. Diese dogmatische Reflexion will den historischen Detailfragen weder absichtlich vorgreifen noch sie ersetzen.

Einleitung:
Athanasius im Wechsel der Beurteilungen

Der Artikel in der neuen RGG über Augustin ist 44mal so lang wie der über Athanasius. Freilich berühren die Einträge über den arianischen Streit und über Christologie nochmals die Theologie des Athanasius; aber nur im Vorübergehen. Diese Verteilung ist repräsentativ für die Gunst, die dem Athanasius in protestantischer Literatur im allgemeinen gezeigt wird.

---

* Erschienen als Theologische Studie Heft 76, Zürich, EVZ-Verlag, 1964 (Erzpriester Vitaly Borovoj, Professor an der Theologischen Akademie in Leningrad, "in der Hoffnung auf weitere Gespräche über die alten Väter" zugeeignet).

Nachdem Calixt's Ideal vom *consensus quinquesaecularis* als historisch naiv und theologisch nicht einmal wünschenswert verworfen worden war, beschäftigte sich die Gelehrtenwelt des Protestantismus nochmals gründlich mit den alten Vätern. Dieses Studium im 19. Jahrhundert geschah zwar mit großer historischer Akribie und Verantwortlichkeit, aber in ebenso großem Maße auch theologisch vom hohen Roß aus. Die eigentlichen Ergebnisse, die dann auch in den kirchlichen Gemeinden bekannt wurden und bis heute bekannt geblieben sind, rückten wieder die Reformatoren in ihre Absolutheitsstellung und erhoben Augustin auf den Ehrensitz, den er schon im 16. Jahrhundert bei den Reformatoren innegehabt hatte. Die Gemeindeglieder und auch die Fachexegeten sind also durch die Forschung nicht daran gehindert worden, bei ihrem Bibelstudium eine Reformatoren- (je nach Wahl) und eine Augustin-Brille zu tragen.

Die Vernachlässigung patristischer Studien kann für die evangelischen Kirchen schwere Folgen haben. Trotz scharfer Widersprüche und kluger Einsichten der theologischen Arbeit der letzten 30 Jahre ist doch heute die vom 19. Jahrhundert bestimmte Sicht der Alten Kirche noch keineswegs überwunden. Unser neuer Kontakt mit den alten orthodoxen Kirchen des Ostens zeigt dies ganz deutlich. Der Protestantismus tendiert zur Sekte hin; die kryptofundamentalistische Isolierung der Bibel von der frühen Kirchengeschichte wird, nur von Fachgelehrten, und unter ihnen im Grunde nur von Exegeten, bestritten. Die Bedeutung Augustins wird zwar mit Recht gesehen, aber die Art dieser Bedeutung wird selten prinzipiell in Frage gestellt, am wenigsten von den Exegeten, deren heutige hermeneutische Diskussionen ohne Augustin und Luther gar nicht denkbar wären.

Durch Augustins große Bedeutung ist die Theologie Europas, Amerikas und vieler junger Kirchen "westlich" geworden. Man wird nicht bezweifeln, daß dies für die römisch-katholische Kirche der Fall ist. Aber muß dies auch für die evangelische Theologie wahr sein und für sie sowie für die katholische Dogmatik auch in Zukunft bleiben?

Athanasius ist dieser einseitigen Sicht der Alten Kirche durch die Brille der Reformatoren und Augustins weitgehend zum Opfer gefallen. Dabei scheint die Vermutung doch berechtigt, ihm besondere Bedeutung zuzumessen, weil er — außer dem Romantiker Hieronymus — der letzte (und auch der erste?) Theologe der Alten Kirche war, der den kirchlichen Osten und Westen selbst gekannt hat und in beiden Teilen der alten Welt gehört, respektiert und doch wenigstens zum Teil verstanden wurde. Im Prinzip gilt dies noch heute: die drei großen Kirchen haben auch heute "offiziell" nichts an Athanasius auszusetzen. Ich habe mit Dominikanern in Amerika einen ganzen Winter lang Athanasius gelesen und mit Theologen der orthodoxen Kirche in Rußland manches Gespräch mit Athanasius beginnen können, das sonst vielleicht nicht zustande gekommen wäre. Könnte Athanasius nicht ein Anwalt des ökumenischen Verstehens sein?

Freilich wird man sich hüten müssen, diesen Kirchenvater nur aus solchen praktischen Gründen anderen vorzuziehen oder über Augustin zu erheben. Aber schon aus den genannten praktischen Gründen liegt es nahe, ihm erneut unsere Aufmerksamkeit zukommen zu lassen. Die Beurteilung seines Beitrages zur alten Theologie und seiner heutigen Nützlichkeit wird dann im einzelnen zu diskutieren sein.

* * *

F. L. Cross[1] hat die Geschichte der Ath.-Überlieferung und -Texte zusammengefaßt. Daraus wird deutlich, daß Ath. im Mittelalter kaum gekannt und studiert wurde, obwohl einzelne Schriften schon früh ins Lateinische übersetzt worden waren, die *Vita Antonii* z.B. schon im 4. Jahrhundert in Trier. Thomas hatte seine Ath.-Kenntnis aus *catenae*, und erst im 15. Jahrhundert übersetzte der an der Ostkirche interessierte Ambrosius v. Camaldoli (Traversari) die dogmatische Schrift *De Incarnatione* ins Lateinische. Die erste echte Ath. Schrift, die im griechischen Text veröffentlicht wurde, kam 1601 (Commelin/ Felckmann) heraus. Dann folgte 1698 die berühmte dreibändige Ausgabe von Bernard de Montfaucon, die sich in Migne findet. Montfaucon arbeitete nur mit acht bis zehn Handschriften, während H. G. Opitz in der 1935 begonnenen neuen Ausgabe bis zu achtzig Handschriften verwenden konnte. Aber der größte Teil der Schriften des Ath. liegt uns heute immer noch in dem Text von 1698 vor.

Einem gelehrten Aufsatz von E. Wolf[2] ist zu entnehmen, daß Ath. auch im 16. Jahrhundert nicht wirklich gekannt worden ist. "Von einer wirklichen Kenntnis des Athanasius aus seinen Schriften wird man bei Luther nicht sprechen können" (S. 485). Nebenbei wird bemerkt, daß die luth. Bekenntnisschriften Ath. nur einmal in unwichtigem Zusammenhang nennen, aber 34mal Augustin und Hieronymus.

Das eigentliche Studium des Ath. beginnt in der zweiten Hälfte des letzten Jahrhunderts in England. John Henry Newman bringt die Wende, allerdings zugleich auch eine bestimmte Interpretation, die mindestens in der englischen Literatur noch heute ihre Spuren zeigt. 1870 (1878) wird *De Incarnatione* in die Reihe der wenigen "Pflichtbücher" des Studienprogramms der Honour School of Theology in Oxford aufgenommen. Rührende Glorifizierungen des Ath. (z.B. die von William Bright, 1891) werden nun publiziert und beeinflussen die spätere Literatur (z.B. 1925 noch den Amerikaner L. H. Hough, Athanasius: The Hero). Aber auch ernsthafte historische Arbeit (und

---

[1] F. L. Cross, The Study of St. Athanasius, Oxford 1945; vgl. auch F. Loofs, RE 3. Aufl. Bd. 2, S. 194ff.
[2] E. Wolf, Asterisci und Obelisci zum Thema: Athanasius und Luther, Ev. Theol. 1958, S. 481–490; vgl. auch J. Koopmans, Das altkirchliche Dogma in der Reformation, München 1955.

Herausgabe von Übersetzungen) beginnt sich auf Ath. zu konzentrieren, etwa zur gleichen Zeit, in der A. v. Harnack die kritischen Thesen von A. Ritschl (Rechtfertigung und Versöhnung, 4. Aufl. I, S. 4f., 8ff.) historisch ausbaut. Die Dogmenhistoriker im Gefolge Harnacks hauen in die gleiche Kerbe mit ihrer theologischen Kritik des Ath. Auch Ed. Schwartz, der große Kenner der Texte und Begleitumstände, kann seine Integrität als Philologe kaum wahren und spart nicht mit giftigen Urteilen.

Eine vorläufige Bemerkung über den Inhalt von Harnacks Kritik ist hier angebracht. Schon A. Ritschl hatte (a.a.O., S. 4f) zwei Stufen der Entwicklung der Erlösungslehre der alten Väter unterschieden: 1. die einzelnen Menschen sind Objekt der Wirkungen Christi, 2. die ganze menschliche Natur ist dieses Objekt. Zur ersten Gruppe zählt er Justin, Clemens Alex., Origenes, Irenaeus, Hippolyt, zur zweiten Athanasius, Gregor Nyss., Cyrill Alex. und deren Nachfolger. Es überrascht, daß durch dieses Schema Irenaeus und Ath. weit auseinander gerissen sind; es läßt sich auch zeigen, daß diese Unterscheidung zwischen Singularität und Pluralität der Objekte der Union mit Christus nicht so tiefgehend ist wie andere. Ferner hatte A. Ritschl zur Kritik des spezifisch griechischen Frömmigkeitsideals gesagt (a.a.O.) S. 101f.), Jesu Tod und Auferstehung sei nur "ein Specialfall des Hauptgedankens ... , daß der Logos Gottes alle Heilswirkung verbürgt, indem er in dem menschlichen Leibe gegenwärtig denselben als Mittel gebraucht" (vgl. auch Band III, S. 367).

Harnack hat sich dann nicht gescheut, die gesamte altkirchliche Dogmatik des Ostens um die beiden Pole der Sterblichkeit und Unsterblichkeit schwingen zu sehen. In bezug auf Ath. ist diese Interpretation im Bd. II der DG enthalten. Aber noch klarer kommt Harnacks eigene Sicht in einfacher und systematischer Weise zum Ausdruck in "Das Wesen des Christentums", 1900, S. 145ff. Dort findet sich die umfassende Kritik an der sog. "Vergottungslehre" in drei Punkten: 1. sie ist "unterchristlich", weil ihr die sittlichen Momente fehlen, 2. unannehmbar, weil ihre Formeln nicht auf den Jesus der Evangelien passen, 3. die Lehre verlange, daß man das Bild Christi in angeblichen Voraussetzungen erkenne, die in theoretischen Sätzen zum Ausdruck gebracht sind. Die Lehre sei ein in der "christlichen Sphäre" gereinigter "egoistischer Wunsch nach unsterblicher Dauer" (S. 147).

Laut Harnack gilt es als ausgemacht, daß es bei Ath. nur um die "Erlösung" geht. Diese Ansicht ist nicht nur von seinen Schülern geteilt worden. Trotz beachtlicher Korrekturen an Harnacks Arbeit finden sich noch in neuesten Lehrbüchern die alten Behauptungen, die Harnacks Ansicht zementieren (z.B. im Lehrbuch von K. D. Schmidt, Kirchengeschichte, Göttingen 1960). Was aber verstand Harnack unter "Erlösung" bei Ath.? Mit dem Gewicht auf dem Wort "physisch" antwortet er: einen physisch-mechanisch pharmakologischen Prozeß der Union des göttlichen Logos mit der menschlichen Natur. Noch W. Pannenberg zitiert kritiklos die alte Vorstellung, die "Vergottung" bei Ath. sei ein "Einströmen göttlicher Geisteskraft zur ἀφθαρσία auch des Leibes" (RGG 3. Aufl. I, 1767). Ist dies wirklich die Meinung des Ath.?

K. Bornhäuser[3] hatte, soviel ich weiß, Harnack als erster kritisiert und behauptet, die "Vergottung" läge "in der Lebensgemeinschaft mit Gott durch Christus im Heiligen Geist" und sei mit der Taufe gegeben. Das höchste Gut für Ath. sei nicht ἀφθαρσία und θεοποίησις sei nichts Physisches, sondern Lebensgemeinschaft mit Gott. Harnack bespricht B.'s Arbeit

---

[3] K. Bornhäuser, Die Vergottungslehre des Ath. und Joh. Damasc. Gütersloh 1903.

(in ThLZ 1903, Nr. 17, Sp. 476f.), zitiert *De Inc.* 54 und fragt, ob das *ἵνα* (*damit* wir vergöttlicht werden . . .) wirklich bedeuten könne: damit wir in Lebensgemeinschaft versetzt werden können. Für den Griechen sei der Einzelne immer a) Glied und Repräsentant der Menschheit, b) freies, selbständig denkendes Einzelwesen. Bezüglich b) bestünde "ungefähr" zu Recht, was Bornhäuser als Begründung, Bewahrung und Vollendung des Christenstandes beschrieben habe. Bezüglich a) aber "schwindet alles Psychologische und macht einem Drama der Tatsachen Platz. In diesem Drama sind Gott und Mensch, unsterbliches Leben und Tod, Unvergänglichkeit und Vergänglichkeit . . . usw. die Faktoren". Harnack fragt dann, welche der beiden Beobachtungen angesichts der Gestalt der Alten Kirche und ihres Kultus die durchschlagende sei. Er entscheidet sich für a) (vgl. oben A. Ritschl) und sieht die Aufgabe der Ath-.Interpretation darin, bei einer uns fremden Überlegung einzusetzen, und nicht ("im Rock des doctrinären Protestanten") bei "Begründung, Bewahrung und Vollendung des Christenstandes", sondern eben bei der *θεοποίησις.* – Man muß freilich Bornhäuser nicht ganz zustimmen und kann auch nicht einsehen, weshalb die Erlösung nun unbedingt *nicht* physisch sein soll. Aber noch weniger wird man Harnacks strikte Kategorisierung annehmen können. Haben nicht beide aneinander *und* an Ath. vorbeigeredet?

Die Arbeiten Harnacks und seiner Kollegen geben der Ath.-Forschung eine entscheidende Frage mit auf den Weg: ist es wahr, daß es sich in der Theologie des Ath. in zentraler Weise um "Erlösung" handelt? Diese Frage ist durch Harnack bereits eingeengt worden, indem er als gesichertes Forschungsergebnis vortrug, daß "Erlösung" bei Ath. als "Vergottung" zu verstehen sei.

Eine Variante dieser Frage ist die etwas allgemeinere Feststellung, daß das soteriologische Interesse des Ath. die volle Göttlichkeit des Logos "nötig gemacht" habe.[4] Diese allgemeine Feststellung enthält bereits eine fundamentale Beurteilung der ganzen Theologie des Ath. Sie charakterisiert Ath. als einen unfreiwilligen Trinitätstheologen, der von einer Benefizien-Theologie aus rückwärts argumentiert. Ist das wahr?

Die anglikanischen Theologen, denen ihrer Tradition entsprechend viel an der zentralen Stellung der Inkarnation gelegen ist, haben an Harnacks Behauptung sowie an der Variante wenig Anstoß genommen. Sie haben statt dessen versucht, aus Ath. eine profilierte Christologie herauszulesen. Katholische Autoren haben ähnliches versucht. Es fragt sich, ob dieser Ansatz dem Ath. eher gerecht wird als die traditionelle Betonung des Homoousios als Schlüssel zum richtigen Verständnis. Aber es wäre nicht verwunderlich und auch nicht neu, wenn sich die englisch-sprachigen Theologen eines Kompromisses und einer leichtfertigen Umgehung der radikaleren kritischen Forschung auf dem Kontinent schuldig gemacht hätten. In jedem Fall wird hier eine zweite Frage deutlich, die der Ath.-Forschung mit auf den Weg gegeben ist: ist es wahr, daß es sich in der Theologie des Ath. mindestens *auch* um eine Christologie eigener Integrität handelt?

---

[4] W. Schneemelcher, Ath. v. Alex als Theologe u. als Kirchenpolitiker, ZNW 1950/51, S. 242–256, sagt dies noch (S. 249), obwohl er sich natürlich der Problematik des Harnackschen Ansatzes bewußt ist.

Aus der englischen Literatur greife ich zwei neuere, gelehrte Bücher heraus, die diese "Freiheit" von Harnack und seinen Nachfolgern schön demonstrieren.

R. V. Sellers[5] diskutiert die Christologien von Alexandria und Antioch und beschreibt ihre Voraussetzungen. Das Buch ist eine einzige Rehabilitierung aller großen Väter und vieler Häretiker: Paul v. Samosata war nicht wirklich ein Adoptianer, Ath. gewiß kein Doket oder Apollinarist (wie C. E. Raven in seinem bekannten Buch gesagt hatte), Cyrill war kein Monophysit und Nestorius kein Nestorianer (wie schon F. Loofs gezeigt hatte). Ath. steht nach Sellers schon mitten in der alex. Christologie drin. Er ist aber nicht der Wegbereiter des Monophysitismus, er hat anti-doketische Prinzipien klar formuliert, wenn auch nicht angewendet und entwickelt. Es geht dem Ath. nichts über die Einheit des Leibes Christi und er lehnt die Homoousie des Logos mit dem Leib gerade *darum* ab. Ath. hat sich bewußt vom griechischen Denken des Clem. Alex. und Origenes abgewendet und nimmt Gedanken von Irenaeus, Methodius und Melito v. Sardes auf, die schließlich biblisch seien, wie letzten Endes auch die Deificationslehre. Die Christologie geht ganz davon aus, daß in Jesus, dem *totus homo,* der Logos ganz (aber nicht gänzlich) da ist. – Abgesehen von einigen befremdlichen Bemerkungen über Ath. als "great religious reformer" (S. 6) und der unhaltbaren Unterscheidung zwischen griechisch und hebräisch-ethischem Gottesbegriff, ist Sellers Interpretation wirklich erwägenswert. Auf einzelne Thesen werde ich später zurückkommen.

H. E. W. Turner[6] sieht Ath. in einer Linie der Entwicklung von Irenaeus über Origenes und Methodius zu Gregor Nyss. Bei Origenes sei ein Wechsel eingetreten von der biblisch-realistischen Lehre zum Mystizismus. Ath. hätte in frühen Jahren mystisch gedacht, nicht realistisch, in späteren Jahren eher biblisch, aber immer noch mit Elementen der Mystik, die dann in Greg. Nyss. fortgesetzt worden seien. Ath. sei aber weit entfernt von dem automatisch-mechanischen Prozeßgedanken seiner Vorgänger. Turners Interpretation der Christologie des Ath. steht aber trotzdem ganz im Bann der Analyse der Deifications-Stellen. Er gibt auch zu, daß Ath. – wie alle griechischen Väter – mit dem Problem nicht zu Rande gekommen sei, ob der Logos einen Menschen-wie-andere angenommen habe, oder die Menschheit-als-solche. Turner verteidigt dann die Deificationslehre, weil Erlösung ja nicht nur Rettung *aus* etwas (wie oft im Westen gefaßt), sondern auch Rettung *zu* etwas sei. Er sieht zwar die Gefahren von G. Auléns Christus-Victor-Theorie und ihres notwendig mytho-logischen Rahmens, empfiehlt aber selbst auf den letzten Seiten (S. 122) einen Mythos statt einer rationalen Auflösung der Probleme.

Turners Buch ist historisch vorsichtiger als Sellers, aber dogmatisch gewagter.

Von den beiden grundsätzlichen Fragen der Ath.-Interpretation, der Har-nack'schen und der "englischen" Sicht, ist in der neueren Literatur auf dem Kontinent hauptsächlich die erste kritisch in Angriff genommen worden. Bekannt ist der fast überschwängliche Versuch der Rehabilitierung des Irenaeus durch E. Brunner,[7] und mit ihm des Ath., von dem er sagt: "Am großartigsten in ihrer Systematik und zugleich nicht-spekulativen Existenzialität ist wohl die Logoslehre des Athanasius. Er vor allem hat den Gedanken klar heraus-gearbeitet, daß der Mensch, in Gottes Wort geschaffen, in ihm sein – durch Gnade verliehenes – Lebensprinzip hat und, aus ihm gefallen, nur durch es wieder hergestellt werden kann, indem dieses Wort zu ihm kommt. 'Gottes

---

5 R. V. Sellers, Two Ancient Christologies, London 1940, 3. Aufl. 1954.
6 H. E. W. Turner, The Patristic Doctrine of Redemption, London 1952.
7 E. Brunner, Der Mittler, Tübingen 1930, S. 201.

Wort selbst mußte kommen'. Nur der Logos konnte gutmachen, da nur er Gott offenbart und in dieser Offenbarung das verlorene Leben bringt". Respektabler als diese etwas von einem dogmatischen Wunschbild getragene Analyse ist die vorsichtige, aber bestimmte Auslegung der Deifications-Stellen durch A. Gilg.[8] Hier wird wirklich bewußt und mit allem Respekt gegen den "fast überwältigenden, 'consensus patrum', der uns entgegentritt", argumentiert und der Lehre des Ath., die "Harnack-fern" ist, aufs neue Gehör geschenkt. Aber die Ausführungen sind kurz und noch nicht genug gegen die alte Kritik geschützt. Sie sind denn auch bis heute mehr als Forderung statt als Begründung aufgenommen worden, und werden z.B. von H. Chadwick in Oxford (auf mündliche Befragung hin) abgelehnt. Aber der Appell ist gehört worden. So konnte K. Barth in der Kirchlichen Dogmatik den Ath. mehr als 40mal zitieren und nur einmal mit leichter Kritik, die dann wieder verwischt wird (I, 2, S. 148f.).

Die Zeit dieser Rehabilitierung überschneidet sich mit der letzten Periode der historischen Arbeit der Schule von Harnack und Ed. Schwartz, an deren Ende das angefangene Werk der Textausgabe von H. G. Opitz steht. W. Schneemelcher ist heute der Erbe dieser historischen und textkritischen Arbeit geworden. Es ist begreiflich, daß er sich genötigt sah, eine Art Bestandesaufnahme und öffentliche theologische "Lagebesprechung" in einem kurzen Artikel zu veröffentlichen (ZNW, Bd. 43, 1950/51).

Nach kritischer Beurteilung von Opitz' Sympathie für die Reichstheologie des Eusebius und der dahinterstehenden Sicht von Ed. Schwartz, und nach einer Absage an H. Lietzmann, formuliert Schneemelcher in vier Punkten, was ihm für die weitere Arbeit wichtig erscheint:
a) In *De Inc.* und *Or. Contra Arianos* I–III ist die "Erlösungslehre" zentral. Die Verbindung des Logos mit einem menschlichen Leib reinigt alle Leiblichkeit der substantiell gleichen menschlichen Leiber. Ath. hat Paulus weit besser verstanden als Eusebius. Die scharfen Urteile der Ritschlschen Schule, die A. Gilg "völlig von der Hand weist", "treffen doch wirklich nur zum Teil zu" (S. 284).
b) Darum wird nun auch die volle Göttlichkeit des Logos "nötig". Ath. überwindet den Logos-Begriff, ersetzt ihn durch den Sohn-Begriff, nimmt ihn aus aller menschlichen Analogie heraus. Darin ist er prinzipiell biblisch, nur in der Sprache philosophisch. Der Logos ist personal gefaßt, nicht moralisch.
c) Über die Stellung des Homoousios; Ath. macht aus dem Nicaenum erst die Grundlage für ein Dogma, das der Bibel näher steht als Arius oder Eusebius.
d) Über die positive Bedeutung der Synode von 362.
Ferner wird darauf aufmerksam gemacht, daß Ath. *doch* zur Bildung des Monophysitismus beigetragen habe, mindestens dadurch, daß seine Schriften erst im 5. Jahrhundert richtig in Umlauf und zur Geltung kamen. – Ath.' Kirchenpolitik sei unerfreulich, doch sein Kirchenbegriff sei zum ganzen Verständnis sehr wichtig, aber oft vernachlässigt worden. Er hinge aufs enste mit der Christologie zusammen, sei aber so unpaulinisch, daß sich die Frage stelle, ob man nicht von daher Rückschlüsse auf Fehler in der Christologie ziehen müsse. Die Verbindung zwischen Theologie und Kirchenpolitik sei im Kirchenbegriff zu sehen. – In

---

[8] A. Gilg, Weg und Bedeutung der altkirchlichen Christologie, 1936, Neudruck 1955 in "Theol. Bücherei", Nr. 4; vgl. auch ThZ Basel, 1954, S. 113ff.

einem Nachtrag (1952) verweist Schneemelcher auf Marcel Richard (Saint Athanase, 1947) und A. Grillmeier (s.u.), nicht aber auf Turner (dessen Buch wohl erst im selben Jahr erschien).

Schneemelchers vier Punkte und die Betonung der Bedeutung des Kirchenbegriffs in Polarität zu Eusebius' Reichstheologie sind im Grunde eine vorsichtigere Fassung der alten Maximen der Ath.-Interpretation mit einigen neuen "Öffnungen". A. Gilg soll also im Prinzip Recht gegeben, und Harnack soll immer noch gehört werden. Die Ansicht, daß Ath. ein Vorläufer der Monophysiten sei, wird nicht preisgegeben.

Inzwischen hat A. Grillmeier[9] in einer durch das Thema bedingten und darum ganz auf die christologische Frage abgezielten Untersuchung neue Saiten in Ath. zum Klingen gebracht. Dies ist die erste neuere Abhandlung, die die Frage der Verbindung des Logos mit dem Menschen Jesus in allen echten Ath.-Schriften gründlich untersucht. Freilich hat auch Grillmeier ein theologisches Vorverständnis und darum ein pointiertes Interesse, das Fehlen von Stellen über die "Seele Jesu" ins richtige Licht zu rücken. Aber es ist doch zu hoffen, daß heute die Ideale des 19. Jahrhunderts überwunden sind, nach denen ein theologisches Vorverständnis von vornherein als "unwissenschaftlich" abgetan wurde. Immerhin scheint es mir richtig, wenigstens zu konstatieren, daß Grillmeier mit "konventionell-westlichen" Kategorien arbeitet. In diesem Rahmen wird er Ath. so gerecht wie nur möglich. Aber es bleibt die Frage, ob es nicht noch andere Wege gäbe, sich noch tiefer in Ath. einzudenken. Es will mir scheinen, als habe K. Rahner[10] in seinen Bemerkungen zur heutigen Wirkung der griechischen Christologie eine weniger rationalistische Methode der Interpretation angedeutet, die vielleicht verheißungsvoll ist.

Noch einen Schritt weiter in Richtung auf eine Ath.-Interpretation im Rahmen seiner eigenen alexandrinischen Voraussetzungen scheint mir G. Florovsky[11] in einem allerdings etwas überladenen Artikel zu gehen. Die Betonung der Wichtigkeit von Ath.' Lehre von Gott auf dem Hintergrund von Origenes und der griechischen Popularphilosophie erschließt tatsächlich neue Aspekte. Arius erscheint erfreulicherweise endlich nicht mehr als theologischer Gesprächspartner des Ath., sondern als Kosmologe, dem der Theologe Ath. unverständlich ist und sein muß. Ath.' Theologie erscheint in überzeugender Integrität und großem Profil und kann nicht mehr nach dem Rezept, die Soteriologie sei der Schlüssel, auf eine Fläche gepreßt werden. Trotzdem wird klar zugegeben, daß Ath. nur "Gelegenheitsschriften" verfaßt hat.[12] Aber

---

[9]   A. Grillmeier, Die theol. u. sprachliche Vorbereitung der christolog. Formel v. Chalkedon, in Das Konzil von Chalkedon, I, Würzburg 1951, S. 5–202; über Ath. u. Arius S. 67ff.

[10]   K. Rahner, Chalkedon – Ende oder Anfang? Im selben Sammelwerk III, S. 3ff.

[11]   G. Florovsky, The Concept of Creation in Saint Athanasius, Studia Patristica, IV, 1962, S. 36ff. (= T.u.U. Bd. 81).

[12]   so schon F. Loofs, a.a.O., S. 198, Zeile 45.

vielleicht besteht wirkliche theologische Schriftstellerei gerade darin. – Ath. läßt jeden statischen Gottesbegriff hinter sich und zwingt seine Leser dazu, wie L. Bouyer sagt,[13] zuerst das göttliche Leben in Gott selbst kontemplativ zu bedenken, bevor es uns mitgeteilt wird, was dann im Mysterium der Trinität geschähe. Florovsky schließt mit der These, die Unterscheidung zwischen "Being" und "Acting" Gottes, zwischen "Essence" und "Energy" sei für Ath. "a real and ontological difference" (S. 57). Wäre es nicht so, dann wäre Ath. der Kosmologie des Arius und seinem statischen Gottesbegriff zum Opfer gefallen. Man mag diese philosophische Überlegung Florovskys problematisch finden. Aber ein ganz entscheidender Aspekt wird hier doch berührt, der fast überall im Westen übersehen wurde: gerade *wegen* der Inkomprehensibilität des "Wesens" Gottes, die für den griechischen Theologen feststand und feststeht, müssen die Aussagen über das "Wesen" Gottes im Kontext des Gottesdienstes und der Anbetung gehört werden. Es ist für den östlichen Christen kein Widerspruch, die Inkomprehensibilität zu statuieren und zugleich kontemplativ (?) davon zu sprechen. Die Sprache wird darum freilich symbolisch, aber solange bei dieser "Kontemplation" zwischen dem menschlichen Erkennen und dem göttlichen Tun unterschieden wird, was Ath. ausgesprochen will, ist die Gefahr der Mystik gebannt.

Es ist zweifellos wahr, daß Ath. – wie manch ein anderer der großen Theologen – nicht nur auf seine dogmatischen Aussagen hin gelesen werden darf. Die rational faßbaren Aussagen müssen eng mit dem Gebet und Gottesdienst zusammengesehen werden, nicht nur mit dem Kirchen-"begriff". Im Fall von Ath. bedeutet dies, daß die *Vita S. Antonii* und die zahlreichen Briefe an die Kirchen sozusagen durch die Brille der dogmatischen Essays und Briefe gelesen werden müssen, und diese wieder umgekehrt durch die Brille der anderen. Man wird also kaum mit Schneemelcher sagen können: "Sowohl in *De Incarnatione* wie in den großen Arianerreden ist der Kernpunkt aller theologischen Erörterungen die Erlösungslehre" (a.a.O., S. 247/8). Damit hat er zwar nicht direkt gesagt, andere Schriften hätten nicht diesen "Kernpunkt", aber er hat sich doch dem konventionellen Urteil angeschlossen, das gerade diese Schriften den anderen an Bedeutung weit vorgezogen hat und in ihnen *ein* Thema gefunden zu haben meinte. Schon die durchaus "dogmatischen" Briefe an Epiktet und Serapion machen diese Einschränkung problematisch und mehr noch die Bedeutung all der Schriften, die in den Patrologien herkömmlicherweise als "praktisch-asketisch" klassifiziert worden sind.

Schließlich ist in diesem Zusammenhang das kürzlich erschienene, erstaunliche Buch von J. Pelikan,[14] dem Editor der neuen amerikanischen Lutherausgabe, zu erwähnen. Es ist eine originelle Mischung aus eine Homilie über Ps. 36,10 "In deinem Lichte schauen wir das Licht", und einer fachkundigen

---

[13] L. Bouyer, L'incarnation et l'Eglise corps du Christ dans la théologie de saint Athanase, Paris 1943, S. 47 u.ö.
[14] J. Pelikan, The Light of the World, New York 1962.

Arbeit über Ath., versehen mit einem Anhang voller Fußnoten und zahlreichen Literaturhinweisen. Hier wird, bei aller Kenntnis der Kontroversen um Ath. seit dem 19. Jahrhundert, der ganze dogmengeschichtliche Apparat großzügig auf eine untere Ebene geschoben, um Ath. selbst aufs neue zu hören. Ath. weiß, was ein biblisches Symbol ist, wie schon aus Contra Gentes zu ersehen sei. Schon dort sei das Licht-Symbol verwendet, das Ath. nie mehr verwirft. Erlösung ist Illumination (S. 75ff.), und Deification ist eine Transformation des Menschen (S. 82ff.) durch das Licht, das in die Dunkelheit kam. Aber doch ist der ontologische Unterschied zwischen Gott, resp. dem Status von Christus, und der transformierten Menschheit bei Ath. völlig gewahrt. Das Licht-Symbol verhilft zur Erklärung fast aller Motive von Ath.' Gedanken (S. 88), auch zur Deutung des schwierigen und doch so zentralen Gedankens der Vikariatsstellung von Christus für alle "Kinder des Lichts" (S. 97). Man hat beim ersten Lesen den Eindruck, hier sei wirklich gewagt worden, was noch kein Buch über Ath. getan hatte: eine Interpretation, die den östlichen und darum nicht weniger biblischen Aussageformen ganz adäquat ist. Es fehlt jeder westliche Rationalismus, die Vita S. Antonii und andere "praktische" Schriften sind stark herbeigezogen, und der Autor enthält sich einer vorschnellen Anwendung eigener theologischer Ergebnisse. Aber bei näherem Zusehen meldet sich doch eine leichte Enttäuschung. Man fragt sich, ob nicht das Licht-Symbol, so weit es auch gefaßt sein mag, zu einem neuen hermeneutischen Schlüssel wird, der gegen den alten von Harnack eingetauscht worden ist. Damit ergäbe sich eine Frage hinsichtlich der historischen Exaktheit von Pelikans Untersuchung. Darüber hinaus entdeckt man dann, daß auch Pelikan mit dem Licht-Symbol letzten Endes keine von den alten Interpreten prinzipiell verschiedenen Ergebnisse zu Tage fördert. Auch für ihn ist die "Erlösung" bei Ath. ganz zentral, und nicht nur erkenntnismäßig (was ja unbestritten sein soll), sondern auch inhaltlich-theologisch. Auch für ihn ist die Erlösung bei Ath. vornehmlich "Rettung aus", rescue. "Such rescue was the chief content of the Christian message as Athanasius interpreted it. The greatness of Athanasius was his single-minded and undeviating conviction that Christianity was a religion of salvation . ." (S. 77). Zudem interpretiert Pelikan die Deification als "transformation". Folgt diese Vorstellung wirklich konsequent aus seiner Applikation des Licht-Symbols? Müßte es nicht viel eher "Transfiguration" heißen?

Man muß es vorerst dahingestellt sein lassen, ob Pelikan nicht vielleicht völlig Recht hat. Es würde dann als Ergebnis festzuhalten sein, daß er viel gerechter, und in den Denkformen dem Ath. viel gemäßer, wiederum und ganz neu urteilen würde, was Harnack auf seine eigene Weise schon in harschen Tönen über Ath. gesagt hatte. Zudem würde sich Pelikan von A. Ritschl und Harnack darin unterscheiden, daß er dem so interpretierten Ath. weitgehend zustimmt, während jene ihn weitgehend oder völlig abgelehnt hatten. In jedem Fall bleibt Pelikans Buch eine wichtige Station auf dem Weg zum echten Ath.-Verständnis.

Als Ergebnis dieses Überblicks über die verschiedenen Beurteilungen des Ath. – bei dem ich mit meinen eigenen Fragen und Ansichten nicht zurückhielt –

lassen sich folgende Fragen und Alternativen für die jetzt vorzunehmende Untersuchung formulieren:

1. Ist es richtig, die Theologie des Ath. auf die Soteriologie zu reduzieren, oder in extremer Sicht, auf die "Vergottung" (Harnack)?
2. Falls dies der Fall wäre, ist es dann richtig, in der Soteriologie den Ansatzpunkt und die "Notwendigkeit" einer Trinitätstheologie zu sehen? M. a. W.: ist es wahr, daß Ath. mit einer Benefizien-Theologie beginnt und von dort zur Trinitätstheologie kommt?
3. Hat Ath. eine Christologie eigener Integrität entwickelt oder mindestens im Auge gehabt? Anders gesagt: ist die Inkarnation *der* (oder *ein*) Ansatzpunkt seiner Theologie? (Die "englische Sicht".)
4. Hat A. Gilg mit der Uminterpretation resp. Verteidigung des von Harnack usw. Konstatierten Recht?
5. Sind Schneemelchers vier Punkte nebst der Betonung des Kirchenbegriffs von Nr. 1 und 2 verschieden, und wenn ja, ist sein Programm dann rückhaltslos akzeptabel?
6. Ist die der "englischen Sicht" verwandte katholische Interpretation in Methode und Ergebnis dem Ath. näher gekommen?
7. Sind Florovskys und Pelikans Arbeiten nur als Korrektiv zu bewerten oder öffnen sie völlig neue Wege des Ath.-Verständnisses?

Dies sind natürlich nur einige Fragen aus einer größeren Fülle von möglichen Alternativen. Ich zähle sie nicht der Vollständigkeit halber auf, sondern weil ich jede von ihnen versucht habe ernstzunehmen und in den meisten ein Stück richtiger Ath.-Interpretation zu hören meine. Aber ich vermisse in allen Veröffentlichungen – außer Pelikans – einen Hinweis auf das Verhältnis der Theologie des Ath. zur Ethik. Es scheint mir, daß in dieser Frage folgenschwere Entscheidungen bei Ath. gefallen sind.

Die Themen und Unterthemen der genannten sieben Fragen scheinen sich mir am besten in den folgenden drei Fragenkreisen aufnehmen zu lassen: 1. der Frage nach der Bedeutung des arianischen Streites, 2. der Beurteilung der Deifications-Stellen, und 3. den Äußerungen über den historischen Jesus. Daran möchte ich in einer Schlußbemerkung einige Fragen über das offenbare Fehlen der Ethik fügen und einige Thesen zur Frage wagen, wie uns heute Ath. nützlich sein könnte.

I. Ist der arianische Streit das Zentrum von Athanasius' Theologie?

Die Feststellung, Ath. sei der große Vorkämpfer des nicänischen Glaubensbegriffs und der schließlich siegreiche Überwinder des Arianismus, ist natürlich richtig. Es fragt sich nur, was mit diesem Satz gewonnen ist. Soll damit gesagt sein, daß sich die Theologie des Ath. anders entwickelt hätte, wenn es Arius nicht gegeben hätte? Das wäre eine wenig sinnvolle Spekulation. Oder soll damit gesagt sein, daß die Arianer dem Ath. das Thema gegeben hätten? Dies wird oft behauptet, und zwar mit der näheren Erklärung, Ath. sei von vornherein auf das traditionelle Verständnis der Erlösung konzentriert gewesen und hätte dann in Opposition zu Arius seine Erlösungslehre entwickelt. Im Gang der Begründung und Präzisierung dieser Lehre hätte er sich dann notgedrungen mit der Trinitätslehre und — spätestens am Ende seines Lebens — auch mit der Christologie befassen müssen. Die Kappadozier hätten dann seine Anliegen aufgenommen und in extremer Weise weiterentwickelt.

Diese patente und gar zu einlinige Behauptung soll im Folgenden zunächst einmal in Klammern gesetzt werden. Zudem sollen die anderen üblichen Klassifizierungen beiseite gestellt werden, z.B. der Hinweis auf die bereits anhebende Spannung zwischen alexandrinischer und antiochenischer Theologie; die Vermutung, Ath. bereite den Monophysitismus vor; und die Behauptung, Ath. sei ganz im Bann der griechischen Erlösungs- und Gottesvorstellungen gewesen, die dann — wegen seiner großen persönlichen Bedeutung — in Constantinopel 381 und in Chalkedon 451 offiziell zum Kirchengut geworden wären.

Es wird sich überhaupt empfehlen, von zwei üblichen Verfahrensweisen abzusehen: 1. von einer schematischen Gegenüberstellung dogmatischer Begriffe, etwa von "Doketismus" und "Ebionitismus", resp. "Monophysitismus" und "Nestorianismus"; sind die verschiedenen Akzente wirklich logisch als Gegenteil konfrontierbar und historisch in so klarer Form nachweisbar? 2. von der verlockenden Methode, das Frühere von der im Späteren sichtbaren Entwicklung beurteilen zu wollen. Diese Methode ist (abgesehen von einer ganz bestimmten Fragestellung) in der biblischen Exegese allgemein verrufen, wird aber bei der Beurteilung der Kirchenväter oft leichtsinnig angewendet. Ebensowenig wie die Christushymne in Phil. 2, sollte man die Schriften des Ath. von Cyrill oder Chalkedon aus rückwärts lesen. Freilich muß von einem gewissen Punkt an das Thema der Rezeption der Tradition wichtig werden. Aber auch dabei ist in Hinsicht auf die Überlieferung und Verbreitung der Schriften, sowie des Inhalts, größte Vorsicht geboten. Als Beispiel genügt der Hinweis auf den oft gezogenen Vergleich zwischen der alexandrinischen und der lutherischen Christologie. Wie paßt in diesen Vergleich z. B. die ganz eindeutige Tatsache, daß die Alexandriner, und mit ihnen Ath., das "finitum incapax infiniti", das Verbleiben des Logos *extra carnem,* also das "Extra-Calvinisticum" gelehrt haben? (ganz abgesehen davon, daß die Texte der Alexandriner im 16. Jahrhundert ganz ungenügend bekannt waren).

Die dogmatischen Schriften des Ath., von denen so oft gesagt worden ist, sie enthielten das Zentrum seiner Theologie, nämlich die Erlösungslehre (gegen Arius), sollen zunächst für sich selbst sprechen. Dazu gehören vor allem die beiden Frühwerke *Contra Gentes* und *De Incarnatione* und die drei Arianerreden. Unsere Frage hat also eine doppelte Form: 1. hat Ath. sein Thema von den Arianern erhalten, und 2. ist die Soteriologie sein Ausgangsthema?

1. *Die Frühwerke.* Zunächst fällt ins Gewicht, daß es trotz verschiedener Einwände (z.B. Ed. Schwartz, dessen Datierung teilweise noch vertreten wird)

heute als ziemlich sicher gelten kann, das Doppelwerk *C. Gen.* und *De Incarn.* in die Zeit vor 325 zu datieren. Das Werk zeigt keine Spur einer Auseinandersetzung mit einer bestimmten Theologie oder Häresie. Der angeredete "Macarius" ist entweder ein wirklicher oder wohl eher ein stellvertretend für alle Leser hörender und lernender Katechumen, der noch nicht am gottesdienstlichen Leben in voller Form teilnimmt, aber intelligente Fragen hat oder haben könnte, die Ath. an den richtigen Platz schieben und beantworten möchte. Die Heiden mit ihrem "Götzenwahn und Aberglauben", ihrer Astrologie und ihrem Ernstnehmen des Nichtseienden und der daraus folgenden immer tiefer sinkenden Sittlichkeit sind die "Opponenten" schon in *C. Gen.* Umgekehrt ist darum das positiv formulierte Thema die wahre Gotteserkenntnis, d.h. die Erkenntnis und Anbetung des einen, wahren Gottes (30—47), der der Vater Jesu Christi ist (40—45). So lehrt Ath. im letzten Kapitel (47) sogar, der *Grund* für das Herabsteigen des Logos zu den Geschöpfen sei die damit gebrachte Erkenntnis und das Erfassen des Vaters durch die Geschöpfe. Der Logos kommt als Offenbarer des wahren Vaters. Dieser Akt entheiligt und entwürdigt ihn nicht, im Gegenteil, die Heiligkeit selbst und das Leben selbst werden dadurch manifest ($\alpha\dot{\upsilon}\tau o\alpha\gamma\iota\alpha\sigma\mu\dot{o}\varsigma$ $\kappa\alpha\dot{\iota}$ $\alpha\dot{\upsilon}\tau o\zeta\omega\acute{\eta}$). Ohne diese Tat Gottes könnten die Menschen Gott gar nicht (mehr) kennen. Dann folgt ein Vergleich, der mir für die "Erkenntnislehre" des Ath. höchst wesentlich erscheint. Er schilt noch einmal die "verrückte Logik" und "grenzenlose Dummheit" der Heiden, die "die Werke mehr bewundern als den Werkmeister", und sagt dann:

"Es ist genau so, wie wenn einer die Werke mehr bewundern würde als den Werkmeister, und vor den Gebäuden der Stadt erstaunt stehen bliebe, aber den Architekten nicht bewundern würde, oder wie wenn er das Musikinstrument loben würde, aber von dem, der es machte und stimmte, nichts wissen wollte ... Wie könnten sie denn überhaupt etwas wissen von einem Gebäude oder einem Schiff oder einer Leier, wenn nicht der Schiffsbauer es gebaut, der Architekt es erstellt und der Instrumentenmacher es zusammengesetzt hätte? " (*C. Gen.* 47).

Die Erkenntnis des Schöpfers hat Priorität vor der Erkenntnis der Schöpfung, und die Gabe kann nur gewürdigt werden, wenn der Geber offenbar geworden ist. Die Schöpfung selbst täuscht, und die Gaben können kein Selbstzweck sein. Dieses abschließende Kapitel leitet über zu *De Incarn.* Wir werden dieselbe Reihenfolge der Erkenntnisordnung auch dort erwarten dürfen. Freilich ist in beiden Traktaten um die theologischen Aussagen ein sozusagen "mythologischer Rahmen" gelegt, nämlich ein quasi geschichtliches Koordinatensystem. Dies ist — wie bei nahezu allen griechischen Vätern — aus dem Alten Testament herausgelesen und soll die eigentliche Systematik der Unmöglichkeit und der jetzt geoffenbarten Wirklichkeit der Gotteserkenntnis in einem Zeitschema einfangen und erklären. Dies ist bekanntlich das vielverhandelte Thema der Heilsgeschichte. Der Mensch war nicht böse erschaffen, sondern wählte das, dem kein Sein zukommt (*C. Gen.* 2, *De Incarn.* 4,5), um nun seinerseits in dieses Nichtsein immer tiefer einzusinken. Damit ist

— so problematisch die Begründung auch sein mag — jedenfalls die realistische Beschreibung der tatsächlichen Situation des Menschen garantiert: der Mensch hat nichts in sich, das ihm eine wahre Erkenntnis Gottes verschaffen und ihn zur wahren Anbetung führen könnte. Und um diese wahre Anbetung geht es! Ath. bestreitet nicht, daß der Mensch in sich die Anlage zur Anbetung trägt. Der gefallene Mensch ist durchaus ein religiöser Mensch. Er kann Ehre erweisen, Tribut geben und Respekt zollen. Aber seine Anbetung geht an die falsche Adresse:

"Ja, so gottlos wurden sie, daß sie jetzt sogar Dämonen verehrten und als Götter ansprachen und deren Wünsche erfüllten. Opfer von vernunftlosen Wesen und Menschenopfer brachten sie ihnen ... als Tribut dar ... deshalb wurden bei ihnen auch magische Künste gelehrt ... und sie schrieben die Ursachen ihrer Geburt und ihres Lebens den Sternen zu ... ohne an etwas anderes zu denken als an das Sichtbare. Überhaupt war alles voll Gottlosigkeit und Sünde, und nur der eine Gott und sein Logos wurden nicht erkannt ..." (*De Incarn.* 11, ähnlich 43).

Es geht in den beiden Traktaten um eine realistische Beschreibung der Situation der Menschheit und um die Entfaltung der wichtigsten Aspekte von Gottes Tat zugunsten der Menschheit. Dabei fallen viele Themen weg, z.B. die Kirche, der Geist, das Gebet, die Eucharistie. Es wäre aber ein Irrtum, wollte man annehmen, diese Themen seien Ath. nicht wichtig. Er sagt ja in *C. Gen.*, daß das Zentrum alles Elends die pervertierte Anbetung sei. Was er nun in *De Incarn.* erläutert, ist die grundlegende Tat Gottes, die das bringt, was die Menschen sich selbst nicht bringen können: wahres Leben, wahre Erkenntnis Gottes, Vereinigung mit Christus, d.h. Überwindung des Todes, und wahre Anbetung. Ath. will beides auf einmal sagen: Gott tut dies seinetwegen und unseretwegen. — Zudem ist zu bedenken, daß *De Incarn.* nicht eine Laiendogmatik, sondern eine Schrift an einen Katechumenen sein will, die nur das Thema der "Ankunft Christi" (56) behandelt und weiteres Studium (57) nicht vorwegnimmt. Im Gang der Entfaltung des Themas dreht Ath. die Erkenntnisordnung um. Er beginnt mit den Voraussetzungen, die *er* nur als Folge der Inkarnation erkannt hat, und diese wiederum nur durch die Anbetung des Erhöhten. Und jetzt scheint es, als sei die Inkarnation die Folge dieser Voraussetzungen:

"Vielleicht wunderst du dich, daß wir jetzt vom Ursprung der Menschheit reden, wo wir uns doch vorgenommen hatten, von der Menschwerdung des Logos zu handeln. Aber das gehört auch zum Zweck unserer Diskussion. Denn wenn wir von der Erscheinung des Retters unter uns sprechen wollen, so müssen wir auch vom Ursprung der Menschen sprechen, damit du verstehen kannst, daß unsere Schuld Anlaß zu seiner Herabkunft gegeben und unsere Sünde die Menschenliebe des Logos herausgefordert hat, so daß der Herr zu uns kam und unter den Menschen erschien. Wir sind die Ursache seiner Verkörperung (ἐνσωματώσεως lat.: nos enim causa sumus cur corpus assumpserit), und um unserer Rettung willen zeigte er seine Menschenliebe und wurde in einem menschlichen Leibe geboren und erschien" (*De Incarn.* 4).

Die Reihenfolge in der Darlegung ist ganz ähnlich wie im Römerbrief. Aber das heißt weder hier noch dort, daß man den ersten Adam vor dem zweiten erkennen müsse. Und doch kann im Neuen Testament und bei den Vätern legitim gesagt werden "er kam um unseretwillen", wie es im Nicäno-Constantinopolitanum dann heißt: ". . . der für uns Menschen und für unsere Rettung von den Himmeln herunterkam und Fleisch wurde aus dem Heiligen Geist . . .". So lehrt auch Ath. in *De Incarn.* und in den Arianerreden (z.B. II, 54, 55, 56, u.ö.), daß der Mensch Gottes Tat wirklich als Antwort auf sein Elend aufnehmen und anbeten darf. Der Mensch ist nicht in einen automatischen Prozeß einer Selbstbewegung Gottes hineingezogen. Der *Grund* für die Inkarnation liegt in Gottes Heiligkeit beschlossen und ist uns nicht zugänglich; die tatsächlich *geschehene Inkarnation* aber kommt aus Gottes ἀγαθότης und kann und muß (noetisch) als "notwendig" bezeichnet werden; und das *Ziel* der Inkarnation (z.B. *De Incarn.* 13) ist teilweise beschrieben durch die Restauration des Ebenbildes, d.h. durch das *Kommen* des neuen Menschen in die alte Welt. Dazu sagt Ath.: "dies hätte aber wieder nicht anders vor sich gehen können, wenn nicht Tod und Verwesung beseitigt worden wären. Darum nahm er einen sterblichen Leib an, damit in ihm der Tod vernichtet und die nach seinem Bilde (ergänze: ursprünglich) geschaffenen Menschen wieder erneuert würden" (13). Das heißt doch, daß die "Überwindung des Todes" ein der Erscheinung des neuen Menschen untergeordnetes – aber damit nicht weniger wichtiges – Thema ist! Schließlich weiß Ath., daß das Kommen Christi mehr als nur Restauration ist (vgl. auch *C. Arian.* II,67). Es gibt noch ein Ziel hinter dem Ziel: eine Auferstehung und Verherrlichung derer, die der Menschgewordene und Auferstandene in seinen Besitz genommen hat. Erst hier ist von *Deification* (zur Vermeidung des üblen Wortes "Vergottung") die Rede (54). Es ergeben sich also mindestens vier Stufen in der Entfaltung der sog. Inkarnationslehre (in Wahrheit ist es ja nicht nur eine "Inkarnationslehre"):

1. der *Grund,* der in Gottes Heiligkeit verborgen ist,
2. der *Anlaß* für die tatsächlich geschehene Inkarnation in der Zeit, als Antwort auf das Elend der Menschen,
3. das *Ziel,* die Restauration der *imago* in voller *similitudo* (wie schon Irenaeus) durch den neuen Menschen Jesus zu Gottes Ehre und der Menschen Rettung,
4. das eschatologische *Endziel* (Deification).

So sieht die Inkarnation sozusagen "von Gottes Seite" aus. Dies ist eine eminent theologische Sicht. Die Sicht "von der Seite der Menschen", also die Entfaltung der eigentlichen Soteriologie (Nr. 2 und 3 im besonderen), ist noch differenzierter (s. unten, Abschnitt II). Vorläufig hat sich noch nicht bestätigt gefunden, daß Ath. seine Theologie mit der Soteriologie beginnt. Skeptische Fragen erheben sich hinsichtlich des "mythologischen Rahmens", nämlich der chronologischen Nacheinander-Ordnung. Aber auch darin kann man Ath. eine letzte Vorsicht nicht absprechen, denn er unterscheidet zwischen Grund und Ziel der Inkarnation ohne einseitig nur vom einen zum andern zu argumentieren. Gerade wegen der Unterscheidung denkt er einmal vom einen, und dann wieder vom anderen her. In den Arianerreden bietet er noch weitere Einschränkungen des linearen Zeitschemas von vorher-jetzt-nachher. Aber schon die Unterscheidung von Grund und Ziel der Inkarnation macht es so schwierig, die Struktur von *De Incarn.* gradlinig aufzuzeigen. Jedenfalls ist es *nicht* wahr, daß Ath. in diesem Traktat *einen* Ansatz und *einen* einlinigen Gedanken mehr oder weniger unsystematisch darbietet, wie öfters gesagt wurde, etwa diesen: 1. die Menschheit ist dem Tod und der Verweslichkeit verfallen, dies gilt es zuerst zu erkennen; 2. Gottes Verheißung und Ehre wären aber in Widerspruch geraten, wenn die Todesverfallenheit nicht aufgehoben worden wäre; 3. damit dies nicht geschah, mußte der Logos Fleisch anziehen, um der Menschheit vikariatshaft Unverweslichkeit einzugeben, die dann zur "Vergottung" führt. Diese konventionelle Zusammenfassung von *De Incarn.* ist nicht richtig.

Tatsächlich sind in *De Incarn.* die Gedankenführungen so ineinander verwoben, daß das Erste immer erst aus dem Zweiten deutlich wird. Jeder Gedanke wird aber in sich selbst bis zum extremen Ende geführt. Dann wird auch gezeigt, wie das Zweite aus dem Ersten verständlich wird. – So schon im 1. Kapitel, wo Ath. als Thema die Menschenfreundlichkeit Gottes und die Menschwerdung nennt. Gottes Gnade hat in allumfassender Vorsehung schon alles im Logos angeordnet. Und doch! "Es empfiehlt sich bei einer solchen Erörterung, zuerst von der Schöpfung der Welt zu reden". Die Kapitel 2 bis 32 bilden dann eine thematische Einheit. Die folgenden Fragen sind jeweils unterschieden und doch komplementär: 2 (oder 4, je nachdem, ob man als "Einleitung" 1 oder 1 bis 3 nimmt) bis 10: Rettung von Tod und Verweslichkeit; und 11 bis 19: die Wiederherstellung der Gotteserkenntnis. Aber das Erste ist durch das Zweite bedingt, und das Zweite erhält seinen vollen Inhalt erst durch das Erste. Innerhalb der Kapitel 11 bis 19 geschieht genau dasselbe: 11 bis 15 spricht von der Unmöglichkeit der wahren Gotteserkenntnis, 15 bis 19 von ihrer Erneuerung. Auch hier gilt wieder: Ath. wüßte gar nicht von der Unmöglichkeit, wenn er nicht von der Erneuerung wüßte. In den folgenden Kapiteln ist es nicht anders: 20 bis 25 erklären den Tod und die Todesart Christi, und 26 bis 32 sprechen vom Sieg über den Tod. Die Bedeutung der Todesart wäre gar nicht ersichtlich für den, der nicht vom Sieg über den Tod wüßte. Es erklärt also auch hier das Zweite das Erste, und das Erste gibt dem Zweiten den vollen Inhalt.

Eine ähnliche Verwobenheit der Gedanken zeigt sich in den Teilen, die vom Unglauben der Juden (33 bis 40) und der Heiden (41 bis 54) handeln. Man wird kaum an eine wirkliche Diskussion mit Juden in Alexandria denken, sondern eher an eine Belehrung der Christen anhand des Themas: Juden und Christen / Altes Testament und Kirche. Auch hier ist es nicht Zufall, daß die Juden den Griechen vorangestellt sind. Hätte Ath. eine "einlinige" Erlösungstheologie vortragen wollen, so hätte er mit dem Erlösungs- und Gottesbegriff der Griechen beginnen können, die Diskussion dann auf das Alte Testament und

die Juden einengen können, um dann die Schlußermahnungen und Zusammen-
fassungen (55—57) anzufügen. Gerade so ist es nicht.
Trotzdem soll mit diesen Beobachtungen nicht gesagt sein, Ath. hätte in *De
Incarn.* eine aufs feinste durchdachte und kunstvoll dialektische Dogmatik
vorgelegt. Aber im Vergleich mit seinen anderen Schriften ist dieses Werk doch
noch das systematischste. Doch auch in den anderen, weniger strukturierten
und mit Wiederholungen überladenen Werken findet man die gleiche Vorsicht,
weder ausschließlich "spekulativ"-theologisch noch ausschließlich "didaktisch"-soteriologisch zu argumentieren. Bei Ath. gehört es offenbar zum Wesen
theologischen Denkens, daß von zwei Seiten aus zugleich gedacht werden muß,
auch wenn er dies nicht ausdrücklich erklärt und systematisch entfaltet. Die
Beobachtung scheint mir möglich zu sein, daß Ath. in den lehrhaft-didaktischen
Passagen und in der Bekämpfung der Arianer und Pneumatomachen die
soteriologischen Argumente stärker betont, während er in den "neutralen"
Passagen und in den dogmatischen Briefen zum Teil deutlicher theologisch/
christologisch ansetzt. Aber diese Schematisierung ist riskant. In *De Incarn.*
haben wir jedenfalls gesehen, daß Ath. aus didaktischen Gründen die *Folgen*
seiner eigenen Voraussetzungen zu *Voraussetzungen* der zu erklärenden Folgen
macht. Die Spannung zwischen den beiden Denkbewegungen ist für ihn nur
dort aufgehoben, wo sie auch begonnen hat: im Gottesdienst der Anbetung.

Eine schöne Formulierung, die hier gut zum Thema passen könnte, findet sich in D.
Bonhoeffers Vorlesung über Christologie vom Sommer 1933 (Ges. Schriften III, hrsg. von
Eb. Bethge, München 1960, S. 166—242; S. 177f.): "1. Jesus ist Mensch und der Rückschluß
vom Werk auf die Person zweideutig, 2. Jesus ist Gott und der direkte Rückschluß von der
Geschichte auf Gott unmöglich. Ist dieser Erkenntnisweg verschlossen, dann gibt es nur noch
einen Versuch, den Zugang zu Jesus Christus zu finden . . . sich an den Ort zu begeben, wo
die Person sich . . . selbst offenbart. Das ist der Ort des Gebetes zu Christus. Allein durch das
Wort freier Selbstoffenbarung erschließt sich die Person Christi und damit ihr Werk. — Damit
ist die theologische Priorität der christologischen vor der soteriologischen Frage erwiesen."

Diese doppelte Erkenntnisordnung findet sich auch in den Arianerreden, die
nun daraufhin kurz untersucht werden sollen. Sie sind zwischen 356 und 362
während des dritten Exils in der ägyptischen Wüste verfaßt worden.[15] Ath.
hatte während dieses Exils wohl wenig Bücher, aber viel Zeit zur Verfügung.
Dies läßt sich freilich nicht nachweisen, aber doch an der Art des Zitierens und
der Wiederholungen vermuten. Die drei Schriften sind durchaus situationsge-
bundene theologische Arbeiten, intolerant in der Beurteilung der Gegner und
doch frei in der eigenen dogmatischen Formulierung.

2. *Die erste Arianerrede. C. Arian.* I ist ein kluges Buch, im Angriff nicht zu
übertrieben, in den Thesen klar und logisch, die ganze Ausführung wahrhaft
theologisch: Gottes Gnade und Freiheit sind die Grenzen der Überlegung und

---

[15]   Schneemelcher a.a.O., S. 247: "etwa 357", F. Loofs und A. Stülcken aber: 338/9.

zugleich ihr Anfang. Die Schriftstellen (allerdings ist das AT gleich wie das NT christologisch gelesen und zitiert) sind teilweise von den Arianern übernommen und darum von Ath. öfters mit Haarspalterei untersucht, aber im Ganzen ist die hermeneutische Methode erstaunlich unalexandrinisch. Er faßt sie c. 54 zusammen und bleibt dieser Methode im Ganzen treu (vgl. auch II, 11 und *Ad Serap.*IV, 8ff., 12ff.). Bei der Exegese sei jeweils der Zusammenhang wichtig. Sätze seien bedeutend, sagt Ath., und nicht einzelne Worte, wie die Arianer denken. – Schön ist die klare Verkündigung der Gnade in den letzten Kapiteln (63/4).

In den ersten acht Kapiteln charakterisiert Ath. die arianische Lehre und gibt der Hoffnung Ausdruck, durch sein Schreiben die Verirrten noch zu bekehren. Manche Sätze hier (und in den beiden andern Reden) lassen darauf schließen, daß Ath. die Hoffnung noch nicht aufgegeben hat, sogar eingefleischte Arianer durch seine Exegese überzeugen zu können. Er sieht im Lager der Arianer immer noch die ehemalige und die potentiell restaurierbare Kirche. Wenn er so appelliert, spricht er soteriologisch. Unter diesem Gesichtspunkt faßt er im c. 9 die katholische Lehre zusammen, um von da aus (15−16) über die Teilnahme des Sohnes am Vater sprechen zu können. Unsere Teilnahme ($\mu\epsilon\tau\acute{\epsilon}\chi\epsilon\iota\nu$) ist nur von der Teilhabe des Sohnes aus verständlich (16 und auch 38). Ath. ist ganz konsequent, wenn er Arius einen "Gottlosen" nennt. In *De Incarn.* hatte er schon gesagt, daß man ohne Christus Gott nicht erkennen kann. So nun wieder in I, 12 in der Ablehnung der natürlichen Gotteserkenntnis in der ausgezeichneten Paraphrasierung von Joh. 14: als Philippus sagte "Zeige uns den Vater", sprach er nicht "Schau auf die Schöpfung!", sondern er verwies auf sich selber (auch I,33). Inkonsequent ist höchstens, daß Ath. hier, wie auch anderswo, vom präexistenten Logos spricht und dessen "Absichten" zu kennen meint, ohne zugleich an dieser Stelle vom Menschgewordenen zu handeln. Ist dies eine Folge des unglücklichen Logos-sarx-Schemas von Alexandrien? Man mag entscheiden wie man will, in jedem Fall ist dieses Beharren auf der Präexistenz und dem Anspruch, über den Präexistenten Aussagen machen zu können, das Gegenteil von der üblichen Vermutung, Ath. habe sich *wegen* der Soteriologie zu dieser trinitarischen Ansicht durchgerungen. Im Gegenteil, die Mitewigkeit des Logos hat Priorität vor den Aussagen über die Inkarnation. Erst in späteren Schriften wird Ath. diese Priorität durch die Betonung der Wirkung des Post-Existenten durch den Heiligen Geist balancieren.

Die Arianer halten mit dem Wort "Zeit" zurück, weil sonst die Absurdität ihrer Aussage "es war, da er noch nicht war" klar würde. Ath. aber benützt seine Schriftstellen unter der Voraussetzung, daß "das Wort" und der Logos (im technischen Sinn) und der Sohn identisch sind, wobei der Begriff des Sohnes die beiden anderen Begriffe füllt. Darum kann er das Alte Testament trinitarisch lesen, und die Arianer können beschuldigt werden, Gott das Schöpfersein abzusprechen; denn Gott schöpft durch sein Wort. Ath.' Frage ist also anders als die der Arianer (oder Tertullians). Dies sieht man klar in c. 14, wo die Arianer Ath. offensichtlich geärgert haben mit ihrer Behauptung, wenn

Ath. Recht hätte, dann wäre der Logos der Bruder des Vaters. "Der ewige Sohn des ewigen Vaters" ist bei Ath. ein Axiom, das auf völlig anderer Ebene liegt als die Fragen der Arianer (vgl. auch *Ad Serap.* IV, 1–6). Es ist gar nicht einzusehen, weshalb Ath. dieses Axiom wegen und gegen Arius hätte entwickelt haben sollen! Der "Vater" darf auch gar nicht wie ein menschlicher Vater verstanden werden (21 und 28). Es gibt keine Seins-Analogie im erkenntnismäßigen Sinn (vgl. *Ad Serap.* I, 16). "Denn nicht ahmt Gott den Menschen nach, vielmehr wurden die Menschen wegen Gott, der im eigentlichen Sinn und allein wirklich Vater seines Sohnes ist, selbst Väter ihrer eigenen Kinder genannt" (mit Bezug auf Eph. 3, c. 23, vgl. auch 57). Die "Unveränderlichkeit" Gottes und die Mitewigkeit des Logos können nicht aus Analogien deduziert werden (35,36). Gott der Vater ist unbegreiflich und unvergleichbar (auch 21–23), und was wir durch seine Selbstoffenbarung im Logos erfahren, ermöglicht erst das Verständnis unserer eigenen Situation, einschließlich der Rückschau auf die Vergangeheit mit dem "Fall" am Anfang (vgl. auch *Ad Serap.* IV,6).

Eine sehr richtige Feststellung findet sich in dem außerordentlich gelehrten und gedankenreichen Buch von C. N. Cochrane[16] im Zusammenhang mit Ath.' Gebrauch des Wortes ἀρχή im Hinblick auf trinitätstheologische Aussagen: ". . . a word consecrated by immemorial usage among the Greeks; and by adopting it, Athanasius associates himself with the spirit of Greek thought from its beginnings with Thales and the naturalists. But in the character which he ascribes to or rather discovers in it, Athanasius departs radically from the Greek philosophic tradition. For, while the Greeks sought for this ἀρχή in 'nature', Athanasius perceived that it was not to be found either 'within' or 'without' the frontiers of the physical world. And, while they conceived of it as a 'cause' or rather as the 'cause of causes', he contended that what it presupposed in the nexus of events within the order of time and space could not be causally related to them." In einem Wort also: Arius ist ein Grieche und, wie schon Florovsky sagte, ein Kosmologe, während Ath. ein Theologe eigener Integrität ist, der sich der griechischen Sprache bedient. Nebenbei soll hier nur bemerkt werden, daß der Name "Arius" wohl weniger für ein Individuum als für eine recht heterogene Strömung im späteren 3. und 4. Jahrhundert stehen muß. Im folgenden ist der Name "Arius" also in diesem repräsentativen Sinn zu verstehen.

Christologisch zeigt sich der Unterschied zu Arius in der ganz zentralen Frage, warum Christus erhöht worden ist. Die Arianer sagen, seine Erhöhung sei seine "Belohnung" gewesen (37 mit Bezug auf Phil. 2,9), während Ath. sagt, er hätte keiner Belohnung bedurft, sondern sei als Mensch um unsertwillen erhöht worden (41 u.ö.). "Er ist also nicht, da er Mensch war, später Gott geworden, sondern da er Gott war, später Mensch geworden" (39). Wäre der Sohn wie die Kreaturen aus dem Nichts geschaffen, dann wären die Kreaturen gleich-herrlich mit dem Sohn (was die Kritiker der Deificationslehre immer beanstandeten). Aber das wäre Götzendienst, wie ihn die Arianer empfehlen. Zudem wäre Gott

---

[16] C. N. Cochrane, Christianity and Classical Culture, Oxford Univ. Press 1940, u.ö., S. 362.

dann veränderlich: er wäre "zunehmend", und weshalb dann nicht auch einmal "abnehmend" (16)? Diese Absurdität wird in der Zusammenfassung (18) wieder mit dem wahren Glauben im Kontext des Gottesdienstes konfrontiert. Aber man muß sich doch gerechtigkeitshalber fragen, ob nicht die arianische Lehre von der freien Willensentscheidung des "veränderlichen Subjekts Jesus" Vorteile haben könnte. Für Ath. steht die (platonische) Unveränderlichkeit Gottes fest, und aus ihr muß die Unveränderlichkeit des Sohnes folgen, wenn er das wahre Bild des Vaters sein soll (was er auch ist: 35, 52 u.ö.). Ist also nicht nur der Vater, sondern auch der Sohn unveränderlich (gegen die Arianer, bei denen nur der Vater angeblich unveränderlich ist), so ist auch die Zeugung des Sohnes aus dem Vater ewig. Der Sohn verhält sich dann nicht wie ein Akzidens zu einer (unveränderlichen) Substanz (36). Wäre es so, dann könnte er nicht Wort, Wahrheit und Weisheit des Vaters sein. – Aber führt dies nicht zum Doketismus? Hätte Ath. nicht doch versuchen sollen, das tiefer zu verstehen, was die Arianer oberflächlich mit dem Gedanken der "Veränderlichkeit" des Sohnes ausdrücken wollten? dies ist später die Perspektive der Antiochener. (Zum Problem bei Ath. s. Abschnitt III.)

Ich möchte als vorläufige Antwort sagen, daß Arius an einer ganz anderen Frage interessiert war als Ath. Weil er – wie Origenes – nicht zwischen Schöpfung und Zeugung klar unterscheiden wollte, war er unfähig, die Ewigkeit Gottes und die Zeitlichkeit der Schöpfung so zu verstehen, daß er den menschgewordenen Logos als gleichewig mit Gott bezeichnen konnte. Er entwickelte darum disparate Gedanken über Gott und Jesus und statuierte als das Verbindende das durch den Logos inspirierte "Leben Jesu". Sein Interesse ist in diesem Sinn durchaus soteriologisch, wenn auch nicht in Kontinuität mit seinen monotheistischen Voraussetzungen. Aber Ath. macht diese Unterscheidung zwischen Zeugung und Schöpfung (vgl. Florovsky, a.a.O., S. 47–57) und kann die Endlichkeit der Schöpfung mit der ewigen Vaterschaft Gottes zugleich denken, ohne den Sohn auf die Seite der Geschöpfe rücken zu müssen. Trotzdem kann er (anti-doketisch) vom wahren Menschen Jesus sprechen. Es scheint mir, daß G. Florovsky Recht hat, wenn er die "basic distinction" zwischen den beiden Bereichen des Seins (?), zwischen Zeugung und Schöpfung, oder zwischen "Sein" und "Wille", so stark heraushebt. Ath. wäre wirklich dem Arianismus erlegen, wenn er von Origenes die Gleich-Ewigkeit der Schöpfung akzeptiert, d.h. wenn er eine *analogia entis* gelehrt hätte.

Freilich kann man einwenden, daß mit dieser Unterscheidung zwar die Homoousie (und später die Trinität) gesichert, aber die wahre Menschlichkeit des Inkarnierten gefährdet sei. Wenn das wirklich wahr wäre – und Doketismus ist Ath. oft vorgeworfen worden –, dann wäre aber auch die Erlösung des Menschengeschlechts gefährdet. Und angeblich geht es ja Ath. gerade darum. Zu diesem Einwand ist zu sagen: natürlich geht es Ath. um die Erlösung des Menschengeschlechts, aber er entwickelt die Lehre der Homoousie nicht *darum,* sondern *wegen* der Homoousie und der Unterscheidung zwischen dem Gezeugten und dem Geschaffenen kann er von der In-karnation *in* das

Geschaffene sprechen und von ihr sagen, daß jetzt das Menschengeschlecht als Ganzes von dieser Gnade profitiert (42). Der Sohn hat ja nicht nur seinen eigenen Leib gerettet, sondern die Gnade allen diesem Leib substanzgleichen Leibern (Schneemelchers Formulierung) zukommen lassen. Dieser Vorgang ist bei weitem nicht so "physisch", wie Harnack es uns glauben machen wollte: denn auch in diesem Zusammenhang (43) schließt Ath. die Erörterung mit dem Hinweis auf die Erfüllung der Prophetenworte, daß nun nicht nur Israel, sondern auch alle Heidenvölker (das ganze "Menschengeschlecht") ihre Götzen verlassen und jetzt den "wirklichen Gott im Namen unseres Herrn Jesu Christi anbeten ...," "'... denn wegen der Verwandtschaft mit seinem Leibe sind auch wir ein Tempel Gottes geworden." Die Kategorien der Union sind zwar auch physisch − wenn nicht, dann wäre der Doketismus erwiesen −, aber hauptsächlich doch politisch-geschichtlich: jetzt sind auch wir, die wir nicht von Israel kommen, in seinen Besitz genommen! Im Glauben an den Menschgewordenen erkennen jetzt die Gläubigen, daß sie mit ihm ein Leib geworden sind, "'... das ist ein Zeichen seiner Güte gegen uns, daß wir erhöht wurden, weil in uns der höchste Herr wohnt, und daß unseretwegen die Gnade ausgeteilt wird, weil der Herr, der die Gnade spendet, ein Mensch geworden ist wie wir" (ebd.). Ja, er nahm das "von der Sünde geknechtete Fleisch" an. Was er tat, tat er nicht seinetwegen, sondern unsertwegen. "Was der Vater gibt, gibt er durch den Sohn" (45). Der Sohn läßt sich in Solidarität mit den Sündern taufen (47/48). Wer Jesus Christus sagt, sagt: Gott ist für den Menschen. Gott ist für Ath. gar nicht anders Gott als gerade so im menschgewordenen Sohn, so platonisch uns auch die "Unveränderlichkeit" Gottes bei Ath. anmuten mag. Gott, der den Menschen Unbegreifliche und ganz Unvergleichbare (57), wird in dem menschgewordenen Logos angebetet.

Die wahre Anbetung ist auch hier wieder der Kontext, ohne den die theologische Gedankenführung in der Luft hängen würde. Und das "Schlimmste" an Arius ist, daß die Anbetung "Götzendienst" würde, wenn seine Gedanken richtig wären. Diese schreckliche Einsicht ist in allen drei Arianerreden ganz zentral. Ihr gegenüber sind die exegetischen Irrtümer der Arianer sozusagen noch diskutabel; Ath. kann sie Vers um Vers aufnehmen und widerlegen. Aber die Anbetung des Sohnes als Geschöpf ist schlechthin Gotteslästerung.

3. *Die zweite Arianerrede.* C. Arian. II ist eine exegetische Präzisierung des Inhalts der ersten Rede. Man ist versucht, sie unter den Titel "Besitznahme" (14 u. 79 u.ö.) zu stellen. Warum ist denn der Sohn "unser Bruder" geworden (11 und 61)? Warum hat Gott denn in seiner $\phi\iota\lambda\alpha\nu\vartheta\rho\omega\pi\iota\alpha$ (63 u.ö.) eine $\kappa\alpha\iota\nu\grave{\eta}$ $\kappa\tau\iota\sigma\iota\varsigma$ (65) in die sündige Menschenwelt gestellt? Was er tat, hätte er ja auch lassen können (68), aber weshalb wollte er es denn *für* die *Menschen* tun? Weshalb hat Gott sein Wort gesandt, das so völlig verschieden vom Menschenwort ist (35) und es im Fleich wohnen lassen, wie einen Menschen in einem Haus (71), ihn, den Sohn, der von sich aus doch nicht zur seufzenden Kreatur

gehörte (72)? Die Antwort auf diese Fragen ist alles andere als aus der Soteriologie deduziert: wir wurden wegen des Sohnes gemacht, und nicht der Sohn unsertwegen (30 u. 31), als sei er Mittel zum Zweck, oder eine "Notmaßnahme," mit der Gott solange wie möglich gewartet hat.[17] Der Präexistente (13) ist Herr und König über alles und nimmt die Menschen in seinen *Besitz* (14). Jetzt ist der "Abdruck Christi" in uns geschaffen, wie das Wappen des Königs an den Häusern seiner Stadt (79). Diese *In-Besitznahme* ist der Ausdruck der ewigen Freude des Vaters am Sohne (82), die nun zur Freude an den nach seinem Bild gemachten Geschöpfen wird. – Die Verheißung und Bestimmung Israels ist in der Inbesitznahme durch den Menschgewordenen erfüllt.

Dieser "innere Grund" der Schöpfung ist wohl zu unterscheiden von dem "äußeren Anlaß" der Inkarnation (54ff.). Das erste ist die "Sicht von Gottes Seite," und das zweite ist die rückblickende Einsicht von des "Menschen Seite." Im Hinblick auf den Schöpfer und sein Verhältnis zum Sohn muß gesagt werden, daß der Sohn kein Geschöpf (20 u.ö.) ist, sondern vor aller Schöpfung, die durch ihn geschah (22), war, und daß die Menschen seinetwegen geschaffen wurden. Aber hinsichtlich der Erlösung muß gesagt werden, daß es Gottes Ehre, Verheißung, Gerechtigkeit, Freude und Liebe gebieten, daß der Sohn Mensch "gemacht" wird, damit die Menschen "Gott gemacht" werden, was freilich nur eine Umkehrung des Ausdrucks ist und als strikt theologische Aussage verstanden werden muß (vgl. 14 und alle Deificationsstellen).

Der christozentrische Ansatz ist auch hier völlig gewahrt. Wir haben schon in der 1. Rede gelernt, daß der Vater wegen des Sohnes "Vater" genannt wird, und sehen jetzt, daß die Menschen nur wegen des Sohnes "Kinder" genannt werden. Ist dies wirklich die Lehre des Ath., so wird man mit gutem Grund von ihm auch eine Lehre von der *Erwählung in Christus* erwarten dürfen. Tatsächlich finden sich allein in der zweiten Rede mindestens fünf Stellen (56, 59, 68, 75, 76), die diese Einsicht ausdrücklich vortragen. Dies bestätigt, daß bei Ath. alles letztlich vom präexistenten Logos abhängt, womit allerdings noch nicht gesagt ist, daß dies auch erkenntnismäßig die Reihenfolge ist. Präexistenz heißt in diesem Zusammenhang: er ist zwar "unsertwegen" Mensch geworden, aber wir sind "vorher" seinetwegen als Menschen erschaffen worden. Es bleibt als Frage, ob Ath. wirklich, oder nur wegen der Arianer, in diesem Zeitschema gedacht hat: vor – bei – nach der Schöpfung – jetzt – später – ewig usw.

4. *Die dritte Arianerrede. C. Arian.* III schließlich handelt vor allem von der eigentlich christologischen Frage und dem Modus unserer Vereinigung mit dem Menschgewordenen (darüber s. Abschnitt II und III). Im Hinblick auf den arianischen Streit ist besonders hervorzuheben, daß Ath. den Arianern das rechte Verständnis der Menschlichkeit Jesu abspricht (26/27 u.ö.). Das

---

[17] Vgl. das anregende Durcheinander in der Diskussion um diese Frage bei A. A. van Ruler, Die christliche Kirche und das Alte Testament, München 1955, S. 64f.

Mißverstehen der göttlichen "Natur" ist in der 3. Rede fast sekundär, d.h. der Fehler der Arianer liegt vor allem in einem Mißverstehen der Offenbarung. *Daß* und *wie* Gott in Jesus sein konnte, das verstehen die Arianer nicht. Darum vergleicht Ath. die Arianer mit den Juden (28 u.ö.), die Jesus töteten, *weil* er Gott seinen Vater nannte und die Einheit mit dem Schöpfer behauptet hatte. Durch Jesus *kam* ja nicht nur das Wort Gottes zu den Menschen, sondern es *wurde* in ihm Mensch (30, nicht im Einklang mit andern Stellen, die sich gegen die "Verwandlung" in einen Menschen abgrenzen!). Er zog voll und ganz den leidenden und sündigen Leib an (31, 32) und "trug den Leib" (31, 51, vgl. Ignatius) in echtem Leiden und Sterben (32, 56). Allerdings zeigen die cc. 42 bis 44 eine gewisse Unsicherheit des Ath. Wie weit darf er denn gehen mit dem Gedanken, das Leiden Jesu schließe auch seine Unwissenheit ein? Es ließe sich wahrscheinlich zeigen, daß die Arianer mit ihrer (gelegentlichen) Behauptung, Jesus sei ein "gewöhnlicher Mensch" gewesen (51), Ath. in falsche Alternativen drängen. Wenn die Arianer also einen Einfluß auf die Theologie des Ath. haben, so bestünde er höchstens darin, daß Ath. sich nicht deutlich genug gegen den Verdacht des Doketismus geschützt hat. Bei den Exegesen von Matth. 26 (Gethsemane) und Mk. 13,32 ("der Sohn weiß nicht die Stunde") und Lk. 2,52 ("er nahm zu und wuchs") sieht Ath. das Gespenst des Paul v. Samosata und scheut davor zurück, die ehrliche Frage Pauls ernstzunehmen. Aber dies ist vielleicht nur eine Frage der Akzentsetzung. Ebenso wie Ath. den Mensch-gewordenen vom Präexistenten her versteht, sieht er die durch die Union mit dem Menschgewordenen geretteten Menschen schon ganz unter dem Gesichts-punkt der zukünftigen Auferstehung (33). Die *Inbesitznahme* ist die Ver-heißung zur Auferstehung; sie ist "Annahme an Sohnes Statt" (9, auch II, 59 u. 61, 63, 64 u. 74; III, 19 sagt ausdrücklich, daß die Menschen nicht wie der Vater werden; vgl. auch *Ad Serap.* I, 24/25) *durch* die Erniedrigung *und* Erhöhung des Logos im Menschgewordenen.

5. *Vorläufiges Ergebnis.* Diese Zusammenfassung sollte darlegen, daß es sich bei der Lektüre von *C. Gen., De Incarn.* und den drei Arianerreden, den sog. "dogmatischen Hauptschriften" (stimmt das?), *nicht* bestätigt hat, daß Ath.:

1. seine zentralen Thesen bei der Auseinandersetzung mit den Arianern gewonnen hat, und
2. vor allem mit einer "Erlösungslehre" beschäftigt war, die ihn zur Betonung der Homoousie des Logos mit dem Vater gedrängt hat, und
3. eine Benefizientheologie vorgetragen hat, die einseitig von den *beneficia* aus rückwärts argumentiert.

Damit soll nicht bestritten sein, daß die "Erlösungslehre" eine zentrale Stellung in Ath.' Theologie einnimmt. Darüber soll im folgenden Abschnitt gehandelt werden.

II. Bedeutet Erlösung bei Athanasius "Vergottung"?

Im letzten Abschnitt ist aufgezeigt worden, daß Ath. nicht nur eine Trinitätstheologie eigener Integrität, sondern auch eine von Origenes abweichende Lehre von der Schöpfung als Basis seines Verständnisses der Inkarnation entwickelt hat. Die Vermutung hat sich als unrichtig erwiesen, daß er beide Lehren als Reaktion zum Arianismus entfaltet hat. Zudem hat sich gezeigt, daß er keine einlinige Erkenntnisordnung vertritt und benützt, sondern das zuerst Erkannte oft zum Endpunkt einer Erklärung macht, wobei er das sekundär Erkannte als Voraussetzung des zu Erklärenden hinstellt. Es ist auch daran erinnert worden, wie sehr seine ganze Gedankenführung im Kontext des Gottesdienstes, d.h. der Anbetung, gesehen werden muß. Wie verhält es sich nun mit der speziellen Lehre von der Erlösung des Menschengeschlechts?

1. *Anlaß und Ziel der Inkarnation.* Um die Voraussetzungen der Inkarnationslehre des Ath. vollständig zu beschreiben, müßte man auf Irenaeus zurückgreifen. Seine Verknüpfung der Lehren von Inkarnation und Erlösung ist von Alexander von Alexandrien — Ath.' Vorgänger — aufgenommen worden.[18] Alexander hat aber offenbar die Lehre des Irenaeus aus dem linearen Zeitschema der Rekapitulation ("Stufen des Lebens Jesu bis ins Greisenalter") herauslösen wollen; man findet sie ja auch so nicht mehr bei Ath. Zugleich trat er dem häretischen Zentralgedanken des Origenes entgegen und bestritt die Emanation des Logos.[19] Die Literatur über Ath. bestätigt fast einstimmig den Einfluß von Alexander auf Ath.[20] Der Begriff der *Inbesitznahme* und Annahme an Sohnesstatt findet sich schon deutlich bei Alexander: "durch die Wohltat dessen, der Gottessohn von Natur ist, werden wir Adoptivsöhne."[21] Dieser Gedanke ist freilich nicht neu,[22] aber er wird mit Ath. zum Zentralthema der griechischen Theologie. Man hat Ath. in der Literatur manchmal Di-theismus (in der Folge des Alexander), aber besonders Modalismus vorgeworfen. Diese Kritiken hat man dann auf die Erlösungslehre ausgeweitet. Aber damit ist nicht viel gewonnen. Einmal ist Ath. durch etliche Passagen gegen die beiden Vorwürfe relativ leicht zu verteidigen, und zum andern muß prinzipiell gefragt werden, ob es überhaupt sinnvoll ist, die Substanzgleichheit von Vater und Sohn als von der "Notwendigkeit" der Erlösung abhängig zu sehen. Darüber ist bereits im letzten Abschnitt gehandelt worden. Es hatte sich da bei der Untersuchung von *De Incarn.* ergeben, daß Ath. mindestens vier Stufen in der

---

[18]   Harnack DG II 4, S. 206 zeigt, daß dieser den Irenaeus gelesen hat.
[19]   Alexander v. Alex. Ep. Ad. Alex. v. Byzanz I, 12–14.
[20]   F. Loofs, a.a.O., S. 202 Z. 26ff. macht allerdings darauf aufmerksam, daß Harnack diesen Einfluß überschätzt hat.
[21]   Opitz, Urkunden z. Gesch. d. arian. Streites, Nr. 14, 21.
[22]   Vgl. meine Untersuchung über Hippolytus' Lehre der Adoption und Deification, Hippolytus' Conception of Deification, SJT, Dezember 1959, S. 388ff.

Entfaltung der Inkarnationslehre unterscheidet: den Grund, den Anlaß, das Ziel und das Endziel. Wir wenden uns jetzt besonders der zweiten und dritten Stufe zu.

Freilich ist es für die Erlösungslehre entscheidend, daß die Substanzgleichheit von Vater und Sohn richtig gelehrt wird. Was der Sohn tut, tut der Vater (*C. Arian.* III, 11), denn "er sitzt auf demselben Thron wie der Vater, und da er in der Gottheit des Vaters geschaut wird, so ist Gott das Wort, und wer den Sohn sieht, der sieht den Vater, und so ist *ein* Gott." Aber Vater und Sohn sind nicht auswechselbar. In einem Satz gegen Sabellius *(C. Arian.* III, 4) heißt es: "Denn sie sind Eins, nicht wie wenn das Eins wieder in zwei Teile geteilt wäre, und diese wieder nichts anderes als Eins wären . . . vielmehr sind es zwei, weil der Vater Vater ist und nicht der gleiche auch Sohn ist, und der Sohn Sohn, und nicht derselbe Vater ist. Aber die Natur ist nur eine" (vgl. auch *Ad Serap.* I, 28; *C. Arian,* I, 16; II, 36; III, 4; III, 5; III, 36). So, wie der Vater und der menschgewordene Sohn nicht auswechselbar sind, sind auch die durch Adoption an der Gottheit des Vaters teilhabenden Menschen in keiner Weise mit dem Vater identisch. Und doch ist der Sohn Gott! Das Wunder seiner eigenen Erhöhung im Fleisch – worin auch seine Präexistenz angebetet wird – bringt als Frucht die Erlösung der fleischlichen Menschen, aber nicht ihre Identifizierung mit Gott (z.B. *C. Arian.* III, 19 u. 24).

Diese innere Verknüpfung von Trinitäts- und Erlösungslehre besteht zweifellos. Es wäre nun aber verfehlt, Ath. auf eine bestimmte *physis*-Vorstellung festzunageln, die dem Vater und dem Sohn *und* den erlösten ("vergöttlichten") Menschen sozusagen übergeordnet ist. Ath. hat doch gerade in der Frage der Formulierung der Trinität im Jahre 362 eine große Flexibilität bewiesen. Er hat mit der Konzession an die Jungnizäner gezeigt, daß es ihm gerade nicht um eine bestimmte Definition von *ousia, hypostasis* oder *physis* zu tun ist, sondern um den wahren Gottesdienst und das richtige Verstehen und Verkündigen der wahren Erlösung durch den wahren Gott. So geht es ihm auch bei der Entfaltung der Inkarnationslehre nicht um eine abstrakte Darlegung einer Theorie der Vertauschung oder Vereinigung von zwei verschiedenen Naturen oder dergleichen. Ath. macht überhaupt fast keine isolierten Aussagen über Naturen und Ousien oder über Schöpfung, Inkarnation und Verherrlichung. Form und Inhalt, Anlaß und Ziel sind in der Darlegung jeweils ineinander verwoben.

Von der "Sicht der Menschen" aus, die durch den ins Fleisch gekommenen Logos betroffen sind, bestand eine "Notwendigkeit" der Inkarnation. Die bekannten Stellen in *De Incarn.* (z.B. 4) und einige Sätze in *C. Arian.* II können den Eindruck erwecken, als sei ein subjektives Bedürfnis der Menschen "objektiv" der Anlaß, weshalb die Liebe des Logos erschienen ist. Dies ist aber – ganz ähnlich wie bei Anselm – nicht die wahre Meinung. Vielmehr will Ath. sagen, daß der ins Fleisch Gekommene überhaupt nur als der um der Menschen willen aus Gottes Güte Gekommene *erkannt* werden kann. Er selbst hat sich dadurch nicht verändert, aber die durch sein Kommen betroffenen Menschen sind in einer veränderten Situation, so daß sie jetzt nicht nur den ins Fleisch gekommenen Logos, sondern auch ihre eigene, frühere Lage richtig erkennen können.

C. Arian. II, 54: "Und er gibt an keiner Stelle einen Grund an, noch auch das Warum, damit es nicht den Anschein gewinne, als wäre er später als das, um dessentwillen er entstanden ist. Denn der Grund muß ihm vorausgehen, ohne den auch er nicht geworden wäre."
"Der Herr aber hatte keinen Grund vor sich, um Wort zu sein, wenn nicht den, daß er Zeugung und eingeborene Weisheit des Vaters ist, und darum gibt er, da er Mensch wird, auch den Grund an, weshalb er das Fleisch tragen will. Seiner Menschwerdung geht nämlich das Bedürfnis der Menschen voran, ohne das er nicht Fleisch angenommen hätte. Welches das Bedürfnis war . . . hat der Herr selbst angegeben: 'Ich bin vom Himmel herabgekommen, nicht um meinen Willen zu tun'. . . und wiederum: 'Ich bin dazu geboren und dazu in die Welt gekommen, daß ich der Wahrheit Zeugnis gebe'."
Und c. 55: "Um also Zeugnis zu geben und für uns den Tod auf sich zu nehmen, die Menschen wieder zum Leben zu erwecken und die Werke des Teufels zu zerstören, ist der Heiland gekommen, und das ist die Ursache seiner Erscheinung im Fleische" . . . "Er ist also nicht seinetwegen, sondern um unseres Heils willen gekommen."

Ath. hat ganz eindeutig die "doppelte Sicht" bewahrt: die sich scheinbar widersprechenden Sätze und auch die Schriftzitate zeigen, daß von "Gottes Sicht" her der Grund der Inkarnation nur angebetet und nicht rationalisiert werden kann, daß aber von der "Sicht der Menschen" aus ganz klar statuiert werden darf und muß, weshalb der Logos ins Fleisch gekommen ist. Die Mitewigkeit und Homoousie des Logos mit dem Vater ist bei Ath. streng von der Menschwerdung unterschieden. Harnack und seine Nachfolger haben diese Unterscheidung einfach nicht sehen und akzeptieren wollen, sonst hätten sie nicht behaupten können, Ath. habe die trinitarischen Gedanken wegen der soteriologischen entwickelt. Zudem ist das "Kommen ins Fleisch" resp. das "Tragen des Fleisches" auch nicht als abstrakter Akt zu verstehen, sondern als *Geschichte* des Menschen von Nazareth. "Menschwerdung" ist für Ath. ja nur eine Abkürzung für die vielen Kapitel dieser Jesusgeschichte: für seine Geburt und sein Leben, sein Heilen und Predigen, seine Siege über die Dämonen, sein Leiden und Sterben und sein Auferstehen. "Menschwerdung" ist streng genommen nicht einmal ein guter Ausdruck für das, was Ath. sagen will. Er braucht zwar den Ausdruck selbst, aber er bestreitet ja mit behutsamen Argumenten, daß der Logos etwas anderes *wurde* als das, was er schon immer war. — Das Geschehen der "Menschwerdung" ist nicht plötzlich und unerwartet. So ist auch die dadurch herbeigeführte Rettung weder eine mechanische Notwendigkeit noch die Aktion eines *deus ex machina.* Ath. sieht und lehrt, wie Gott in der Geschichte mit seinem Volk Israel gehandelt hat und im Kommen des Logos handelt und handeln wird und dadurch *Geschichte macht.* Durch diese Betrachtungsweise stellt er die Verbindung zwischen Schöpfung, Geschichte Israels, Inkarnation und Aufgabe der Kirche her. (Kritisches zu diesem Zeitschema ist bereits im letzten Abschnitt angedeutet worden.)

C. Arian. I, 49: "Ps. 45,8: 'Darum hat dich der Herr, dein Gott, gesalbt' . . . sagte er: da du Gott bist und König, 'darum' wurdest du auch gesalbt, da auch kein anderer den Menschen mit dem Heiligen Geist verbinden konnte als nur du, das Bild des Vaters, nach dem auch wir im Anfang geschaffen worden sind; denn dein ist auch der Geist . . . Da er aber als Sohn Gottes Gott ist und als Abglanz und Ebenbild (aus Hebr. 1,3) des Vaters ewiger König, deshalb ist er natürlich selbst der erwartete Christus, den der Vater den Menschen verkündigt und seinen heiligen Propheten offenbart, damit, wie wir durch ihn geschaffen worden sind, so auch in ihm allein die Erlösung von den Sünden zuteil, und alles von ihm regiert werde. Und dies ist die Ursache der an ihm vollzogenen Salbung und der Erscheinung des Wortes im Fleische."

Der Zusammenhang zwischen Anlaß und Ziel der Menschwerdung ist auch hier ganz deutlich. Der von Ewigkeit regierende Logos ist aus der Güte des Vaters dem sündigen Menschengeschlecht zu Hilfe gekommen. *Anlaß* seines Kommens war also der Zustand der Menschen; aber das *Ziel* seiner Menschwerdung, die *Inbesitznahme,* kann von den Menschen erst nach seinem Kommen erkannt und gelebt werden. Vorher war nichts im Menschen, das ihm seinen verdorbenen Zustand und seine verheißene Rettung offenbart hätte. Der Menschgewordene ist nun die Nahtstelle zwischen Gottheit und Menschheit; und er ist es in einem gnädigen Sinn, derart, daß er das Böse zum Guten wendet und das Menschliche zum Göttlichen. Inwieweit dem Ath. hier vielleicht doketische Gedanken unterlaufen sind, muß im nächsten Abschnitt diskutiert werden. – Es soll nochmals daran erinnert werden, daß die Äußerungen über den *Anlaß* der Inkarnation nicht mit einer Erklärung des *Grundes* gleichgesetzt werden dürfen. Ath. hat zwischen Grund, Anlaß, Ziel und Endziel deutlich unterschieden. Die Wendung durch die Inkarnation selbst ist in der zweiten und dritten Stufe beschrieben. Zunächst soll nun gefragt werden, was diese Wendung, d.h. Erlösung, bei Ath. eigentlich bedeutet.

2. *Restauration und Deification.* In der heutigen Diskussion mit orthodoxen Theologen ist es ja gerade die Frage nach dem Verständnis der Erlösung, die die größten Schwierigkeiten und Mißverständnisse zu bereiten scheint.[23] Den westlichen (und östlichen?) Theologen unserer Zeit entgeht leicht, daß in der orthodoxen Theologie der klassischen Zeit "Inbesitznahme" und "Erlösung" eng zusammengehören. Was bedeutet denn die Erlösung der Menschen, die "Annahme als Adoptivsöhne", die laut Ath. eine Frucht der Erhöhung des menschgewordenen Logos ist?

Zur Beantwortung dieser Frage scheint es mir nützlich, die Hauptgedanken der *Vita Antonii* anzuhören, bevor die bekannten Stellen aus den "dogmatischen Schriften" analysiert werden. Die Vita Antonii ist in einem gewissen Sinn Ath.' "Laiendogmatik", und ihr Einfluß auf die spätere Kirche kann gar nicht überschätzt werden. Die apologetischen Tendenzen dieses Buches sind unverkennbar: Antonius schätzt und schützt den Klerus (67) und die rechtmäßig installierten Bischöfe; er haßt die Meletianer und Arianer (68, 69); er

---

[23] Vgl. meinen Artikel Our Contact With the Orthodox Church in Russia, in: The Interseminarian, Oktober 1962, S. 17ff.

schätzt den Glauben höher als Bildung und Wissen (74–78); und er durchschaut die Schwäche der Heiden. Seine Askese beruht auf dem Glauben, sie schafft ihn nicht, aber sie schafft Kraft gegen die Dämonen (21–43, vgl. C. Arian. I, 43 u. 50). Es erhebt sich hier die Frage, ob die Überwindung der Dämonen das Zentrale des christlichen Lebens und Glaubens ist. Wenn ja, dann gibt es drei Möglichkeiten der Interpretation: a) es handelt sich um primitiven Aberglauben, b) im Gegenteil, hier spricht Ath. in zeitgemäßer Sprache, die im Ägypten des 4. Jahrhunderts verstanden werden kann: Christus *befreit* wirklich! c) der Dämonenglaube und Exorzismus beschränkte sich auf mönchische Gruppen und ihre Anhänger, und Ath. ist hier nur Biograph. – Die Überwindung der Dämonen ist aber nicht die einzige Frucht der Erlösung. Der Erlöste lebt ja auf das ewige Leben und die "Heimkehr zum Herrn" hin (16, 19, 45, 46, 89f. usw.). Es gibt hier wieder drei Möglichkeiten der Interpretation: a) diese Schilderung des Antonius spiegelt im ganzen die Meinung des Ath. wieder (das könnte für Harnacks Meinung sprechen, die in der "Vergottung" den Schlüssel zu Ath.'s Theologie sieht, aber es ist auffallend, daß die Vita Antonii keine Vergottungsstelle enthält!); oder b) hier drückt Ath. nur die Meinung des Antonius oder seine eigene Ansicht über Antonius und die andern Charismatiker aus, die vikariatshaft ein entweltlichtes Leben für alle andern Christen führen (*für* diese Auslegung sprechen die Stellen über die Hochschätzung der Bischöfe, die Politik des Ath., über die Heilungen verheirateter Leute, und das Fehlen eines allgemeinen Eheverbotes; *dagegen* spricht die Stelle c. 88 "viele Bräute bleiben Jungfrauen"); oder c) Ath. hat einen Kompromiß im Auge: so wie Antonius sollte man "eigentlich" leben, er "erbaute" durch sein Leben ja "sogar die Heiden" (72, 80, 81). – Eine Entscheidung zwischen der zweiten und dritten Möglichkeit ist schwierig, die erste scheidet aus. Es handelt sich ja bei der "Heimkehr zum Herrn" nicht um eine bei lebendigem Leibe stattfindende Deification (trotz c. 60 über die Entführung des Amun), denn die Vision des Antonius über seinen eigenen Tod ist ganz vom biblischen Auferstehungsglauben geprägt (91). Dabei ist es aber nicht klar, ob es sich wirklich um eine Auferstehung oder viel eher um eine Rückkehr der Seele handelt. Die Trennung von Körper und Seele[23a] wird eindeutig statuiert. Die Seele hat schon vor dem Tode eine Ewigkeitswert, wie in dem "sokratischen" Kapitel 20 ganz deutlich gesagt wird. Dort heißt es auch: "das Werk ist leicht, wenn wir nur wollen"; die Tugend ist das "Vernünftige" im Menschen. Aber trotzdem bekräftigt Ath. deutlich, daß Christus und nicht Antonius die Wunder und Heilungen wirkt (7, 24, 38, 56, 62, 83 usw.). Weshalb aber wirkt er in dieser alten Welt, "die nur wie eine Kupfermünze ist gegen 100 Goldtaler," noch solche Wunder? Um "ganz Ägypten zu trösten" (87)? Oder "um einen Beweis für den Glauben zu bringen? " Oder um auf die Auferstehung hinzuweisen (91)? Es ist jedenfalls deutlich, daß die Vita Antonii *keine* einseitige Weltverneinung lehrt, obwohl manche Kapitel so verstanden werden können und die Basis zu einer Weltverneinung bieten.

Freilich ist das Buch keine vollständige "Laiendogmatik." Taufe und Eucharistie sind z.B. völlig übergangen. Der biographische Rahmen ist fast nirgends gesprengt, Antonius und seine charismatischen Freunde, das Klosterwesen und die Wunderwirkungen geben jeweils Anlaß zu Exkursen über Glaubensfragen (z.B. über Inkarnation c. 74f., über Ath.' eigene Position c. 69, über Dämonen c. 21–43) und ethische Anweisungen. Obwohl die Vita Antonii also keine vollständige Glaubenslehre bietet, ist die Feststellung doch gerechtfertigt, daß das Fehlen von "Vergottungs"-Stellen für unser Verständnis des Ath. sehr wichtig ist. Nirgendwo hätte Ath. leichter die von Harnack so vehement betonte Vergottungslehre unters Volk bringen können, als gerade in der lehrhaft verbrämten Biographie dieses wunderlichen, asketischen Wüstenmönchs! Aber gerade das tut er nicht.

[23a] Hier wirkt noch Origenes' *De Oratione* nach, worin auch vom Kampf gegen die Dämonen, von der Askese und vom Gebet der Seelen der Toten für die Lebenden gehandelt wird.

Ath. versteht die Erlösung im Ganzen als Ziel der Menschwerdung des Logos und erklärt sie konkret als Frucht der Erhöhung des Menschgewordenen. Menschwerdung und Erhöhung des Logos gehören darum genauso zusammen wie die Inbesitznahme (Annahme als Adoptivsöhne) und die endliche Verherrlichung oder Deification. Darüber geben die folgenden, in der Literatur oft zitierten Stellen Aufschluß; in *C. Arian.* III heißt es nach einer antidoketischen und die Auferstehung ins Zentrum rückenden Stelle (33) im 34. Kapitel:

"Denn wie der Herr in der Annahme des Leibes Mensch geworden ist, so werden auch wir Menschen vom Wort in seinem Fleisch angenommen (per Verbi carnem assumpti) und vergöttlicht und erben von nun an ewiges Leben (... ϑεοποιούμεϑα ... διὰ τῆς σαρκὸς αὐτοῦ ... ζωήν ... κληρονομοῦμεν)."

Undeutlich ist freilich der Zeitpunkt, an dem dies geschieht. Einerseits ist klar, daß durch den Tod des Herrn auch unser Fleisch gestorben ist. So wie wir die Taufe erhielten, als er im Jordan getauft wurde, so erhielten wir auch den Geist, und auch seine Auferstehung, als er auferstand (vgl. *C. Arian.* II, 67–70). Anderseits wäre es aber doch nicht richtig, hier *nur* den Restaurationsgedanken herausspüren zu wollen. Das wäre allenfalls noch für die frühe Zeit von *De Incarn.* gerechtfertigt:

De Incarn. 20: "Danach kam es keinem anderen zu, das Verwesliche εἰς ἀφϑαρσίαν μεταβάλλειν, als nur dem Heiland selbst, der auch im Anfang alles aus nichts erschaffen hat. Kein anderer sollte die Menschen nach dem Ebenbilde wieder erneuern als das Ebenbild des Vaters, und kein anderer das Sterbliche unsterblich machen als unser Herr Jesus Christus, der das Leben selbst ist; kein anderer sollte über den Vater Aufschluß bringen und den Götzenkult beseitigen als nur der Logos, der alles regiert und allein der wahre, eingeborene Sohn des Vaters ist" (vgl. auch c. 7, doch auch C. Arian. II, 68 usw.).

Die eigentliche Aussage der Deification geht über die Restaurationstheorie hinaus. *C. Arian.* II, 67 sagt, daß Gott uns Restauration "und noch größere Gnade" gibt. Die Deificationslehre kann aber auf dem *Hintergrund* dieses Gedankens der Wiederherstellung des Urbildes gesehen werden und zeigt damit an: a) daß Ath. nicht dem rationalistischen Schema einer Schöpfungs-, Falls- und Restaurationslehre folgen will, und b), daß seine Theorie der Deification nicht eine griechische Spekulation ist,[24] sondern der entscheidende Baustein im Heilswerk Christi, das durch seine wahre Menschheit gerade von einer mechanischen Restauration unterschieden ist. Der allerorts zitierte Satz aus *De Incarn.* 54:

$$\text{Αὐτὸς γὰρ ἐνηνϑρώπησεν, ἵνα ἡμεῖς ϑεοποιηϑῶμεν,}$$

der ganz irenäisch ist (Adv. Haer. III, 19,1 u. 3; IV, 20,5 sowie 38,4 und 39,2; Praefatio von V), darf also nicht losgelöst betrachtet werden. Er ist das Schlußstück eines längeren Gedankenganges, der die mechanische Restaura-

---

[24] Vgl. dazu J. Gross, La divinisation du chrétien d'après les Pères grecs, Paris 1938, über Ath. S. 201ff.; auch Jean Daniélous Buch über Greg. Nyss. Platonisme et Théologie Mystique, Aubier 1944, über Ath. S. 51 und 59.

tionsidee gerade abwehrt. Hätte Ath. diese Idee vertreten, so hätte er auch folgerichtig lehren müssen, daß durch die Menschwerdung automatisch die gesamte Menschheit gerettet wird, oder er hätte eine aus der moralistisch-apologetischen Tradition übernommene Barriere einlegen müssen, wie dies, laut Loofs, angeblich Irenaeus getan hatte, um sich gegen den Universalismus abzugrenzen. Beides tut Ath. gerade nicht. Er folgt durchaus der Schrift, wenn er die "objektive" Tat Gottes in der Menschwerdung mit der "subjektiven" Rezeption durch die Menschen in der Erkenntnis Gottes miteinander verbindet. Ath. folgt also nicht nur der alexandrinischen Tradition, die in der (wachsen-den) Erkenntnis Gottes die eigentliche Erlösung zu sehen meinte, sondern er sieht eine Synthese zwischen dieser Auffassung und der (irenäischen) Betonung der objektiven Heilstat Gottes im menschgewordenen Logos. Darum hat er keine Schwierigkeiten mit dem Universalismus, d.h. mit der von Harnack vermuteten "automatischen Erlösung". Die Menschwerdung des Logos *und* die menschliche Erkenntnis Gottes im Geiste (Gottesdienst) können unmöglich voneinander getrennt werden. Die ganze "Theologie" gehört darum eigentlich in den Gottesdienst. Das ist für uns Heutige im Westen schwer verständlich, wenn auch prinzipiell nicht abgelehnt, aber auch für unsere Zeitgenossen in den orthodoxen Kirchen ist diese Sicht vielleicht schon zu sehr zu einem commonplace geworden. Verstehen denn sie noch ganz die Tiefen von Ath.' Zusammenschau des logischen Erforschens der Schrift und der völligen Hingebung im Gottesdienst?

Im Zusammenhang mit dieser Verbindung von Inkarnation und Gotteserkenntnis hat Ath. einen Begriff des Wachsens der menschlichen Gotteserkenntnis gelehrt (C. Arian. III, 52). Die Erkenntnis Gottes ist zugleich Befreiung vom Tode, und dies in ständig zunehmender Weise. Es ist nur folgerichtig, daß Ath. das Wachsen des Geistes in Jesus von Nazareth dem Wachsen der Christen parallelisiert hat. Als der menschliche Leib Jesu wuchs, wurde auch die φανέρωσις τῆς θεότητος mehr und mehr sichtbar. Das gibt aber A. Stülcken[25] noch nicht das Recht zu sagen: "Zuletzt kommt Ath. dazu, daß der Fortschritt an σοφία nicht die bloße Zunahme in der Erscheinung der Gottheit bedeutet . . . , sondern die tatsächliche allmähliche Vergottung seines Fleisches", von der er dann weiter sagt, sie sei das, was Christus mit seiner Gemeinde gleich macht. Diese Gegenüberstellung von "Erscheinung" und "tatsächlich" verfehlt ganz die differenzierte und wirklich schriftgemäße Epistemologie des Ath. Er sagt doch selbst (53) klar genug, wie sich das "er nahm zu" (Lk. 2,52) zu der menschlichen Erkenntnis verhält.

Es scheint mir, daß ein Mißverstehen und ein vorschnelles Interpretieren des Ath. an diesem Punkt schnell dazu führen müssen, ihn als Vorläufer des Monophysitismus zu sehen.

3. *Die Vikariatsfunktion Christi.* Es geht also in jedem Fall um die *Vikariatsstellung* des Menschgewordenen für die Menschen. Es ist eigentlich verwunderlich, daß dieser Begriff in der späteren Ath.-Interpretation der Alten Kirche und auch unserer Zeit nicht stärker hervorgehoben worden ist. Hier ist doch der Angelpunkt für das Verständnis der "Adoption" und der damit

---

[25] A. Stülcken, Athanasiana, Literar- u. dogmengeschichtl. Untersuch. (T.u.U. IV, 4. Heft) 1899, S. 86.

verbundenen Deification; und die Lehre des Ath. über Christus als der "neuen Schöpfung", als *des* Menschen *für die* Menschen, zielt doch ganz auf die Applikation der Vikariatsfunktion hin. Die Gemeinde erlebt die gleiche Erniedrigung und auch die gleiche Erhöhung, die der Menschgewordene erfahren hat. In einer Stelle gegen die Arianer wird dies Zentralthema der ganzen Theologie besonders klar ausgesprochen:

C. Arian. II, 69: "Ferner aber blieb der Mensch, wenn der Sohn ein Geschöpf war, trotzdem sterblich, weil ohne Verbindung mit Gott. Denn ein Geschöpf konnte die Geschöpfe nicht mit Gott verbinden, da es selbst nach dem Verbindenden sich umsehen mußte, und es kann wohl auch nicht ein Teil der Schöpfung das Heil werden für die Schöpfung, da auch dieser der Rettung bedurfte. Um nun dies zu verhüten, sendet er den Sohn, und dieser wird Menschensohn, indem er das geschaffene Fleisch annimmt, damit er, da ja alle dem Tode unterworfen sind, verschieden von allen, selbst für alle seinen eigenen Leib dem Tode preisgebe und nunmehr, da alle durch ihn gestorben sind, der Urteilsspruch erfüllt würde — denn alle sind in Christus gestorben — und alle von nun an durch ihn von der Sünde und ihrem Fluche frei würden und in Wahrheit nach ihrer Auferstehung von den Toten immer blieben, auferstanden von den Toten und mit der Unsterblichkeit und Unverweslichkeit bekleidet ... Und 'dazu nämlich ist er erschienen', wie Johannes geschrieben hat, 'um die Werke des Teufels zu zerstören'. Da diese aber am Fleische zerstört wurden, sind wir so infolge der Verwandtschaft des Fleisches ($\kappa\alpha\tau\grave{\alpha}$ $\tau\grave{\eta}\nu$ $\sigma\upsilon\gamma\gamma\acute{\epsilon}\nu\epsilon\iota\alpha\nu$ $\tau\tilde{\eta}\varsigma$ $\sigma\alpha\rho\kappa\acute{o}\varsigma$) befreit worden und nunmehr auch mit dem Worte in Verbindung gesetzt. In der Verbindung mit Gott ($\sigma\upsilon\nu\alpha\varphi\vartheta\acute{\epsilon}\nu\tau\epsilon\varsigma$ ($\delta\grave{\epsilon}$) $\tau\tilde{\omega}$ $\vartheta\epsilon\tilde{\omega}$, cum Deo conjuncti) bleiben wir aber nicht mehr auf der Erde zurück, sondern wir werden, wie er selbst gesagt hat, da sein, wo er ist."

Alle Grundgedanken der neutestamentlichen Schriften sind hier enthalten und schwingen bis in die sprachliche Formulierung mit: die Unmöglichkeit einer Religion, die Notwendigkeit, Christus ganz auf der Seite Gottes und nicht der Geschöpfe zu sehen, und eben doch auch ganz auf der Seite der Geschöpfe, die Todesverfallenheit und die Rettung durch seinen Tod, das Teilnehmen an seinem Tod und seiner Auferstehung und schließlich die Verbindung mit Gott. In dieser summarischen Feststellung erwähnt Ath. nicht nur die Befreiung vom Tod, sondern auch die Vergebung der Sünden, die angeblich in seiner Theologie so unwichtig sei.

Die Erklärung der Vikariatsstellung des Menschgewordenen macht den Begriff der zweifachen Schöpfung nötig. Ath. spricht von der ersten und grundlegenden und von der zweiten und verheißenen und in Christus bereits erfüllten Schöpfung. Die Beziehung zwischen den beiden Schöpfungen und der Zusammenhang mit der endgültigen Wiederkehr Christi ist aber von Ath. nicht klar herausgearbeitet worden. Es ist schwierig, den Zeitpunkt dieser zweiten und neuen Schöpfung von der erwarteten Wiederkehr Christi und der verheißenen Auferstehung auseinander zu halten. Man hat den Eindruck, als sei bereits alles erfüllt und eingetreten, und als habe die individuelle Aneignung des Heils nur durch den individuellen Tod und die darauffolgende Auferstehung des Gläubigen zu geschehen. Aber diese "individuelle Aneignung" beschreibt Ath. nicht. Der einzige individuelle "Christ," über den Ath. spricht, ist Christus selbst. Was über den erlösten Menschen gesagt wird, erscheint so als Projektion auf den Menschgewordenen, wobei freilich die umgekehrte Erkenntnisordnung vorliegt, denn Ath. weiß ja nur *wegen* des Menschgewordenen vom erlösten Menschen. Diese Umkehrung der Erkenntnisordnung bei Ath. ist uns schon früher in wichtigen Zusammenhängen begegnet. Aber es bleibt doch die Schwierigkeit, den Zeitpunkt der erfüllten Erlösung von der erwarteten Auferstehung zu unterscheiden. Diese Unklarheit hängt damit zusammen, daß Ath. einerseits das heilsgeschichtliche Zeitschema übernommen und angewendet hat, aber anderseits zugleich die Erkenntnis der Situation des Menschen so zentral an das Kommen des Menschgewordenen gebunden hat, daß er eigentlich dadurch das Zeitschema wieder aufgelöst hat. Man findet also bei ihm die paulinische Lehre vom ersten und zweiten Adam, wobei der erste nur durch den zweiten erkannt werden kann, *und* die irenäische Objektivierung der Heilszeiten, *aber* doch auch ganz entscheidend die "johanneische Korrektur", durch die das Auseinanderhalten der Heilszeiten in den Hintergrund geschoben wird. Man wird sich bei Ath. immer fragen müssen, wie das "Christus pro nobis factus est" (*C. Arian.* II, 47) zu den objektivierenden Aussagen über das Vorher und Nachher in Beziehung steht, und man wird vergeblich nach einer einlinigen Antwort suchen. Man wird aber unmöglich sagen können, die Tiefe des Problems sei Ath. nicht bekannt gewesen. Ihn beschäftigte – in seiner Weise und eigenen Sprache – genau dasselbe Thema der "Geschichte" und "Existenz," mit dem wir heute in der Theologie auf so unglückliche Weise ins Stocken geraten sind. Aber er hat die Frage doch auf einem breiteren Hintergrund gesehen, als man es in der heutigen Diskussion um Hermeneutik und Geschichte zu tun pflegt. Die Kategorie der Inbesitznahme steht an Stelle unserer westlichen Betonung der Rechtfertigung, und sein Verständnis der Erlösung geht über die heutige Rede von "Hoffnung" und "Freiheit für die Zukunft" weit hinaus. Zudem ist bei Ath. die Einheit von theologischem Fragen und Erkennen mit der Anbetung im Gottesdienst zweifellos viel enger als in der heutigen westlichen Theologie. Die gewagten Stellen über die Deification sind ein Beweis seiner breiteren Sicht und seiner ernsten Bemühung, die gegenwärtige und zukünftige Existenz der Gläubigen ausschließlich in strenger Bezogenheit auf den auferstandenen und erhöhten Menschgewordenen zu beschreiben. Er "projiziert," wie vorhin gesagt wurde, die Situation und die Zukunft der Erlösten strikt auf den Menschgewordenen und Erhöhten. Isolierte Aussagen über die Erlösung oder die Erlösten und Definitionen oder Ausmalungen über den Zustand der "Vergöttlichten" finden sich bei Ath. überhaupt nicht. Der enge Zusammenhang ist in den folgenden Beispielen deutlich ausgedrückt:

C. Arian. II, 70: "... es zeigt die Wahrheit, daß das Wort nicht zu den geschaffenen Dingen gehört, daß es vielmehr deren Schöpfer ist. Denn so hat es auch den entstandenen und menschlichen Leib angenommen, um als Schöpfer diesen zu erneuern, in sich zu vergöttlichen und uns so alle nach seiner Ähnlichkeit in das Reich der Himmel einzuführen (εἰς βασιλείαν οὐρανῶν εἰσαγάγῃ πάντας ἡμᾶς καθ᾽ ὁμοιότητα ἐκείνου) ... Deshalb hat eine solche Verbindung stattgefunden, damit es (das Fleisch gewordene Wort) mit der göttlichen

Natur den natürlichen Menschen in Verbindung brächte und dessen Heil und Vergöttlichung gesichert wäre . . . und in diesem Fleische ist er uns der Anfang der neuen Schöpfung geworden, indem er als Mensch für uns erschaffen wurde und uns, wie gesagt, jenen Weg neu schuf."

Die Verbindung des Logos mit dem Leib muß man sich vorstellen wie die Einwohnung des Geistes in einem Tempel (*C. Arian.* I, 43; vgl. I, 47 und *Ad Serap.* IV, 19; zum Thema s. Abschnitt III). Die Herrschaft, die der Logos über den Menschen Jesus von Nazareth ausgeübt hat, wird er auch über die einzelnen Christen ausüben, so sehr, daß sie vor dem Tod geschützt und vor der Todesfurcht bewahrt werden (*De Incarn.* 28,44; *C. Arian.* II, 69 u.ö.). Dieses Werk des Logos, das das Werk des zweiten Adam ist (*C. Arian.* I, 51 u.ö.), ist ganz auf den Menschen ausgerichtet, es geschieht nicht zur Verherrlichung Christi, als sei es eine Belohnung oder bewirke die Belohnung für seinen Gehorsam, sondern es ist im absoluten Sinn *pro nobis* zu verstehen (*C. Arian.* II, 47, *Ad Epict.* 6 als Beispiele). Unklar ist, ob die Rettung nur auf die Glaubenden beschränkt ist. Diese Ansicht wird wohl das Übergewicht über anders lautende Stellen haben. Aber die Grenze ist nicht klar gezogen, denn in Christus ist die Herrschaft Gottes über den Unglauben mächtig erschienen, so daß Ath. (nach dem Zitat von 1. Kor. 1,21) sagen kann: ". . . so gefiel es auch Gott, als wir Menschen Gott durch sein Wort nicht erkennen und dem Worte Gottes, unserm natürlichen Herrn, nicht dienen wollten, seine Herrschaft in einem Menschen zu zeigen und *alle* an sich zu ziehen" (*C. Arian.* II, 16).

Die Erkenntnis Gottes ist nicht eine Bedingung, sondern eine Folge der Einwohnung des Logos in der menschlichen Natur. Das Problem des (alexandrinischen und überhaupt griechischen) Postulats vom freien Willen wird – soweit Ath. es überhaupt gesehen hat – so gelöst, daß die Erneuerung des Menschen durch die Verbindung mit dem Logos als eine neue Qualität gesehen wird, die sich von der alten dadurch unterscheidet, daß der Mensch von der wandelbaren Stellung zur Gerechtigkeit zu einer umwandelbaren Gerechtigkeit transferiert wird:

C. Arian. I, 51: "Ps. 45,8: "Du hast die Gerechtigkeit geliebt und das Unrecht gehaßt" . . . denn die Natur der gewordenen Wesen ist wandelbar . . . Deshalb bedurfte es eines Unwandelbaren, damit die Menschen in der unwandelbaren Gerechtigkeit des Wortes ein Idealbild für das ethische Leben hätten."

Diese Aussage ist nicht einfach mit der Ethik der Alexandriner oder der frühen Apologeten gleichzusetzen, denn der Gehorsam, das Verzichten auf den Götzendienst, das Schwinden der Todesfurcht und die sichere Abwehrstellung gegen die Werke des Teufels sind bei Ath. nicht eigentlich als ethische "Leistung" zu verstehen. Sie sind, wie schon die *Vita Antonii* zeigte, das Ergebnis der Verbindung des Logos mit dem menschlichen Fleisch (vgl. *C. Arian.* II, 69, 70; III, 33, und *De Incarn.* 20). Alle Vorzüge der neuen Gerechtigkeit, endlich auch die Deification, sind eindeutig auf die Macht des Christus zurückzuführen. Die biblische Wahrheit ist durchaus nicht preisgegeben, daß der Mensch bei der Frage nach der Erlösung und endlich der Deification ganz und gar gehalten ist, nur auf den Menschgewordenen und Erhöhten zu sehen und seine eigene Rettung ganz ausschließlich als *participatio* seiner Erhöhung und "Vergöttlichung" zu verstehen:

C. Arian. III, 40: "Ebenso besaß das Wort die Macht, die es nach seiner Auferstehung empfangen zu haben erklärte, auch schon vor dem Empfang und vor der Auferstehung" (Macht gegen Dämonen und Satan) ". . . dadurch wird klar, daß es das, was es als Wort hatte, auch als Menschgewordener hatte, und daß es nach der Auferstehung als Mensch empfangen zu haben erklärte, damit es die Menschen ihm zu danken hätten, wenn sie auf Erden κοινωνοὶ γενόμενοι θείας φύσεως (divinae naturae participes), fortan Macht gegen die Dämonen haben."

4. *Partizipation, nicht Identifikation.* Es ist in der Literatur über die Soteriologie des Ath. bisher meistens darauf Gewicht gelegt worden, die Inkarnation als solche als Ausgangspunkt und (den Tod und) die Auferstehung Christi als schon im voraus verwirklichtes Ziel der Deification zu verstehen. Diese Auslegung ist aber in Gefahr, die Teilnahme der Christen als passiv zu beschreiben, den Vorgang selbst aber als ontisch — automatisch auf der Grundlage der postulierten Substanzgleichheit (des Fleisches) zwischen Gottessohn und Menschen.[26] In Wahrheit ist aber bei Ath. diese einseitige Sicht durch die Ausführungen über das Werk des Heiligen Geistes (besonders in *Ad Serap.*) balanciert. Freilich ist das Gerippe der Theologie in den Arianerreden und in *De Incarn.* irenäisch, und es fehlt auch eine eigentliche Pneumatologie. Aber schon die häufige Benützung der irenäischen Ausdrücke υἱοί und κοινωνία drängen Ath. zu entscheidenden Aussagen über den Heiligen Geist, wie sie erst am Ende seines Lebens und in der Generation nach ihm im weiteren Rahmen zum Thema werden.

Es kommt vor allem die schöne und vorsichtige Auslegung von Joh. 17,21 ("wie du, Vater, in mir bist und ich in dir, daß auch sie in uns seien") in Betracht (*C. Arian.* III, 17—25). Ath. sagt schon in c. 24: "Durch die Teilnahme am Geist werden wir aber mit der Gottheit verbunden, so daß wir unser Sein im Vater nicht uns, sondern dem in uns befindlichen und bleibenden Geist verdanken, und zwar so lange, *als wir ihn durch das Bekenntnis in uns bewahren.*" Er betont unter Bezugnahme auf 1. Joh. 4,13.15, "daß in anderer Weise der Sohn im Vater ist und anders wir in ihm sind, und daß weder wir je wie er sein werden, noch das Wort ist wie wir" (ebd.). "Wie der Vater zu werden, ist uns unmöglich, da wir Geschöpfe sind und aus dem Nichtseienden ins Dasein traten" (19). Wir sollen ihn — in der Kraft des Geistes — nachahmen,

---

[26] A. Grillmeier, a.a.O., S. 100 weist ebenso wie Sellers, a.a.O., S. 31, 40, 112ff., mit Recht darauf hin, daß Ath. σάρξ und σῶμα auswechseln kann und lehrt, daß nur dieses, nicht aber die "Menschennatur" vom Logos angenommen worden sei. Ath. lehrt nicht den (den Alexandrinern so häufig vorgeworfenen) in einen Menschen "verwandelten Gott". Aber weder Grillmeier noch Sellers beunruhigen sich über den dadurch evtl. sichtbar werdenden Doketismus; s. Weiteres in Abschnitt III.

aber "wohl nur insoweit und nicht anders können wir seine Nachahmer werden, daß wir seine Gaben einander zukommen lassen" (ebd.). Er ist der wahre Gott und das ewige Leben, "wir aber durch ihn auf dem Weg der Adoption und der Gnade Söhne" (ebd.). "Also nicht, damit wir wie er werden, . . . sondern damit so, wie er als Wort im eigenen Vater ist, auch wir im Himmel auf ihn als unser Vorbild miteinander eins werden in der Einheit des Herzens und des Geistes . . ." (20). Mit der Partikel "wie" (du, Vater, in mir . . .) "will man nicht eine Identität oder Gleichheit ausdrücken, sondern ein Gleichnis vorbringen" (22). "Wie" auch Jonas drei Tage im Bauch des Fisches war, "so wird der Sohn des Menschen . . . im Schoß der Erde sein" (Matth. 12,40), heißt ja auch nicht, sagt Ath. halb mit Humor, aber doch ganz mit Recht (23), daß "Jonas wie der Heiland" oder "der Fisch wie die Unterwelt" war. So sind auch wir weder wie der Sohn im Vater noch wie der Vater im Sohn. Sondern so, wie sie beide eins sind, "werden wir eines in der Gesinnung und Eintracht des Geistes." "Denn wir sind verschiedene Wesen." Die zweite Hälfte des 23. Kapitels lautet:

"Deshalb steht die Partikel 'wie', weil Gegenstände, mit etwas anderem in Beziehung gesetzt, wie dieses werden, wenn sie auch ihrer Natur nach nicht so sind. Deshalb ist der Sohn selbst absolut und ohne jeden Zusatz im Vater. Denn dies kommt ihm von Natur aus zu. Da wir aber diesen naturhaften Besitz nicht haben, so brauchen wir ein Bild oder Gleichnis, damit er in bezug auf uns sagen könne: 'wie du in mir . . .' 'wenn diese aber . . . in dieser Weise vollkommen geworden sind, dann erkennt die Welt, daß du mich gesandt hast. Denn wäre ich nicht gekommen und hätte ihren Leib nicht getragen, so wäre keiner von ihnen vollkommen geworden . . . Wir also in ihnen, Vater! Und wie du mir diesen Leib zu tragen gegeben hast, so gib ihnen deinen Geist, damit auch sie in ihm eins werden und in mir zur Vollkommenheit gelangen. Denn ihre Vollendung beweist die Ankunft deines Sohnes . . . woher käme ihnen die Vollendung, wenn nicht ich, dein Wort, ihren Leib angenommen hätte und Mensch geworden wäre und das Werk vollbracht hätte, das du, Vater, mir gegeben hast? Vollbracht aber ist das Wort, weil die Menschen, erlöst von der Sünde, nicht mehr tot bleiben, sondern vergöttlicht im Aufblick zu uns das Band gegenseitiger Liebe besitzen'."

Hat Harnack diese Stelle eigentlich nie ernst genommen? Oder man müßte mit der Frage schon früher ansetzen: wie kamen die Kappadozier und später Johannes von Damascus dazu, über diese Stellen wegzulesen und – bei ständigem Respektieren und Loben des Ath. – eine Vergottungslehre zu entwickeln, die diese vorsichtige Exegese und eindeutige Verneinung der Identität der Erlösten mit Gott außer acht läßt? Ath. lehrt ja deutlich, daß nicht drei Partner in einer Wie-Beziehung stehen, sondern nur zwei: die Menschen und Gott. Folglich führt die Deification nicht zur Identifizierung. Der "Unterschied der Naturen" bleibt bestehen. Der "Anlaß" der Menschwerdung war die von Natur aus gegebene Unmöglichkeit der Gotteserkenntnis und Gerechtigkeit; auch Reue hätte die Kluft nicht überbrücken können (De Incarn. 7), aber die *jetzt* Erlösten können, wenn sie "wegen einer Schlechtigkeit des Geistes verlustig" gehen, doch auf die unwiderrufliche Gnade trauen, denn "es braucht einer nach dem Verlust nur Reue zu erwecken" (C. Arian. III, 25; vgl.

Ad Serap. IV, 23 Ath.' Kritik an Novatian, der die Buße abgeschafft habe). Die Menschwerdung des Sohnes, der mit dem Vater eins war und ist, macht sein vikariatshaftes Gebet für die Menschen, deren Leib er trägt, zur Kraft der Vergebung, Einigkeit und gegenseitiger Liebe. Er steht also als der Kommende auf der Seite Gottes und als der Gekommene und für die Menschen Betende auf der Seite der Menschen. Die Einigung der Menschen geschieht im Geist und die Vervollkommnung im Sohne. Der Vater gibt beides durch und mit dem Sohn.[27] Die Ausführung des Rettungswerkes ist Beweis für die Wahrhaftigkeit Gottes und die wirkliche Menschheit des Sohnes, nicht umgekehrt. In dieser Formulierung ist die Christologie in ihrem noetischen Aspekt von der Soteriologie abhängig. Diese Umkehrung der Erkenntnisordnung ist uns schon bekannt.

5. *Der Heilige Geist als Erlöser.* Die entscheidenden Kapitel in *Ad Serap.* I (19, 22, 24/5, 30) verfahren in der gleichen Erkenntnisordnung und betonen die Funktion des Heiligen Geistes in der Adoption der Christen zur Kindschaft. Aber Ath. lehrt auch hier keine Benefizientheologie, obwohl er (24 u. 29) die Deification als "Beweis" der wahren Göttlichkeit des Heiligen Geistes nennt. Er hat aber schon vorher versichert (20), daß Gott durch keinen "Beweis" erreicht werden kann, sondern nur "durch den Glauben und frommes, ehrfürchtiges Nachdenken." Dies wiederum ist die Frucht des Heiligen Geistes, "der Salbung genannt ist und Siegel" (23/4) als der allein lebendigmachende Geist, der den Geschöpfen in der *physis* gerade nicht ähnlich oder gleich ist, an dem sie aber teilhaben und der sie "belebt" (23). "Deshalb werden ja jene, zu denen er kommt, vergöttlicht" (24). Im Geist "also verherrlicht der Logos die Schöpfung, indem er sie durch Vergöttlichung und Annahme an Kindesstatt dem Vater zuführt" (25). Was die traditionelle Ath.-Interpretation gerade bestritten hatte, ist in *Ad Serap.* I deutlich genug ausgedrückt: die Vereinigung des ewigen Logos mit dem Menschengeschlecht ist gerade *nicht* der automatische Vollzug der Erlösung, sondern der vorher ewige und jetzt erhöhte Sohn *handelt* göttlich im Heiligen Geist an den dem Geist *unähnlichen* Geschöpfen und führt sie zum Vater. Ath. hat die ganze "Dialektik" von Gottes Handeln völlig klar ins Auge gefaßt und nicht aufzulösen versucht. Zwar ist aus hundertfach dargelegten Gründen die Menschwerdung des Logos geschehen und retrospektiv als "notwendig" dargestellt worden, aber es ist dann doch *der Erhöhte durch das Handeln im Geist,* der die Erlösung vollzieht (*Ad Serap.* III,5). Er tut dies *auf Grund* seiner Menschwerdung und seines Gehorsams als Mensch. Die Inkarnation, d.h. die Verbindung von Gott und Menschheit, ist nicht als solche die Erlösung. *Der* Erlöser ist in der Theologie des Ath. nicht ein

---

[27] C. Arian. III, 24 sieht die später im "filioque" gemeinte Lehre schon vor: "Denn der Sohn nimmt am Geist nicht teil, um dadurch auch im Vater zu sein, noch auch empfängt er den Geist, vielmehr teilt er ihn selbst mit allen. Ferner verbindet nicht der Geist das Wort mit dem Vater, vielmehr empfängt der Geist vom Worte." Vgl. auch Ad Serap. I, 20; III, 1 u. 5.

"Vorgang", eine μῖξις oder κρᾶσις oder ein ἱερὸς γάμος, wie früher bei den Gnostikern oder später bei Gregor v. Nyssa und seinen Nachfolgern; *der* Erlöser ist der in der Trinität angebetete (*Ad Serap.* I, 28ff.) Gott selbst. "Das ist die Predigt in der ganzen Kirche unter dem Himmel" (28) und "die Grundlage des kirchlichen Glaubens" (29). Diese uneingeschränkte Souveränität Gottes in der Verbindung mit der uneingeschränkten Realität der Erlösung kann Ath. nur lehren, weil er von der origenistischen Vorstellung der Einheit des Seins wirklich frei ist. G. Florovsky hat, wie oben erwähnt, einen sehr wichtigen Punkt herausgegriffen, als er auf den entscheidenden Unterschied zwischen Origenes' und Ath.' Schöpfungslehre hingewiesen hat. Ein Zurückfallen in die Schöpfungsvorstellungen des Origenes hätte die Erlösungslehre des Ath. tatsächlich zu einer Lehre über einen "pharmakologischen" Erlösungsprozeß werden lassen, wie Harnack ihn bei Ath. zu sehen meinte.

Die Bedeutung der Briefe an Serapion für die ganze Theologie des Ath. ist von den beiden neueren Übersetzern der Briefe, J. Lebon[28] und C. R. B. Shapland[29] erkannt und betont worden. Es ist nur schade, daß Shapland in seiner zusammenfassenden Einleitung über die Lehre vom Heiligen Geist (S. 34—43) sich nicht von Kardinal Newman (er nennt ihn kritiklos S. 9) und den Harnackschülern auf dem Kontinent frei machen konnte und trotz des von ihm so kundig kommentierten Textes dem Ath. eine Deificationslehre unterschiebt (S. 38), die ihn wirklich kaum von Origenes unterscheiden würde. Aber beide Bearbeiter der Serapionbriefe haben doch wesentlich dazu beigetragen, dem alten Urteil ein Ende zu setzen, als seien nur die beiden Frühwerke und die drei Arianerreden als "dogmatische Schriften" des Ath. ernstzunehmen. Gerade die Deificationsstellen in *Ad Serap.* sind als Kommentar zu den Arianerreden unentbehrlich.[30] Ohne sie könnte man zwar auch, aber lange nicht so überzeugend, dartun, daß die endliche Erlösung oder Deification bei Ath. nicht als automatischer Akt der *physis*-Vereinigung des Logos mit der Menschheit verstanden ist. Ath. ist in seiner Lehre vom Geist den biblischen Texten wieder erstaunlich nahe gekommen und damit nicht nur in der Pneumatologie weit über Ignatius und Irenaeus und besonders Origenes hinausgegangen, sondern eben auch in der Explikation der Grundthese von der Erlösung. Gerade diese tiefe Einsicht in die Zusammengehörigkeit des Wirkens des Logos und des Heiligen Geistes macht es für Ath. unmöglich, eine separate Pneumatologie zu entwickeln. Die westliche Kritik am Fehlen einer Pneumatologie in der Theologie des Ath. beruht im Grunde auf einem Mißverständnis. Ebensowenig wie Ath. die Menschwerdung von der Deification trennen wollte, konnte er "Rechtfertigung" und "Heiligung," oder Christologie und Pneumatologie, trennen oder separat behandeln. Ath. könnte heute wieder zum Anlaß

---

[28] J. Lebon, Lettres a Sérapion, Paris 1947, mit zwei Essays über die Theologie.
[29] C. R. B. Shapland, The Letters of St. Ath. Concerning the Holy Spirit, London 1951.
[30] Shapland verweist selbst auf den Zusammenhang zwischen C. Arian. I, 47 und Ad Serap. I, 22—24.

genommen werden, zentrale Fragen der westlichen Theologie kritisch zu durchdenken. Der Ruf nach einer "Lehre vom Heiligen Geist" ist doch heute in verschiedenen Kirchen, besonders in den sog. "jungen Kirchen," gar nicht mehr zu überhören. Sollte man hier nicht von Ath. lernen, daß es vielleicht gar nicht sinnvoll ist, nach einer solchen "Lehre vom Heiligen Geist" Ausschau zu halten? Ath. kennt nicht einen geist-losen Christus, d.h. einen Menschgewordenen, über den man ohne den Heiligen Geist sprechen und dem man ohne ihn anbetend nachfolgen könnte; und umgekehrt kennt er auch keinen Christ-losen Geist, den man ohne den *für die Menschen* Menschgewordenen empfangen könnte. Die symmetrische Dreieckskonstruktion der Trinität sucht man also bei Ath. vergebens. Es war gewiß richtig, wenn man bei Ath. schon früh eine Unbalanciertheit in der Verteilung der Appropriationen entdeckt hat. Harnack hat mit Recht auf den neuen Logosbegriff des Ath. hingewiesen,[31] der die Funktion des Sohnes und des Geistes unter Umständen gleichzeitig decken kann. Es wäre nun schade und gar nicht sinnvoll, wollte man diese enge Zusammengehörigkeit als eine Ungenauigkeit oder als ein frühes Entwicklungsstadium der "eigentlichen Trinitätslehre" beklagen, nur weil man sich daran gewöhnt hat, Ath. als den Vater der orthodoxen Trinitätslehre zu feiern, der er in diesem scholastischen Sinn ja gar nicht gewesen ist.

Die bisher genannten Schriften, aber auch *Ad Epictetum* (z.B. 6) lehren über die Erlösung ganz eindeutig, daß an Stelle der irenäischen Restauration die Inbesitznahme und an Stelle der alexandrinischen Vergottung die Adoption tritt. Die Adoption an Kindesstatt ist als Partizipation an der Sohnschaft des Menschgewordenen durch das Geschenk des Heiligen Geistes verstanden. Abgesehen von Ansätzen bei Irenaeus und von recht spekulativen Formulierungen bei Methodius ist also Ath. der erste, der eine wirkliche Lehre von der *Union mit Christus* in ernsthafter Auseinandersetzung mit biblischen Texten bietet. Er weiß genau, was er sagt, wenn er das Wort "Söhne" benützt (vgl. *C. Arian.* I, 39 und II, 59 und 61 und die dort genannten biblischen Texte) und er macht es an zahlreichen Stellen unmißverständlich deutlich, daß die Menschen nicht nur "von Natur aus" das nicht sind, was sie sein sollen (so in *De Incarn.*), sondern in der Erlösung auch gar nicht das werden, was Gott "von Natur aus" ist. Die Illumination (J. Pelikan: Transformation), oder besser Transfiguration, die durch den Heiligen Geist geschieht, bedeutet für die so Betroffenen, also die Getauften und Glaubenden, daß sie in den Bereich der Teilhabe an der Gnade versetzt werden. So gewinnen sie nun Erkenntnis und gegenseitige Liebe und leben das Leben auf die endliche Erlösung hin. *C. Arian.* III, 19–21 faßt diese Sicht wohl am klarsten zusammen. Aber zugleich kann man sich hier einer Enttäuschung nicht erwehren: Ath. kommt in c. 19 der Entfaltung einer evangelischen Ethik wirklich sehr nahe. Aber er unterläßt es, an diesem Punkt weiterzudenken. Trotzdem ist ihm hier stückweise tatsächlich eine ganz

---

[31] Harnack, DG (1887) II, S. 24f. und Grundriß S. 179.

konkrete Übersetzung der Unionschristologie in die Sprache der Ethik, d.h. des Lebens, gelungen.

Bevor eine Zusammenfassung gewagt werden kann, müssen noch einmal kritische Fragen an einige bereits genannte Autoren gerichtet werden. Weshalb spricht Sellers (a.a.O., S. 67f.) von einer Alternative zwischen "physical categories" und einer "spiritual meaning" und entscheidet sich für letztere? Ath. selbst hat diese Alternative gar nicht so gesehen. Bestünde wirklich diese doppelte Möglichkeit, so würde Sellers durch die Bevorzugung der zweiten die erste gar nicht aus der Welt schaffen. An Stelle von Harnacks Meinung träte dann einfach eine tolerantere, weichere und dem Ath. mehr Geistigkeit zutrauende Interpretation. Zudem ist zu bemerken, daß Sellers es sich mit der Deification zu leicht macht, er sagt (S. 17) unter Berufung auf 2. Petr. 1,4 einfach, sie sei "biblisch." − Ebenso muß Turner gefragt werden, ob seine Alternative: "realistisch mystisch" vor den Ath.-Texten noch sinnvoll bestehen kann. − W. Schneemelcher müßte gefragt werden, ob er nicht doch außer der einen Erkenntnisordnung (Benefizientheologie) noch die entgegengesetzte Ordnung zu sehen bereit wäre; und ob er nicht die Zahl der für die Erlösungslehre zentralen Schriften weiter fassen wolle; und ob sein Programm der Konzentration der Ath.-Interpretation auf Theologie und Kirchenpolitik nicht den Rahmen der Anbetung und des Gottesdienstes bei Ath. unterschätzt. − J. Pelikans moderne und die Sprache des Ath. wirklich ernstnehmende Interpretation muß sich die Frage gefallen lassen, ob das Zentrum der Theologie des Ath. tatsächlich mit der Formel zu fassen ist, daß "Rettung" (rescue) der Hauptinhalt (chief content) der christlichen Botschaft ist, wie Ath. sie verstanden hat (a.a.O., S. 77). − Schließlich müßte man sich auch deutlich gegen Shapland abgrenzen (a.a.O., S. 37f.), der dem Ath. vorwirft, er hätte die "großen Lehren des Paulus und Johannes" bei weitem nicht erreicht (S. 37), und Ath. unterscheide sich von Origenes' Auffassung der Deification nur dadurch, daß für ihn die Deification Restauration bedeute (S. 38) und Hinführung zur ἀφθαρσία, wie sie schon Irenaeus und vor ihm Ignatius gelehrt habe (S. 39).

Es will mir scheinen, daß keine dieser Arbeiten A. Ritschls, Harnacks, Ed. Schwartz' (usw.) Interpretationen prinzipiell in Frage gestellt oder überholt hätte. Zudem folgen noch alle − eventuell außer J. Pelikan − der klassischen historischen Methode, die den Ath. nur als Durchgangsstadium zu reiferen dogmatischen Einsichten darstellt. Er erscheint dann im Vergleich zur späteren Entwicklung als fast naiv; seine Naivität wird dann aber, anders als bei Harnack, wohlwollend entschuldigt. Diesen Eindruck hat man auch noch bei der Lektüre des Kapitels über Ath. in dem schönen Buch von H. v. Campenhausen.[32]

6. *Zusammenfassung*. Folgende Punkte sollen nochmals hervorgehoben werden. Die Erlösungslehre des Ath. ist kein von der Christologie und Pneumatologie ablösbares Lehrstück. Sie ist "zentral" (J. Pelikan) in dem Sinne, daß sie zugleich das Zentrum der Logos- und Geistlehre ist; sie ist aber nicht zentral im Sinne einer Priorität (Benefizientheologie) oder auch einer Vorstellung von Erlösung als "Rettung aus" ("rescue", J. Pelikan). Ohne die doppelte Erkenntnisordnung, d.h. das Gegeneinanderwirken der objektiv-geschichtlichen und der noetisch-didaktischen Lehrweise, kann die Tiefe der Theologie des Ath. nicht verstanden werden. Ath. kann die geschichtlich-verobjektivierende Darstellungsweise (*De Incarn.* und z.T. die Arianerreden) nur wagen, indem er zugleich ganz konkret von der "zweiten Geburt" (Joh. 3) und Neuschöpfung durch den Heiligen Geist spricht (z.T. Arianerreden und *Ad*

---

[32] H. v. Campenhausen, Griechische Kirchenväter, Stuttgart 1956.

Serap., Vita Antonii und *Ad Epict.*). Aber er hat diese Spannung nicht erst im Lauf seines Lebens in seinen Schriften entwickelt, sie ist schon in den beiden Frühwerken in der Methode klar erkennbar. Erlösung bedeutet nicht "Vergottung" im platonisch-gnostischen Sinn (*C. Arian.* III, 19–20), sondern Teilhabe an der Sohnschaft des Menschgewordenen, der das, was er als Menschgewordener vikariatshaft an Stelle der Menschen tut, *für den Vater* lebt. In dieser Funktion als Mittler kann er erst im Heiligen Geist als der Erhöhte erkannt und angebetet werden. Die von ihm in Besitz genommenen und adoptierten Menschen können ihm darin nachfolgen, daß sie sich gegenseitig die Liebe weitergeben, die sie empfangen haben (ebd. 19–21). Dieses Verständnis der Teilhabe am Erhöhten kommt der paulinischen Lehre vom Leib und seinen Gliedern sehr nahe und kann bei Ath. in klaren Zusammenhängen gelesen werden, ohne daß man sich genötigt sieht, mit abstrakten *physis*-Vorstellungen zu operieren. Die Inkarnation selbst ist ja nicht als ein *physis*-Vorgang beschrieben, sondern als die Geschichte Jesu bis zur Erhöhung und Anbetung im Geist.

Der Gedankengang der Erlösungslehre innerhalb der Christologie und gottesdienstlichen Existenz kann vielleicht in folgender Weise schematisiert werden, wobei immer die doppelte Erkenntnisordnung[33] im Auge zu halten ist:

Voraussetzung des Denkens:

Das ganze Heilswerk, das als objektiv-geschichtlich geschehen geglaubt und angebetet wird, ist verbürgt durch die Sache (nicht das Wort[34]) des Homoousios. Aber es erscheint von seiner kognitiv-noetischen (didaktischen) Seite her in der Doppelheit von Heilsgeschichte und konkreter Betroffenheit durch den gekommenen Logos in der Gegenwart des Heiligen Geistes.

Theologische (biblische) Bedingung:

Erschaffung des Menschen nach der *imago* und *similitudo* Gottes (Irenaeus). Objektiv: es ist Gottes Wille, erkannt und angebetet zu werden. Aber die objektive Macht des Todes (= Sünde) eliminiert die subjektive Erkenntnis und macht einen objektiven Retter "nötig," der nur retrospektiv als solcher (und als "nötig") erkannt werden kann. Überspitzt: weder sind die Menschen "von Natur aus" Gottes Kinder, noch ist Gott "von Natur aus" ihr Vater: weil er aber der Vater des Logos ist, der als Menschgewordener gekommen ist, nimmt er sie im Heiligen Geist *per adoptionem* als Söhne an aus väterlicher ἀγαθότης (also doch!) und Freiheit. – Gott im Logos bleibt kontinuierlich als Schöpfer mit der Welt in Kontakt.

Inkarnation:

a) Grund: Der Grund der Güte ist in Gottes Heiligkeit verborgen.

b) Anlaß: Die φθορά, ἁμαρτία = θάνατος konfrontiert mit Gottes ἀλήθεια und ἀγαθότης.

---

[33]   Ein schönes Beispiel dafür findet sich in C. Arian. I, 63: Gottes Heilstaten "werden" uns zur Rettung, kann unmöglich heißen, daß "Gott wurde".

[34]   Dies betont mit Recht F. Loofs, a.a.O., S. 204, Z. 47–50.

c) Ziel: Die ἐξουσία des Todes ist am σῶμα Christi gebrochen; durch die Teilhabe an seinem Leib ist Schutz vor Sünde und Dämonen geboten und eine neue Gerechtigkeit geschaffen, in die der Geist die Adoptierten transferiert. Die wahre Gotteserkenntnis, Anbetung und Nächstenliebe ist die Frucht der Anwaltschaft des Geistes für die am Erhöhten Partizipierenden, *aber* die Einsicht in diesen ganzen Zusammenhang ist nur retrospektiv möglich und kann als solche nicht das christliche Leben und die Anbetung ersetzen.

d) Endziel: Die Auferstehung ist das Endziel, allerdings unter Einbeziehung der origenistischen Trennung von Körper und Seele, aber bei klarer Ablehnung der origenistischen Seinsvorstellung, denn die endliche Deification führt nicht zu einer Identifizierung mit dem Vater oder dem Logos, sondern zur vollen Erkenntnis Gottes, die aber *nicht* ausgemalt und beschrieben wird, nicht einmal unter Berufung auf die biblischen Stellen über "mitherrschen" (außer *C. Arian.* II, 67) oder auf die konkreten Bilder der Joh. Apok. Die heute noch auf die Deification (Auferstehung) Wartenden manifestieren ihre Hoffnung in der neuen Gerechtigkeit (leider nur ansatzweise ausgeführt) und im Gottesdienst mit dem damit verbundenen Interesse an der Reinheit der theologischen Erkenntnis. Die Ablehnung der *physis*-Analogie (s. Exegese zu Joh. 17) verführt Ath. nicht zu einer Skepsis über die Relation von irdisch-theologischen Gedanken und erhofften Erkenntnissen nach der Auferstehung; trotzdem wird über jene nicht im voraus spekuliert.

An dieser Theologie ist wenig auszusetzen, wenn man von dem Optimismus hinsichtlich des heilsgeschichtlichen Zeitschemas und auch von der oft griechischen Formulierungsweise absieht. Jedenfalls sind die Gedanken des Ath. wesentlich komplizierter, als die meisten Ath.-Interpretationen es bisher deutlich gemacht haben. Es liegen bei Ath. gewiß schon für die spätere Entwicklung verhängnisvolle Akzentuierungen vor, die aber zum großen Teil auf ungenauen, späteren Auslegungen beruhen. Es soll hier nur die spätere Betonung des objektiven Heilszeitschemas genannt sein und die von Ath. didaktisch überbetonte Wichtigkeit der Erlösung als Thema der Christologie. Aber weder die irenäische Heilsgeschichte noch die griechische Unsterblich-keitshoffnung sind von Ath. verabsolutiert worden. Trotzdem ist er später so verstanden worden. Aber das heißt nicht, daß er von da aus rückwärts interpretiert werden darf.

Es muß noch einmal auf Harnack hingewiesen werden. Er stimmt (DG[4] II, S. 164) Kattenbusch zu: "Richtig Kattenbusch S. 299 (Konfessionskunde I) 'Die θεοποίησις ist für A. eine physisch-ethische Lebenssteigerung des Menschen; nicht ein pantheistisches Aufgehen des Menschen in Gott nimmt der Gedanke derselben in Aussicht, sondern die Erneuerung des Menschen nach seinem Urbilde'." — Kattenbusch hatte sich aber seinerseits nicht des Harnackschen Fehlers schuldig gemacht, Ath.' Lehre als physisch-mechanisch abzutun, aber dafür bringt er ihn hier auf den Nenner einer Kombination von Clemens Alex. und Irenaeus, was auch nicht ausreicht, weil, wie gezeigt worden ist, die Restauration nicht mit der Erlösung oder Deification identisch ist. Außer dem "pharmakologischen Prozeß" — der von einer einseitigen Ignatius-Interpretation herrührt — ist auch der "Restaurations-Prozeß" ganz unzureichend, um die Unions-Soteriologie des Ath. zu beschreiben. — Wie kam es nur, daß diese großen Gelehrten ihrerseits annehmen konnten, Ath. sei ein so kleiner Gelehrter gewesen?

Die Haken und Schwächen in der Theologie von Ath. liegen in Wahrheit nicht in der Erlösungslehre, sondern in einem Teil seiner Christologie. Zugleich liegen dort aber die Ansätze zu einer wirklich konstruktiven Theologie, die uns auch heute noch im Kontakt mit den orthodoxen Kirchen des Ostens, aber mehr noch in unserer eigenen theologischen Thematik nützlich sein könnten. Die Stärke liegt in der Betonung der Menschheit Jesu in Kombination mit dem Ernstnehmen der Funktion des Heiligen Geistes. Die Schwächen liegen aber offensichtlich in der Erklärung, wie das wahre Menschsein des Menschgewordenen gedacht und gepredigt werden soll. Ath. kommt einer echten Christologie über den vikariatshaften Menschen Jesu von Nazareth ganz nahe, ohne das Risiko einer Lehre vom echten Menschsein Jesu wirklich gewagt zu haben. Darüber soll, in der gebotenen Kürze, im nächsten Abschnitt in Form von einigen Fragen und Thesen gehandelt werden.

III. Hat Athanasius den "historischen Jesus" mißverstanden?

Es ist in der Einleitung schon bemerkt worden, daß die Frage strittig ist, ob Ath. überhaupt eine Christologie entwickelt hat. Wer aber die Einheit von Soteriologie, Christologie und Pneumatologie bei Ath. sieht, wie sie im letzten Abschnitt skizziert wurde, wird auch zugeben, daß diese Frage irrelevant ist. Man wird nur dann nach einer expliziten Christologie suchen, wenn man sich in der Interpretation bereits darauf festgelegt hat, daß Ath. eine separate Erlösungslehre vorträgt. Das wäre aber verfehlt. Außerdem könnte man nach einer Christologie suchen, wenn man − wie es in der "englischen Sicht" oft geschieht − von den späteren christologischen Entwicklungen aus rückwärts urteilt. Dies hat R. V. Sellers getan, dessen Buch aber deswegen seinen Wert nicht verliert. Zudem hat Marcel Richard[35] die spezielle Frage der menschlichen Seele Jesu (*C. Arian.* III, 35−37) untersucht, die dann von A. Grillmeier[36] aufgenommen worden ist.

A. Grillmeier urteilt zwar auch von den späteren Entscheidungen aus rückwärts, aber er wird dadurch dem Ath. nicht ungerecht. Er balanciert das von Richard betonte Fehlen von Stellen über die menschliche Seele Jesu durch die Beobachtung, daß bei Ath. im Wirken Jesu das "Leben" heißt, was bei Clem. Alex. γνῶσις hieß (S. 84) und daß σάρξ die Stellung und Funktion der menschlichen Seele übernimmt (S. 87). Zudem zeigt er, daß σάρξ und σῶμα austauschbare Begriffe sind und daß der Logos dieses, und nicht eine abstrakte "Menschennatur" angenommen hat (S. 100). Nimmt man hierzu noch Schneemelchers Aussage (a.a.O., S. 249), daß Ath. den alten Logosbegriff überwunden und "personal gefaßt" durch den

[35] M. Richard, St. Athanase et la psychologie du Christ, 1947.
[36] A. Grillmeier, a.a.O., S. 78ff.

Begriff "Sohn" ersetzt habe, dann hat man hilfreiche Voraussetzungen zum Verständnis der christologischen Passagen.

R. V. Sellers (a.a.O., S. 6ff.) betont den Unterschied zwischen Origenes'Konzept der Union in Christus (S. 20ff.) und der Ansicht des Ath. (S. 33ff.). Origenes lehrt eine Union der Seele Christi mit dem Logos (S. 22; ist das richtig?) und läßt die Frage offen (S. 31), was er unter "Mensch" versteht. Ath. aber (S. 40ff.) lehnt die Homoousie des Logos mit dem Leib ab, gerade *um* die wahre Menschheit zu bewahren. Ath. ist nicht auf dem Wege zum Apollinarismus (S. 42, 52). Sellers nennt aber nicht deutlich genug den Grund. In seiner Kritik an Ath. hebt er das Fehlen der Individualität Jesu hervor (S. 44), das aber "common to all Greek theologians" sei (S. 78, 79, ist das richtig?). Obwohl Sellers die Kappadozier wegen ihrer Interpretationen von Lk. 2,52 und Matth. 26,36ff. alle für Doketen erklärt (mit Recht), verteidigt er schließlich alle in der alexandrinischen Tradition stehenden Theologen, auch den Apollinaris, denn ihre doketischen Aussagen stünden im Widerspruch zu ihrem eigentlichen Programm. Dies Urteil ist eine Ermessensfrage. Es bleibt aber letztlich unklar, ob Ath. und die Alexandriner nun die "self-determination" der menschlichen Natur Jesu gelehrt haben oder nicht. Sellers schließt mit einem zu großzügigen Urteil das Thema ab, wenn er an mindestens sieben Stellen erklärt, es bestünde kein fundamentaler Unterschied zwischen der alexandrinischen und antiochenischen Christologie (S. 155, 166, 180, 189, 200, 207, 219f.). Aber er wird doch Recht mit der Behauptung haben, daß es hier wie dort letztlich um die Vereinigung von λόγος und σάρξ geht (S. 143), und daß die Union in *einem* "prosopon" geschieht (S. 155), was aber keine Gleichheit der Naturen bedeutet (S. 170ff.).

1. *Das Problem der Präexistenz.* Die Frage ist schwer zu beurteilen, ob Sellers mit der Behauptung Recht hat, Ath. stünde schon mitten in der alexandrinischen Theologie der späteren Jahrzehnte. Er sei ebensowenig wie die Späteren ein Doket, er habe die antidoketischen Prinzipien wohl ausgesprochen, aber nicht entwickelt und angewendet. Ath., und später Cyrill, seien primär an der wahren Einheit von Jesus Christus interessiert gewesen, während Nestorius die wahre Menschheit betont hätte. Keine der Parteien hätte das Anliegen der anderen bestritten. Beide hätten gesehen, daß der präexistente Logos leidens-unfähig ist und daß er in kosmischer Perspektive verstanden werden muß. Soweit urteilt Sellers, und es gäbe Gründe, ihm zuzustimmen.

Aber was hilft die Rede vom präexistenten Logos? Wenn es auch wahr sein könnte, daß Ath. und dann später die Antiochener jeweils das Gleiche in umgekehrter Erkenntnisordnung sagen wollten, so bliebe immer noch die Schwierigkeit zu verstehen, was eigentlich mit der Präexistenz[37] gemeint sein soll. Die Rede vom erhöhten (und kosmischen?) Christus ist schon schwierig genug, und man wird kaum auf eine vorsichtige Formulierung gerade dieses Themas verzichten können (vgl. Eph. und Hebr.). Aber der Preis ist, jedenfalls bei Ath.: gibt es einen kosmischen Christus, dann ist es der ewige Logos; gibt es einen ewigen Logos, so muß er während der Inkarnation auch noch ewig sein und bleiben. So lehrten denn auch die beiden Schulen von Alexanderien und Antiochien, daß der Logos zugleich auch außerhalb von Jesus war. Aber, so muß man weiter fragen, was ist dann der Logos anderes als eine "Kraft Gottes"

---

[37] Vgl. Kritisches zum λόγος ἄσαρκος bei K. Barth, KD IV, 1, S. 54f. u.ö.

oder einfach der Heilige Geist; und wenn in Jesus, dem *totus homo,* dieser Logos ganz da war, aber nicht "gänzlich" (Petrus Lombard.), was ist dann mit dieser Formulierung geholfen? Man sieht also schnell, daß das Suchen nach einer expliziten Christologie in den Formulierungen der späteren "klassischen" Christologie in Sackgassen führt, die mindestens heute nicht wünschenswert sind, die aber vielleicht schon Ath. nicht erfreut hätten. Warum formuliert er denn selbst keine Theorie des "Christus an sich", nicht einmal in *Ad Epict.,* wo das Thema eindeutig gegeben war? Man würde es sich zu leicht machen, wenn man darauf einfach antworten wollte, die Situation sei historisch noch nicht reif gewesen. Diese Erklärung wäre schon dogmengeschichtlich nur halbrichtig und würde die allzu einfache Schematisierung: 2. und 3. Jahrhundert Soteriologie, 3. und 4. Jahrhundert Trinitätslehre, 5. Jahrhundert Christologie, leichtsinnig verabsolutieren. Darüber hinaus aber wäre der dogmatischen Einsicht des Ath. nicht genügend Rechnung getragen. Weshalb sollte er nicht die Gründe gekannt haben, die ihn davon abhielten, eine explizite Christologie zu entwickeln? Es wird also im folgenden in der Aufzählung der die Christologie betreffenden Passagen geraten sein, den Zusammenhang mit der Soteriologie und dem ganzen Rahmen und Wesen der gottesdienstlichen Anbetung nicht aus dem Auge zu verlieren. Es werden dann trotzdem noch Schwierigkeiten sichtbar werden, die sich nicht hinweg interpretieren lassen.

2. Zitate zur Christologie. In *De Icarn.* zeigt das bekannte "Königsgleichnis" (9) und das darauffolgende Kapitel, in welchem Zusammenhang Ath. bereit ist, über Christus Aussagen zu machen. Es geht ihm deutlich um die *Inbesitznahme* durch den Gekommenen, der vikariatshaft in die Leiblichkeit der Menschen eintritt, wie ein König in ein Haus in einer Stadt. Sein Wappen wird jetzt an den Häusern angebracht und die Feinde werden sich hüten, die Bewohner zu überfallen. Aber der Logos bleibt doch Meister über seinen Leib (17, das "Extra-Calvinisticum" bei Ath.), so wie der König über das Haus. Er verwandelt sich ja nicht in einen Leib, sondern er tritt in ihn ein (18). Darum kann es folgerichtig heißen (21), Jesus sei nie krank gewesen, denn nicht der Gekommene wird durch das Gekommensein verändert, sondern nur das, in das er eintritt (vgl. *C. Arian.* II, 14; II, 30; II, 61; II, 71 und III, 5; *Ad Epict.* 2; *Ad Adelph.* 3 usw.). Um dieser Veränderung willen kam er ja auch. Man wird nicht übersehen dürfen, daß Ath. einen anderen Begriff von Krankheit hatte (Dämonen, über die Jesus Herr ist!) als wir, wenn er sagt, Jesus hätte nicht erkranken und in einem Bett sterben können. Denn von seinem *Leib* sagt er ja (*C. Arian.* III, 56), er sei ermüdet, sterblich und verweslich gewesen. Ath. sieht auch die Spannung zwischen der Partikularität und Universalität des Logos im Menschen Jesu (42, vgl. *Ad Serap.* III, 4) und versucht nicht, sie zu lösen. Aber er argumentiert rückwärts von der Erhöhung und vom Tod aus, wenn er sagt (44), der Herr habe sich in einen Leib gehüllt, *um* darin zu sterben. Hier sehen wir wieder die eine der beiden Erkenntnisordnungen, die in den *beneficia* die

"Erkennungszeichen des wahren Herrn" preist (auch 51). Nur darum kann er auch den Juden vorwerfen (C. Arian. II, 15 u. 16), sie hätten sich exegetisch keine Mühe gegeben, die Leiden Jesu zu verstehen: das heißt doch, daß Ath. der Ansicht war, das ganze biblische Zeugnis über Jesus würde erst voll Aufschluß geben über den "historischen Jesus".

In den Arianerreden werden diese Ansätze nur weiter ausgeführt. Wichtig ist ihm die Betonung der "Unveränderlichkeit" Gottes und des Logos (C. Arian. I, 35ff.). Der Sohn muß unveränderlich sein, wenn er das Bild des Vaters sein soll. Ist also nicht nur der Vater, sondern auch der Sohn unveränderlich, so ist auch die Zeugung aus dem Vater ewig. Es ist bereits mehrfach auf Florovskys Verdienst hingewiesen worden, diese Vorstellung des Ath. nicht im platonisch-origenistischen Sinn interpretiert zu haben. C. N. Cochrane hatte denselben Punkt im Auge. Damit ist die Schwierigkeit aber noch nicht ganz behoben. Denkt Ath. bei "Unveränderlichkeit" an Treue, oder doch an eine zwar dynamisch verstandene, aber statisch definierbare ewige Schöpfereigenschaft? Er weiß als Antwort nur, daß der Sohn sich zum Vater nicht wie ein Akzidens zu einer unveränderlichen Substanz verhält (36), und daß seine Erhöhung nicht um seinetwillen, sondern um der Menschen Willen stattfand (37, 41, 42), also einen Teil des Heilswerkes und nicht ein "innergöttlicher" Vorgang war. "Er empfing als Mensch, was er als Gott immer hatte" (42). Auch die Salbung empfing er (46), um den Menschen die Einwohnung des Geistes zu erwirken. Als ewiger Gott brauchte er sie nicht, aber als Mensch im sündigen (43!) Fleisch brauchte er sie, weil wir sie brauchen. Sein ganzes Menschsein ist vikariatshaft (46, 48). Der Logos ist zwar ewig, einmalig, unveränderlich usw., und so ist auch der Sohn in der Menschwerdung, aber dieses Mensch*sein* ist in seiner Einmaligkeit nicht ewig. Es repräsentiert das Allgemeine vikariatshaft. Diese *Tatsache* ist göttlich gewirkt und ist unveränderlich usw., aber nicht dies Menschsein. Er als Gott gibt, und er als Mensch nimmt an unserer Stelle. – Ath. ist also nicht bereit, Aussagen über den Menschgewordenen zu machen, die vom Anlaß und Ziel der Inkarnation abstrahieren. Man sollte darin eine Stärke und nicht eine Schwäche seiner Theologie sehen.

In der zweiten Arianerrede ist es nicht anders: Es ist nicht ganz klar, ob Ath. sagen will, Jesus sei immer Hoherpriester gewesen, oder er sei es geworden (8). Wenn er es geworden ist, dann in Analogie zu Aaron, als er sich den "Priestermantel anzog". Wenn es so ist, dann müssen uns auch die Stellen aus *De Incarn.* über das "Anziehen" des menschlichen Leibes nicht mehr beunruhigen. Eigentümlich ist, daß Ath. an dieser Stelle (8), trotz eines anderen Zitates aus dem Hebräerbrief, nicht die entscheidenden Stellen über das Amt des Hohenpriesters heranzieht. Deutlich ist nur, daß er das Amt als eine Funktion des Erhöhten ansieht, die aus der Inkarnation resultiert und für die Menschen geschieht. Der Sohn wurde (und handelt jetzt) als unser "Bruder" (10, auch 61). Er hätte aber unser Fleisch nicht heiligen können (10), wenn er, wie es Arius und angeblich Paul von Samosata lehrten, nicht präexistent derselbe gewesen wäre, der er jetzt ist (13). Nun kommt die entscheidende

Aussage (des Homoousios) ins Gewicht: er ist kein Geschöpf (20). Aber Ath. sieht ebenso gut wie die Kritiker der altkirchlichen Christologie und des Homoousios, daß nun die nächste Frage lauten wird: wie konnte er dann wirklich Mensch sein, da Menschen doch Geschöpfe sind? Die Antwort zieht sich von c. 20 bis 70 hin und behandelt zunächst in einer erstaunlichen Wendung die Frage, was eigentlich ein Geschöpf ist. Hier überschneiden sich großartig die beiden Erkenntnisordnungen. Statt einer Antwort liest man (30): wir wurden wegen des Sohnes gemacht und nicht umgekehrt; Jesus ist nicht Mittel zum Zweck! Die Frage ist dadurch auf den Kopf gestellt und führt zur Anbetung des Menschgewordenen, der zum Ausgangspunkt aller Erkenntnis geworden ist. Freilich sagt Ath., daß der Logos echtes Fleisch angenommen habe (55), daß er unser "Bruder" sei (61), eventuell sogar mit einem "besseren Leib" als es der unsrige ist (vgl. die Aussage, daß er nicht erkranken konnte). Denn er ist doch die *neue Schöpfung* und seine Auferstehung ist das Angeld für die unsrige: wir sehen ihn nur rückwärts als den bereits Auferstandenen, den "Erstgeborenen" unter vielen Brüdern (63). Seine Menschwerdung, d.h. also der "historische Jesus", ist überhaupt nur von der bereits in ihm erfüllten καινὴ κτίσις her zu verstehen (65). Erst jetzt kann Ath. (70) über die Deification des nichtgeschöpflichen Wortes und über unsere Union mit ihm letzte Antworten wagen. Die Väter in Chalkedon haben Ath. nicht mißverstanden, als sie gerade dieses Kapitel zitierten.

Die zentrale Aussage, daß der Logos in Jesus nicht ein Geschöpf war, ist auch weithin das Thema der 3. Rede. Ath. sagt deutlich (10, 19, 20, 21), daß Menschen immer Geschöpfe bleiben und daß kein Gläubiger es je wagen könnte zu sagen (10): "Ich und der Vater sind eins." Die Arianer aber nehmen Matth. 26, die Angst und Ungewißheit von Jesus, als Beweis für ihre These, Jesus sei Geschöpf und nicht substanzgleich mit dem Vater. Ath. wagt sich so weit vor wie nur möglich, wenn er bekräftigt (32), daß das Wort voll und ganz den menschlichen Leib angezogen und daß sich dadurch nichts an seiner Gottheit geändert habe. So müssen wir auch von *seinem* Leiden sprechen und ihn, nicht einen anderen, anbeten, denn die Gnade kommt von ihm (31, 32). Eigentümlich sind aber die Schlußbemerkungen in c. 33 und 34, daß das "Fleisch nunmehr Wort geworden sei." Der Gedanke ist nicht klar ausgeführt. — Die Niedrigkeit und das Leiden Jesu werden ausschließlich vikariatshaft verstanden: *für uns* war er unwissend und dürstete (34, auch 23). Das von ihm angezogene "Fleisch" ist offenbar — im Mißverstehen der biblischen Bedeutung — gleichbedeutend mit "Sünde." Da Ath. überhaupt wenig über die menschliche "Natur" spekuliert, und da zudem die Worte "Fleisch" und "Leib" auswechselbar sind, wird man nicht fehlgehen, diesen Ausdruck mit "er nahm unsere Sünde auf sich" gleichzusetzen. Das wird durch einen anderen Satz (20) nahegelegt, in dem Ath. darauf verweist, daß die Natur der Menschen ein und dieselbe sei (vgl. auch *Ad Serap.* II, 3), daß aber die "Einheit" der Menschen erst in Christus gegeben sei. Er nahm ja aber nicht unsere "Natur" an, sondern das, was die Natur verdarb (vgl. *De Incarn.* über *imago* und *similitudo*). Dieses

Anziehen des Fleisches = Übernehmen der Sünde ist das vikariatshafte Aufsich/nehmen des Gerichts und des Todes. Damit ist die eigentlich christologische Frage schon wieder verlassen und Ath. wendet sich dem Werk Christi zu. Nur in der Behandlung einiger Schriftstellen entwickelt er gegen die Arianer nochmals konkrete Aussagen über den Menschen Jesus. Mk. 13,32 "der Sohn weiß nicht die Stunde," erfreute die Arianer. Ath. sagt (42): doch, er weiß sie, er gibt es nur nicht zu. Ähnlich eigenartig geht es bei der Auslegung von Lk. 2,52 zu ("er nahm zu und wuchs"). Hier (51) sagt Ath., der Sohn sei nicht ein "gewöhnlicher Mensch" gewesen, wie die Adoptianer gesagt hatten, sondern "Gott, der das Fleisch trägt." Die Arianer drängen Ath. hier offensichtlich in falsche Alternativen, wie man es schon an der fehlenden logischen Strenge in den Kapiteln 42 bis 44 spüren kann.[38] Es ist eine Frage der Terminologie, ob man Ath. des Doketismus beschuldigen will. Wenn man den Ausdruck weit faßt, so fällt Ath. darunter, aber mit ihm praktisch die ganze Theologie des Ostens und Westens bis zur Reformation und vermutlich noch darüber hinaus.[39] Denkt man dabei aber an eine spezielle Häresie, wie sie Irenaeus und die anderen Väter bei den Gnostikern gefunden haben, so ist die Verwendung des Ausdrucks natürlich gegenstandslos. Ath. wehrt sich ja ausdrücklich gegen den Doketismus der Gnostiker (C. Arian. II, 70 als Beispiel: "mag auch Valentin rasen, er nahm wahres Fleisch an!"). Zudem ist zu bedenken, daß die Voraussetzungen von Ath.' ganzem Denken es nötig machen, von Jesus zu sagen, er sei *kein* "gewöhnlicher Mensch" gewesen. Das ungewöhnliche, einmalige Werk des stellvertretenden Gehorsams war nicht von einem "gewöhnlichen Menschen" getan worden. Diese Aussage ist eigentlich — auch im weiteren Sinn — nicht doketisch.

Die Briefe an Serapion bieten kaum präzisere Formulierungen als die anderen Schriften. II, 7 sagt, daß "Fleisch geworden" mit "Mensch geworden" gleichbedeutend sei, aber "Mensch" wird nicht definiert. II, 8 bietet eine deutlich anti-doketische Stelle, die aber in c. 9 teilweise zurückgenommen wird. III, 4 bekräftigt die Ubiquität des Sohnes wegen der Einheit mit dem Vater. IV, 14 spricht die Heilungen und Wunder Jesu der göttlichen Natur zu, c. 15—16 handelt über die beiden Naturen. 18/19 (schon 8f.) diskutiert in kritischer Auseinandersetzung mit Origenes die Frage, was die "Sünde gegen den Heiligen Geist" sei: sie sei die Sünde gegen die göttliche Natur Jesu. Ath.' exegetische Methode ist hier bewundernswürdiger als das dogmatische Ergebnis. Interessant ist schließlich in c. 20 die Behauptung, die Wunder Jesu zeigten die göttliche, sein Tod aber die menschliche Natur an. Dies steht im Widerspruch zu der öfters von Ath. ausgedrückten Einsicht, die Inkarnation verkleinere nicht,

---

[38] Vgl. die mutige Dialektik bei dem sonst in dieser Frage so oft kritisierten Gregor Naz. in der berühmten Stelle über den göttlichen *und* erniedrigten Herrn, Theol. or. III, 20, die Ath. gewiß gebilligt hätte, aber eben selbst so nicht formulieren konnte.

[39] Vgl. O. Weber, Grundlagen der Dogmatik II, Neukirchen 1962, S. 126f., 144f., 176 u.ö. in den vier ersten Kapiteln.

sondern bestätige die Ehre Gottes. Es ist möglich, daß hier die Wurzel für einen fatalen Irrtum in der späteren Theologie zu suchen ist.

Außer *Ad Epictetum* kommen die andern Briefe und die *Vita Antonii* nur am Rande in Betracht. *Ad Adelphium* wiederholt die These (3), der Logos sei nicht Fleisch geworden, sondern habe Fleisch angenommen; der Gottesdienst steht hier aber eigentlich im Zentrum der Diskussion. *Ad Antioch.* sowie einige der Festbriefe bieten anti-doketische Stellen, wobei meist die Vikariatsfunktion des Menschgewordenen das Hauptthema ist. Ebenso ist es in Kl. Fragm. Nr. 22, wo der Gekreuzigte als "Straße zum Himmel" gepriesen und auf die Bedeutung der am Kreuz ausgestreckten Arme hingewiesen wird (ähnlich wie in *De Incarn.* 25, einer Stelle, die allerdings im kurzen MS, das 1925 von Lebon entdeckt wurde, fehlt).

3. *Der Brief an Epiktet.* Die wichtigste Zusammenstellung findet sich in der Epistel *Ad Epictetum,* von der man noch am ehesten sagen kann, sie hätte die eigentliche Christologie zum Thema. Aus den ersten Seiten geht hervor, daß Ath. enttäuscht ist, neue Häresien zu vernehmen. Er hatte geglaubt, Nicäa habe alle Fragen gelöst. Es geht ihm also nicht um theologische Streitigkeiten, sondern um die Einheit der Kirche und um die ruhige Weiterführung der kirchlichen Arbeit. Er macht sich dann mit einem gewissen Widerwillen ans Diktieren (so wohl c. 3), nicht wegen des Themas selbst, sondern wegen der Einheit der Kirche. Am Anfang faßt er seine schon bekannten Thesen zusammen: a) keine Verwandlung des Logos in einen Leib, b) keine Homoousie von Leib und Gottheit des Logos (Ath. ist also nicht der Vorläufer der Monophysiten!), c) keine präexistente Ewigkeit des Leibes Christi, sondern d) der Logos war im Leib, und zwischen Karfreitag und Ostermorgen "im Gefängnis" (laut 1. Petr. 3,19, das bekanntlich nicht so ausgelegt werden sollte). Es kann keine Veränderung des Logos geben (5). Der Logos nahm aus Maria einen Leib an, der uns gleicht, "damit er ihn als seinen eigenen für uns darbringe" (5 und 6). Maria ist wahrhaft Mensch, ist mit Joseph verlobt, was ihre wahre Menschheit anzeigt (5). Jesus wurde auf natürliche Weise geboren, denn "es ist unmöglich, daß eine Jungfrau Milch habe, die nicht geboren hat" (5). Weshalb Ath. dann die Jungfrauengeburt lehrt (11), ist nicht deutlich. Denn er betont, Maria sei "unsere Schwester" (7), und Jesu menschlicher Leib wahrhaftig unser Leib. Der Logos zog ja unsere menschlichen Leiden auf sich (6), darum war er gestorben und auferstanden im wahren Fleisch, d.h. als wahrer Mensch (8). Ath. bietet eine merkwürdige Exegese von Lk. 24,36ff., wo Jesus sagt "seht, daß ich Fleisch und Knochen *habe,"* nicht "bin". Er hatte sich nicht in Fleisch und Knochen verwandelt, sondern sich mit ihnen vereinigt, aber wie dies geschieht, sagt Ath. nicht. Sicher ist nur, daß Ath. hier sagen will: die Inkarnation ist die Initiative des Vaters im Logos und nicht eine mirakulöse Verwandlung des Logos, noch die mirakulöse Erscheinung eines gnostischen Himmelsmenschen. Eventuell könnte man Ath. auch so paraphrasieren: Logos heißt bei ihm Eigentum Gottes, Wirklichkeit, Gegenwart und Durchführung des

ureigenen göttlichen Willens, Plans und Heilsratschlusses. *Darum* ist dieser Mensch Jesus ganz und gar Mensch aus Maria dem menschlichen Fleisch, ganz und gar leidensfähig, sterbend und getötet. Er gibt vikariatshaft die *Antwort* der Menschen *an* Gott. Dieser Mensch, zu unsern Gunsten gesandt, ist aber völlig Gottes Mensch, in allen "Stufen" die Ausführung von Gottes Plan. Er ist Gottes legitimer Besitz, Wort, Befehl, Wille usw. für die Menschen. Er ist vikariatshaft der *Ruf* und Wille Gottes *für die Menschen*.

4. *Fragen und Thesen.* Dieser letzte Schritt der Interpretation ist schon etwas gewagt. Ath. würde demnach eine "Anhypostasie" des historischen Jesus hinsichtlich seiner Vikariatsfunktion lehren. Aber man muß sich jetzt, nach dem Anhören der Stellen aus den Texten, ernstlich die Frage vorlegen, ob die große Vorsicht des Ath., nur ja keine explizite Christologie über "Jesus Christus an sich" zu formulieren, wirklich gerechtfertigt war. Er sträubt sich ganz deutlich gegen ein separates Konzept über den "historischen Jesus." Viel wichtiger ist ihm der präexistente Logos, aber nicht im Harnackschen Sinn der griechischen Metaphysik, sondern in strenger Bezogenheit auf die Auferstehung und Erhöhung, von der aus Ath. rückwärts auf den Präexistenten zu sprechen kommt.

Man wird nicht fehlgehen, wenn man urteilt, daß Ath. nicht eigentlich mit dem Präexistenten seine theologische Reflektion beginnt. Er setzt zwar dort immer wieder an, und seine didaktischen Bemühungen in der Bekämpfung der Irrtümer heben die Präexistenz immer wieder hervor. Aber dem muß bei ihm die Erkenntnis des auferstandenen und erhöhten Christus vorausgegangen sein. Das ist aber ein Geschehnis des *Gottesdienstes.* Die theologische Reflexion nimmt also offenbar ihren Ausgang von dem "Erlebnis" des christlichen Lebens und Gottesdienstes, das als solches gerade *nicht* Gegenstand theologischer Reflexion sein kann und darf. Im "praktischen" Sinn hat Ath.' Theologie hier ihren Ausgang, aber im dogmatischen Sinn läßt sich bei Ath. kein Ansatzpunkt definieren. Er paßt nicht in die angeblich alexandrinisch-antiochenische Alternative, die die Christologie entweder mit dem Logos in seiner Fleischwerdung oder mit dem Menschen Jesus in seinem Christussein beginnen läßt. Ath. entscheidet sich auch nicht für eine Verabsolutierung der Pneumatologie oder Ekklesiologie (obwohl seine Festbriefe leicht dazu hätten Anlaß geben können), wie sie später in der östlichen Orthodoxie üblich geworden ist. Er sieht zu deutlich, daß der Gegenstand der Theologie nicht die Kirche (und die beneficia) sein kann, sondern "Jesus Christus für die Menschen," obwohl er weiß, daß dieser wiederum niemals "Gegenstand" werden kann. Er beginnt also an allen Punkten zugleich und schreckt immer dann von präzisen Formulierungen zurück, wenn ihn die Diskussionspartner in Separatfragen abdrängen.

Trotz dieser hervorragenden Zusammenschau und theologischen Bescheidenheit muß man das Fehlen der letzten Konsequenzen von Ath.' Verständnis der Inkarnation bedauern. Trotz seiner Einsicht, daß Jesus Christus nicht zum "Gegenstand" werden kann, und daß Gott nicht anders Gott ist als in Jesus

Christus, durch dessen vikariatshaftes Handeln wir ihn und uns selbst erkennen, hatte er doch zugleich die Ansätze zu einem radikaleren Ernstnehmen der Tatsache, daß Gott sich in Jesus Christus "in die Hände der Menschen" gegeben hat. Hätte er dies aber deutlicher ausgeführt, so hätte er nicht sagen können, die Wunderwirkungen Jesu seien ein Zeichen seiner Göttlichkeit, sein Tod aber das Zeichen seiner Menschheit gewesen. Weil er hier die letzten Konsequenzen nicht gezogen hat, fehlt bei ihm auch die Reflexion über die Ethik in der Freiheit der Christen als *Menschen*. Dies soll zum Schluß noch in einigen zusammenfassenden Sätzen formuliert werden.

Schlußbemerkung

In der Theologie kann man nicht in derselben Weise vom Fortschritt der Erkenntnis reden wie in den Naturwissenschaften. Hippokrates und Galilei verhalten sich zur modernen Wissenschaft anders als Athanasius zur Theologie unserer Tage. Diese einfache Wahrheit scheint heute leicht vergessen zu werden, besonders im Hinblick auf die biblische Exegese, die oft nach einem eigentümlichen Begriff von Wissenschaftlichkeit Ausschau hält. Es darf — will man nicht einem falschen Fortschrittsglauben verfallen — nicht als ausgemacht gelten, daß Athanasius' Exegese primitiver als unsere heutige sei. Die wirklich großen Theologen — so problematisch der Ausdruck auch ist — stehen ja nur von einem gewissen Gesichtspunkt aus "hintereinander"; aber im Hinblick auf die eigentliche Sache der Theologie stehen sie "im Kreis" nebeneinander. Athanasius muß darum durchaus als Gesprächspartner in die heutigen Diskussionen miteinbezogen werden können.

Die Stärke von Athanasius' Theologie sollte man in seiner Begrenzung auf das zentrale Thema der Vikariatsfunktion von Jesus Christus sehen, das wegen des Begriffs der Inbesitznahme weit über eine einseitige pro me Theologie hinausgeht. Athanasius hat sich, trotz seiner Kirchenpolitik, nicht in Details verästelt. Die von ihm aufgeworfenen und teilweise beantworteten Fragen stehen an Tiefe und Vehemenz unsern heutigen exegetischen und dogmatischen Bemühungen in nichts nach.

Athanasius bedeutet für die östliche Kirche nicht das, was Augustin für den Westen bedeutet hat. Das liegt zum Teil an der Begrenzung seines Themas auf die zentralen Fragen der Theologie, aber vielleicht zum größeren Teil ganz einfach daran, daß die griechische Kirche in den ersten sechs Jahrhunderten ungleich mehr bedeutende Theologen hervorgebracht hat als die Kirche des Westens. Damit sollte aber noch nicht entschieden sein, daß die Bedeutung von Athanasius' Theologie im Osten und auch im Westen jeweils richtig eingeschätzt worden ist. Die ihm nachfolgenden Kappadozier und dann Cyrill von Alexandrien waren so sehr von ähnlichen Fragen bewegt, daß es kein Wunder ist, wenn die spätere Kirche Athanasius durch die Brille dieser Väter gelesen hat. Das hat zu einem unklaren Bild geführt.

Die Athanasius-Interpretationen des Westens, besonders des 19. Jahrhunderts, können nicht beanspruchen, Athanasius besser verstanden zu haben, als es die frühen Väter des Ostens und die spätere griechisch-orthodoxe Kirche getan haben. Alle drei haben die enge Zusammenschau von Soteriologie, Christologie und Pneumatologie nicht klar gesehen und haben mit überstarken Akzenten auf jeweils eines dieser Probleme das Ganze interpretiert. Zudem sind die beiden gegeneinanderlaufenden Erkenntnisordnungen im Denken von Athanasius kaum je ernst genommen worden. Aber gerade sie können am deutlichsten zeigen, wie nützlich uns auch heute das Konzept der Vikariatsfunktion sein könnte, denn Athanasius' Epistemologie läßt sich nicht im Subjekt-Objekt-Schema einfangen oder einfach auf die Gegenüberstellung des noetischen und ontischen Weges reduzieren.

Athanasius hat aber das Konzept der Vikariatsfunktion nicht bis zu Ende ausgeführt. Ob der Fehler nun in seiner Christologie liegt (Schneemelcher deutet das an) oder in einem vorgefaßten Menschenbild, ist schwer zu entscheiden. Vielleicht hat seine falsche Auffassung von σάρξ, und damit sein Verständnis des Menschen, das Übergewicht über etwaige andere Fehler. Wenn diese Vermutung richtig ist, so soll hier nur nebenbei bemerkt werden, daß die westlichen Väter diesen Fehler mit Athanasius teilten. Was meinte er denn (und sie), wenn er sagte, der Logos sei "Mensch" geworden (abgesehen davon, daß er nicht "geworden" ist)? Die Antwort läßt sich nicht finden, wenn man nach besonders klaren anti-doketischen Sätzen sucht. Diese sind leicht zu finden. Die Antwort zeigt sich viel eher in den Sätzen über den "Menschen" als solchen, z.B. in der *Vita Antonii* mit ihren zahlreichen Stellen über "Werkgerechtigkeit," die ganz ungeniert neben tiefen biblischen Gedanken stehen. Man muß sich dort, und auch in manchen Briefen, wirklich fragen, ob Athanasius der Meinung war, daß ein "neuer Mensch" im Leben unter der "Anwaltschaft des Heiligen Geistes" noch ein "gewöhnlicher" oder "normaler Mensch" ist. Meint Athanasius nicht vielmehr einen sakralen Menschen? Und doch bietet er im selben Buch, und besonders klar in *C. Arian.* III, 19ff., den Ansatz zu einer Ethik, die in der Dogmatik kein Fremdkörper mehr wäre, und die eigentlich seiner Inkarnations- und Erlösungslehre viel mehr entsprechen würde als die unkritischen, moralistischen Äußerungen oder gar das ganze Fehlen einer Ethik.

Athanasius aber bietet dennoch mit seiner Theologie eine ernstzunehmende Alternative zu dem Dilemma zwischen traditionell-chalkedonischer Christologie in reformatorischer Auslegung einerseits[40] und den erneuten exegetischen Bemühungen um den "historischen Jesus" oder gar einer atheistischen Deutung der biblischen Rede von Gott auf der anderen Seite. Weder eine "Christologie

---

[40] Vgl. die glänzend übersichtliche Darstellung der Positionen und Probleme, die aber letztlich ohne Antwort bleiben, bei O. Weber, a.a.O., S. 10–257.

von oben" noch ihr (angebliches!) Gegenteil, eine "Christologie von unten,"[41] wird Athanasius als Gewährsmann beanspruchen dürfen. Er scheint zwar die Alternative gesehen zu haben, läßt sie aber stehen und spricht – bewußt im circulus vitiosus – von der Vikariatsfunktion dieses "ungewöhnlichen" Menschen Jesus. Ich möchte als vorläufige Charakterisierung der von ihm gebotenen oder mindestens angedeuteten Möglichkeit den Ausdruck *"ora et labora Theologie"* verwenden, um das zusammenzufassen, was ich bei Athanasius zu lesen oder zu lernen meine:

Jesus von Nazareth, ganz Mensch in Geburt, Leben, Leiden und Tod, ist Gottes Geschenk zu Gunsten der Menschen. Von seiner Taufe im Jordan an lebt und handelt er an Stelle der Menschen *für Gott* in seinem Gehorsam und Gebet, das er als Hoherpriester jetzt ständig weiter vollzieht. *Zugleich* ist er aber als Gottes Eigentum und als Ausführung seines ewigen Plans Gottes Gegenwart, die "neue Schöpfung," die Umkehr und der Anfang der Erkenntnis Gottes und der Menschen, Gottes Anspruch und Befehl, Wille und Hilfe *für die Menschen.* Er handelt also in "beiden Richtungen," für Gott und für die Menschen. Das gnostisch-neuplatonische "oben" und "unten" ist kein integrierender und notwendiger Teil der theologischen Reflexion mehr. Nur in dieser doppelten Funktion, die in ihm eins ist, kann von ihm die Rede sein, und dies nur unter der "Anwaltschaft des Heiligen Geistes,"[42] d.h. weder mystisch-spekulativ noch rationalistisch-historisch. Die Christen, die so durch ihn im Geist in Besitz genommen sind, sind seine μιμηταί (*C. Arian.* III, 19), die ihn darin "nachahmen", daß sie an seinem Gehorsam und Gebet partizipieren ("ora") und stellvertretend für die Menschen Gottesdienst halten (Mönchtum?) und auch darin, daß sie an seinem Dienst und seiner Hilfe, seinem Ruf und legitimen Anspruch partizipieren ("labora") und in seinem Namen für die Menschen arbeiten. Gott ist der Empfänger der Gebete, aber nicht der Werke und Dienste der Menschen; die Mitmenschen sind die Empfänger der Werke und Dienste, aber nicht der Gebete.

Diese Schematisierung ist freilich nur ein riskanter Versuch, die zentralen Gedanken und Möglichkeiten von Athanasius' Theologie zu skizzieren. Es sollte damit nur angezeigt sein, daß Athanasius eine authentische Theologie betrieben hat, die ohne die Abstraktionen von "Naturen," Analogien und Idiomenkommunikationen und auch ohne die westlichen Kategorien vom Individuum und seiner Sünde und Rechtfertigung, der Kirche und ihren Sakramenten, der

---

[41] Ich denke hier außer an W. Pannenbergs Optimismus hinsichtlich einer "Christologie von unten" (ist das wirklich mehr als die Kehrseite der "Christologie von oben"?), an die bei H. Gollwitzer kritisch behandelten Versuche einer atheistischen Theologie, die in Europa und Amerika z.Z. Mode wird (Die Existenz Gottes im Bekenntnis des Glaubens, München 1963, S. 63ff.).

[42] Vgl. die Verwendung dieses Ausdrucks bei H. van Oyen, Theologische Erkenntnislehre, Zürich 1955, S. 210ff., wo eine bisher noch nicht genügend beachtete Einsicht vorläufig formuliert wird, die der Autor dann in seiner "Evangl. Ethik" weiter anzuwenden sucht.

Gegenüberstellung von "Natur und Gnade," verständlich und eventuell nach-vollziehbar ist. Bevor direkte Parallelen zu heutigen theologischen Konzepten gezogen werden können, wird noch viel vorsichtige und unvoreingenommene Arbeit an der Interpretation des Athanasius getan werden müssen. Aber die Vermutung, daß sich hier neue Einsichten für die mit augustinischen Kategorien präokkupierte westliche Theologie finden lassen, und daß Athanasius in besonderer Weise als Anwalt der Ökumene gehört werden kann, muß schon jetzt mit aller Zuversicht ausgesprochen werden.

ATHANASIUS, SOURCE OF NEW QUESTIONS*

It cannot be denied that the theology of our times shows some indications of a certain helplessness. With the term "theological helplessness" I do not only have in mind the obvious and often discussed tension between exegetical and dogmatic theology. I am also thinking of the uncertainty or, at least, lack of optimism with regard to our respective theological traditions and their absolute validity and adequacy in the dress of human language by which these traditions have been handed down to us through the centuries. Philosophical linguistic analysis as well as less sophisticated forms of skepticism and criticism have taught us to be more careful in the use and evaluation of theological formulations. This challenge is more radical than the mere warning of the historian always to see a formulation or statement in the light of its historical setting. We can no longer escape the challenge of examining what happens theologically when we use old or formulate new statements in the form of words or sentences in a given language. When one faces these new complications, the tension between exegesis and dogmatics, and in addition the overwhelming complexity of the political and ideological situation of our world in relation to the task of the Church, one should not be surprised at indications of a theological helplessness.

Our readiness for ecumenical discussions is indicative of this helplessness. It is certainly a good sign and a positive result of the lack of theological self-complacency. Moreover, in many places we have begun to see that we Christians have talked too much and not done enough and that we must learn to do things together in order to understand our common calling.

But there is also the danger that, after having defined the initial errors and naive ideals in ecumenism, we shall now fall into another error which is already visible in the writings of some Catholic and Protestant theologians who advocate as our task the re-defining of the importance, completeness, and adequacy of doctrinal statements of the early and medieval Church. Indeed, others go further by suggesting that these ancient formulations be placed in parentheses, as it were. They do not intend to challenge the statements as such, but they press forward in order to find something new that lies ahead and at the same time gives adequate expression to what the Fathers have tried to say in their own way. Thomas Sartory, for instance, can ask, "What use would it be today to discuss once more decrees of twelfth century councils? " and he suggests that the demand of the separated brethren that the Roman Catholic Church should revoke one or other of her doctrines could become unnecessary. Still other writers extend a call for help to what is known among philosophers as "personalism." Slogans like "personal categories" and "encounter" are being used with surprising frequency and liberty by both Catholic and Protestant

* Editorial Artikel im Journal of Ecumenical Studies, Vol. I, Nr. 2, Frühjahr 1964, S. 319–322.

authors. All of these attempts may have their merit, but they could also deceive us and become bases for superficial approaches to our real task.

It seems to me that our real task is not simply an historical re-evaluation of ancient doctrines in the light of their setting, or a re-formulation of their content in the light of present exegetical results. Nor would it be very promising to suppose that the ancient dogmas, e.g. Nicaea and Chalcedon, were already interpreted with sufficient clarity so that today we could afford to leave them behind, respectfully, in order to strive toward something new. Rather, what seems necessary and more urgent is a radical re-examination of our whole historical heritage including the history of biblical interpretation and ecclesiastical and political developments. There is no doubt that our theological tradition in the West is to a great extent Augustinian. Our recent contact with Eastern Orthodoxy has proved once more that Catholics and Protestants are really "in the same boat": we share — different as our interpretations may be — the Augustinian heritage. Luther was an Augustinian monk, Calvin quoted none of the Fathers more often than Augustine, and the great scholars of the nineteenth century, both Catholics and liberal Protestants, were unable and unwilling to depart from this tradition. It can be shown that not only Newman but also Harnack read the Greek Fathers and the New Testament through "Augustinian glasses." Our theologies today differ considerably from those of the nineteenth century, but the almost unconscious use of "Augustinian glasses" is still unchallenged. This is understandable, for we have not yet shown the courage of calling into question the whole of the Augustinian tradition with a zeal and honesty equal to that with which the Church once tried to free itself from Gnosticism, Platonism or Aristotelianism.

Christians will face tremendous challenges in the remaining thirty-six years of this century. And theologians, it seems to me, have the special task of re-examining with radical honesty our Western-Augustinian theological tradition. Only then can we claim to serve and to strengthen one of the main purposes of the Church today. This I like to summarize in the following formula: in our divided world, filled with fear, hatred and prejudice, the Christians are called to do what the non-Christian can at best do in a broken way; they can face openly and interpret honestly the past, i.e. political and ecclesiastical history, without fear, because they know forgiveness; and they can face the future without fear and false idealism, because they have hope. There would be little sense in the Protestant talk about the "Church in the world" and in the Catholic phrase "openness of the Church to the world," if we did not intend to call into question the whole of our Augustinian-Western tradition.

Eastern Orthodoxy, the only important historical manifestation of the Church outside the Augustinian tradition, has unfortunately been interpreted by us Westerners merely in the light of the great councils of the Early Church and of what followed after the councils in Byzantium and Russia. The built-in handicap was, of course, that we too adhere to the great councils. But the point can be made and defended that Eastern theology was at its best before the time of the great councils, at least before the fifth century. It is from this period of great openness and depth in theology that we could learn much today to aid the re-examination of our Western theological tradition.

Athanasius, I should like to think, could most fittingly become a focal point in this re-examination. He was the first, and perhaps also the last, of the great Fathers who knew both the East and West intimately and who was known in both parts of the ancient world. He could very well serve today as an advocate of ecumenical understanding between East and West. In a recent study on Athanasius I reached tentative conclusions, some of which I can very briefly summarize here: Athanasius did not merely produce an anti-Arian theology, as has often been said, nor did he develop his trinitarian and christological concepts because he was pushed into these questions by his so-called Greek interest in salvation. Nor can it be said that his christology was immature compared with the later councils. On the contrary, Athanasius had a theology with its own integrity. He consciously did not separate christology from soteriology, nor these from the understanding of the Trinity. He deliberately connected his understanding of Jesus Christ with pneumatology, and these, in turn, with the task of the Church. He broke with Origen's concept of creation and was therefore unable to teach a neo-platonic deification of which he has so often been accused. Many of these insights were retained in later periods, but nearly all were split into separated *loci,* both by the councils and by Western theologians.

Admittedly, there are still many open questions concerning Athanasius' theology, not to speak of the problems related to textual history. Was he strongly influenced by Marcellus of Ancyra? [1] Why did he fail to develop further his daring thoughts on ethics? These and other questions, however, should not be taken as a reason to by-pass his theological contribution. One can learn from him something of the excitement of a theology which starts neither abstractly with the pre-existent Logos nor pragmatically with the Church, but which begins at several points simultaneously. All his theological thoughts, nevertheless, are inseparably connected with worship, i.e. with the acknow-ledgement of the present Christ whose vicarious work is to be shared by the Church.

These insights, incomplete and time-bound as they are, could serve today in raising new types of questions which were neglected or not even really possible within the Augustinian tradition. The nature-grace division, the undue stress on the vision of God, the often individualistic emphasis upon forgiveness of sins, and the concept of "saving grace," could then be moved somewhat into the background, both in Catholic and Protestant theology. Moreover, and perhaps most important, our present impasse in biblical hermeneutics could be

---

[1]   Cf. now the two learned essays by M. Tetz on the theology of Marcellus, ZKG No. 75 (1964), pp. 217ff., and No. 79 (1968), pp. 3ff.

understood as a late fruit of Augustinianism. Indeed, it does not seem promising forever to continue with the problematical question, "What does this text mean to me? " which is still the underlying question of much of Protestant exegesis from R. Bultmann to Billy Graham, and which also seems to be the intent of the present Catholic Scripture movement when it searches for the "fuller meaning" of a given passage. This approach grows out of our Western tradition and will inevitably result in some sort of theology of "personal encounter" which will often do violence to the texts and once again throw the whole burden of the dialogue upon traditional dogmatics. And this is precisely the realm of our most intense disagreement, in spite of common labors and agreements in "exegesis as such."

This is part of our "theological helplessness" today. I am not suggesting that we try to escape into greater security, but I think we ought to face up to the built-in impasses of our common Western tradition. Greek theology, perhaps in particular that of Athanasius, could help us by asking new questions which would lead us to unity in serving men and giving adoration to God despite our disagreements. Thus, the confidence which we could learn to have in each other, including Eastern Orthodoxy, might form a substantial part of our common destiny to be the Salt of the Earth in these troubled times.

DIE EINHEIT MIT CHRISTUS IM DENKEN DER GRIECHISCHEN VÄTER*

Die klassische Christologie entstand in der griechischen patristischen Theologie. Zeitlich gesehen kann man die vor-konzilische Christologie von der Epoche der großen Konzile (genauer: von Apollinaris und den Reaktionen auf ihn bis Chalcedon) abheben, und diese wieder von der nachkonzilischen Entwicklung. Solche Einteilungen sind fragwürdig. Im folgenden aber kommt der zeitlichen Einteilung ein gewisses Gewicht zu. Unsere Erörterung geht vor allem der Frage nach, ob das griechische patristische Denken Erkenntnisse über den Christus praesens[1] hervorgebracht hat, die in der späteren westlichen Theologie außer acht gelassen wurden. Dazu gesellt sich die negativ gefaßte Frage: sind die griechischen Väter, die Architekten der klassischen Christologie, für irgendeine der verhängnisvollen Entwicklungen in der westlichen Theologie mitverantwortlich? Solche Fragen sind natürlich sehr allgemeiner Art und es wird im folgenden nicht ohne Verallgemeinerungen abgehen. Unser Interesse ist aber ausgesprochen theologischer und nicht historischer Art. Wir wollen pragmatisch und von der jetzigen ökumenischen Situation aus rückwärts in die griechische Patristik blickend einige Fragen aufwerfen, die für uns heute von Wichtigkeit sein könnten. Die Neugierde, nach der heutigen Verwendbarkeit der alten Konzepte zu fragen, wird aber von Anfang an durch die westliche Kritik der griechischen Väter in den letzten hundert Jahren erheblich in ihre Schranken gewiesen. Folglich nimmt unsere Nachfrage die Form einer Auseinandersetzung mit drei typischen und gewichtigen Kritiken an, die seit Mitte des letzten Jahrhunderts von westlichen Theologen gegen die Hauptstücke der griechischen Christologie geltend gemacht worden sind und die heute immer noch die ökumenische Zusammenarbeit belasten, mindestens aber die westlichen Kirchenleute in ihrer Zuversicht dämpfen, bei den griechischen Vätern überhaupt Neues und Nützliches zur Christologie zu finden.

I. Der sogenannte gnostische Rahmen der Christologie

Die westliche Theologie hat den griechischen Vätern des öfteren vorgeworfen, ihre theologischen Themen innerhalb des Rahmenwerkes des Gnostizismus oder — spezifischer — innerhalb der Gedankenwelt des Platonismus bzw. des

* Übersetzung und Überarbeitung des Kapitels "Union with Christ in Greek Patristic Thought", in Memory and Hope, An Inquiry Concerning the Presence of Christ, New York/London, Macmillan Co., 1967, S. 78–101. Herrn W. Drewello, Pfr. in Mainz-Laubenheim, danke ich für die Übersetzung.

[1] Einen der wenigen kirchengeschichtlichen Überblicke über das Konzept "Christus praesens" gab A. v. Harnack, Christus praesens — Vicarius Christi, Eine kirchengeschichtl. Skizze, Sitzungsber. d. preuss. Akad. d. Wissensch., phil.-hist. Klasse, 22. Dez. 1927.

Neuplatonismus, besonders seiner Kosmologie, entfaltet zu haben. Diese Kritik kam im 19. Jahrhundert auf[2] und wurde mit besonderer Vehemenz von A. v. Harnack[3] auf eine solche Weise einerseits ausgeführt und andererseits als selbstverständlich vorausgesetzt, daß der Eindruck entstehen mußte, im Osten gäbe es (damals und heute) eine andere christliche Frömmigkeit als im Westen, letztlich ein anderes Evangelium. Der Einfluß dieser Bewertung auf die patristische Forschung im Westen war erheblich, aber auch die systematischen Früchte dieser historischen (resp. historische Begründung beanspruchenden) Kritik sind noch an neueren und neuesten Versuchen wahrzunehmen, die Theologie von einem "zweistufigen Weltbild" zu befreien. Die Ethik Dietrich Bonhoeffers, Bultmanns Entmythologisierungsprogramm und Pannenbergs Kritik des Barthschen "Platonismus" können als Beispiele dreier ganz unterschiedlicher Versuche dienen, die Theologie aus der Knechtschaft des gnostischen oder neuplatonischen Rahmens zu befreien, von den philosophisch eher dilettantischen kritischen Verallgemeinerungen über das "unwissenschaftliche," "zwei-" oder "dreistöckige" Weltbild der christlichen Antike, wie sie öfter von nur philologisch gebildeten Neutestamentlern vorgetragen wird, ganz zu schweigen. Selbst wenn es stimmen sollte, daß keine Überbleibsel gnostischer Begriffe in der modernen Theologie geduldet werden dürfen, ist es deshalb noch lange nicht sinnvoll, den Beitrag der frühen Väter, wie wenn das selbstverständlich wäre, für die heutige Theologie abzuwerten.

Die erste der hier zur Diskussion stehenden Kritiken ist also dem kosmologischen Gesamtbild und den damit gegebenen Verstehensbedingungen des Neuplatonismus und des Gnostizismus zugewendet.

"Neuplatonisch" heißt jenes Weltbild, das mit einer Seinshierarchie arbeitet, beginnend beim Höchsten und hinabreichend bis zum Niedrigsten, das eo ipso als minderwertig gilt. Selbst in komplizierterer und differenzierterer Form repräsentiert das neuplatonische Weltbild – im Unterschied zum platonischen – grundsätzlich ein "zweistufiges" Bild des Universums.

Der "Gnostizismus" nun, älter als der Neuplatonismus und mit ihm verwandt, ist vom christologischen Interesse aus zu bestimmen als die Vorstellung einer Bewegung des Retters – des Logos oder des himmlischen Menschen – vom höchsten Gott hinab in die Gefilde menschlicher Wahrnehmung und zurück an seinen Ursprungsort. Dies ist natürlich keine erschöpfende Definition des Gnostizismus, beschreibt aber hinreichend jenen Aspekt des

---

[2]   Vgl. unten Abschnitt III; auch die Einleitung zur Athanasius-Studie in diesem Band.
[3]   Harnacks Kritik darf man wohl nicht ganz ohne den Hintergrund seines baltischen Elternhauses sehen. Aus Familiennachrichten habe ich das Gerücht, die gegen die Orthodoxie gerichtete Stimmung sei mit den anti-russischen Gefühlen zusammenzusehen, die in Harnacks Jugend in Dorpat zur Zeit der "Russifizierung" entstand. Dies sei hier ohne Vorwurf vermerkt; es wird übrigens in der Biographie seiner Tochter nicht erwähnt (Agnes v. Zahn, Adolf von Harnack, Berlin, H. Bott Verlag, 1936, höchstens S. 36f.), auch nicht in Klauspeter Blaser, Geschichte – Kirchengeschichte – Dogmengeschichte in Adolf von Harnacks Denken, Diss. Mainz, 1964 (vgl. meine Besprechung in ThZ 5, 1966, S. 375).

Gnostizismus, der angeblich zu christologischen Formulierungen geführt hat. Die Bewegung des Retters bildet einen *Zirkel* — die Reise des Erlösers von Gott hinab zur Erde und heim zu Gott. Wir können die Frage beiseite lassen, ob dieses Bild notwendig ein doketisches Verständnis des Erlösers impliziert; ebenso können wir hier das Problem menschlichen Wissens — das Problem der *Gnosis* selbst — übergehen.

Unser Interesse beschränkt sich auf das gnostische Rahmenwerk, d.h. auf den Zirkel — die "Reise des Erlösers." Der offensichtliche theologische Vorteil dieses gnostischen Konzepts der Zirkel-Reise besteht in der Möglichkeit, wenn nicht der Notwendigkeit, jeweils zugleich vom Erlöser und vom Erlösten zu sprechen: denn die Heimreise des "himmlischen Menschen" hat den Zweck, die Erlösten (bzw. ihre Seelen) an den Ursprungsort des Erlösers selbst heimzuführen. Übertragen auf die Christologie würde das bedeuten, daß Aussagen über Jesus Christus zugleich Aussagen über die Errettung sind. Das gnostische Rahmenwerk führt zu einer Theologie, bei der Christologie und Soteriologie zusammenfallen. Ein weiterer Schritt in der Anwendung dieses Konzepts kann unmittelbar zur (mehr biblischen) Auffassung von Heilsgeschichte führen. M.a.W.: der gnostische Zirkel ist, strukturell gesprochen, die "kondensierte Form" von Heilsgeschichte; denn wenn man den Zirkel "aufbricht" und seine Enden auseinander biegt, kann man von Gottes ursprünglichem Kontakt mit seinem Volk sprechen, der — in der "Mitte der Zeit" — zur Inkarnation und endlich — am "Ende der Zeit" — zur Erfüllung führt. Der Zirkel ist so zu einer Kurve geworden, die Gottes Selbstenthüllung in der Geschichte beschreibt. Was ursprünglich zur Beschreibung der Bewegung des Logos vom Vater zu den Menschen und zurück zum Vater diente, liefert nun den Rahmen zum Verstehen der ganzen Heilsgeschichte: Gottes Bewegung mit seinem Volk von der Schöpfung über die Geschichte Israels zur Klimax der Selbstenthüllung Gottes in Jesus von Nazareth und zur Heimführung des Menschen zu Gott in der ἀποκατάστασις πάντων am Ende der Zeit. Beim ursprünglichen primitiven gnostischen Zirkel ging es unmittelbar um die Bewegung und um das Schicksal des Erlösers, obwohl die Partizipation der Erlösten zugleich zu Worte kam; bei der späteren und ausgearbeiteteren Auffassung von Erlösungsgeschichte ging es unmittelbar um die Bewegung und um das Schicksal der Menschheit — gesehen als ein Produkt der Bewegung des Erlösers.

Diese Verschiebung des Akzentes kann an der Entwicklung von Ignatius zu Irenaeus beobachtet werden. Ohne ein Gnostiker zu sein, aber gewiß das "gnostische Rahmenwerk" anwendend, beschäftigt sich Ignatius in erster Linie mit der Reise des Erlösers hinaus aus dem "Schweigen Gottes"[4] ins menschliche "Fleisch" und zurück zum Vater.[5] Seine Reise ist wahrhaft Gottes

---

[4] Magn. 8, 2. Die hier folgenden Textstellen sind nur Beispiele; etliche von ihnen könnten leicht vermehrt werden.

[5] Röm. 3,3, passim.

Reise, denn Gott ist es, der leidet[6] und dessen Blut vergossen wird.[7] Von ihm wird gesprochen "wie von Gott" – wie II. Clemens einige Jahrzehnte später zu lehren fortfuhr. Gebete können an ihn gerichtet werden.[8] Der Zweck seines Kommens bestand darin, die ἕνωσις, die Einheit zwischen Gott und Mensch, zu etablieren – eine Einheit, die sich in dem Verhältnis zwischen dem Bischof und seiner Gemeinde widerspiegelt. "Ενωσις, Einheit, lautet der Schlüssel zur Theologie des Ignatius. Der Gläubige kann durch den Erlöser in die Einheit mit Gott treten, indem er entweder den Märtyrertod erleidet (im physischen Martyrium) oder an der Eucharistie teilnimmt (im geistlichen Martyrium). In jedem Fall aber ist die Einheit mit Christus das Ziel des Lebens des Gläubigen – und zwar die Einheit eines Märtyrers.[9] Diejenigen, die die Eucharistie feiern, "leben nicht wie Menschen, sondern wie Jesus Christus."[10] Sie sind Nachahmer der Leiden Gottes[11] und gelangen so zu Gott[12] oder – wie Ignatius sogar sagen kann – sie "werden Gottes Wort"[13] und "reines Brot Christi."[14] Ankunft und Weggang des Erlösers bilden für die Gläubigen die Basis für die ἕνωσις des Gläubigen mit dem erhöhten Herrn; das physische oder geistliche Martyrium bildet den Grund für die Partizipation am – oder besser die Garantie für das – Bleiben in dieser Einheit. Nur scheinbar vernachlässigt Ignatius die Bedeutung der Geschichte in seiner Konzentration auf das Christusereignis selbst; er glaubte, daß das Kommen des Logos ins Fleisch, die Epiphanie des Erlösers, am Ende der Zeit geschah.[15]

Die Apologeten bewahrten theoretisch diese streng christologische Basis für die Soteriologie; zumindest verleugneten sie nicht die überkommene Tradition. Ihr Interesse richtete sich aber auf ein mehr moralisches Verständnis des Imitationsbegriffs der frühen Väter. Diese Betonung prägte ihr Verständnis von Jesus Christus als dem Modell und Muster für gehorsames Verhalten vor Gott. Die gängige Kritik an den Apologeten kehrt diesen Punkt stark hervor und wirft ihnen vor, die wichtigsten Punkte der frühen christlichen Tradition moralisiert und damit gering gemacht zu haben. Diese Kritik war zu harsch, sie wurde den mutigen Versuchen der Apologeten nicht gerecht, Theologie mit Ungläubigen zu erörtern. Man muß allerdings zugeben, daß die Apologeten der frühen Christologie als solcher nichts Wertvolles hinzuzufügen hatten. Ihr Hauptmangel liegt jedoch nicht im Bereich der Christologie, sondern vielmehr in der

---

6   Röm. 6,3.
7   Eph. 1,1.
8   Eph. 20,1. Ignatius nennt ihn mehrmals "Gott", z.B. Eph. 18,2; Röm. 3,3; Smyrn. 1.1.
9   Röm. 8,1.
10   Trall. 2,1.
11   Röm. 6,3.
12   Röm. 1,2; 2,1.
13   Röm. 2,1.
14   Röm. 4,1.
15   Magn. 6,1.

verhängnisvollen Weise, in der sie mit dem Alten Testament verfuhren, d.h. in der Hermeneutik, wo sie die Tore weit für stoische Begriffe öffneten, die auch Tertullian und durch ihn die westliche Theologie beeinflußten.[16] Wenn man Marcion außer acht läßt, dessen soteriologische Gedanken bei weitem radikaler sind als seine offensichtlich traditionell-gnostischen christologischen Vorstellungen, kann man mit Sicherheit behaupten, daß die frühe Christologie auf entscheidende Weise von Theophilus von Antiochien formuliert wurde, vor allem aber von Irenaeus, der wiederum von Theophilus beeinflußt war.[17] Theophilus scheint als erster den gnostischen Zirkel "aufgebrochen" und zur "Kurve" einer Erlösungsgeschichte umgeformt zu haben. Irenaeus[18] führte diesen Ansatz weiter und systematisierte ihn in der Auseinandersetzung mit dem Gnostizismus, für dessen Beurteilung ihm allerdings der Überblick fehlte. Doch zeigt seine peinlich ausführliche Aufzählung gnostischer Systeme zumindest sein Interesse daran, seine eigene Theologie von gnostischem Einfluß freizuhalten. In der Theologie des Irenaeus nun umgreift Christus die ganze Geschichte, wiewohl er selbst in die Geschichte eintritt. Er offenbart den Vater, aber der Vater offenbart auch ihn, denn "das Wort ist Gott selbst,"[19] insofern der Sohn im Vater ist und durch sich auf den Vater verweist.[20] Aber der fleischgewordene Sohn ist substantialiter identisch mit uns, wenn auch derart, daß man Werk und Wort Jesu nicht in der Weise trennen kann, wie es bei "gewöhnlichen" Menschen möglich ist. Irenaeus verknüpfte den "historischen Jesus" und den "geschichtlichen Christus" tiefer und zwingender, als es etwa zeitgenössische neutestamentliche Forschung tut. Zugleich entfaltete er ein wirklich eschatologisches Verständnis der Inkarnation, indem er ganz klar herausstellte, daß der Gläubige seine endgültige Bestimmung nicht erreicht hat, wenn er an den "beneficia" des Lebens, des Todes und der Auferstehung Jesu teilhat. Die endgültige Vollendung steht noch aus und wirft als solche Licht auf das Verständnis sowohl des Christusereignisses als auch der gegenwärtigen Existenz des Gläubigen. Trotzdem kann man freilich einräumen, daß Irenaeus innerhalb des Rahmens des Gnostizismus

---

[16] Vgl. jetzt die große Studie Le Christ et l'Ancien Testament chez Tertullien von J. E. L. van der Geest, Nijmegen, 1972. Vgl. aber W. H. C. Frend, "The Old Testament in the Age of the Greek Apologists A.D. 130–180", in SJT, Mai 1973, S. 129–150.

[17] Vgl. Friedrich Loofs, Theophilus von Antiochien adversus Marcionem, (Hinrichs, 1930, TuU Nr. 46, H. 2; jetzt Berlin, Akademie Verlag), legte die These vor, Theophilus habe Irenaeus so stark beeinflußt, daß fast der ganze Kredit an Originalität dem Theophilus zu zollen sei. Aber diese These Loofs' blieb nicht unangefochten.

[18] Zu den hilfreichen Einführungen in die Theologie des Irenaeus gehören John Lawson, The Biblical Theology of St. Irenaeus, London, Epworth Press, 1946, und Gustaf Wingren, Man and the Incarnation, Philadelphia, Muhlenberg Press, 1959 (Schwed. Original 1947).

[19] Adv. Haer. II, 13.

[20] Adv. Haer. III, 6,2. Irenäus betont auch die Bedeutung des "Gehorsams Jesu" (III, 21,10; III, 22,4), eine wichtige Einsicht, die nach Athanasius fast verloren ging.

operierte[21]; und seine Theologie weist alle positiven und negativen Merkmale des Konzeptes der Heilsgeschichte auf: die (biblische) Betonung der Geschichte, rückwärts von ihrem erwarteten Ende her verstanden, aber auch die (unbiblischen) Versuche, die Geschichte des göttlichen Planes innerhalb des Reiches der "bösen" Weltgeschichte zu umreißen. Trotz dieses Nachteils geht ein entscheidender Gewinn auf das Konto des Irenaeus: sein Geschichtsverständnis setzte die spätere Kirche in den Stand, auf legitim theologische Weise der Tatsache Ausdruck zu verleihen, daß die Kirche eine Vergangenheit und eine Zukunft hat und daß ihre Aufgabe in der *Gegenwart* in der Anbetung des gegenwärtigen, auferstandenen Christus liegt.

Die spätere griechische Theologie schöpfte diesen theologischen Zugang voll aus. Vor allem Athanasius[22] verknüpfte das irenaeische Erbe mit einem tiefen Verständnis der Unmöglichkeit, objektiv darüber zu kalkulieren, wie der Mensch Gott gegenüber dasteht. Er war sich des "johanneischen Korrektivs" − wie man dies im Sinne Bultmanns nennen könnte − an einer objektivierten Theologie der Heilsgeschichte voll bewußt. Auch die Kappadozier setzten diese Betonung der Anbetung als Anfang der Theologie − also die Betonung des Oster-Charakters des Gottesdienstes − fort. Das wird auch durch ihre aktive Beteiligung an der mönchischen Bewegung Kleinasiens deutlich. Allerdings griffen die Kappadozier auch den anderen Teil der Theologie des Irenaeus und der darauf folgenden Tradition auf, nämlich die Frage nach den "Naturen" Jesu Christi. Man kann kaum sagen, daß die Definitionen der "Naturen" bei Irenaeus und in den fast zwei Jahrhunderten, die bis zur Debatte um Apollinaris verliefen, so klar gewesen wären, daß sie als "Kontrollsätze" hätten fungieren können. (Die im ganzen unglückliche Entwicklung kann hier nicht diskutiert werden.) Stark angeregt durch die Kontroverse um Apollinaris von Laodicea[23] führte die Aufnahme der Naturen-Terminologie zu der langwierigen Kette von Auseinandersetzungen, die für die christologischen Konzile charakteristisch ist. Nun trat auch bei den Kappadoziern der wichtigste Teil der irenaeisch-athanasianischen Theologie, die Einheit der Soteriologie und der Christologie, gelegentlich gegenüber einer oft mehr philosophischen Diskussion in den

---

[21] Vgl. R. M. Grant, Gnosticism and Early Christianity, New York, Columbia University Press, 1959, passim.

[22] Vgl. jetzt die schöne Studie von G. Kretschmar, "Kreuz und Auferstehung in der Sicht von Athanasius und Luther", in Der auferstandene Christus und das Heil der Welt, (Gespräch zw. Vertretern der EKD und d. russ. Orth. Kirche), hg. Kirchl. Aussenamt der EKD, Luther-Verlag, Witten, o.J. (1973), über Ath. bes. S. 42−57 u. 79ff. S. auch T. F. Torrance, Theology in Reconciliation, London, Geoffrey Chapman, 1975, Kap. 5 "Athanasius: A Study in the Foundations of Classical Theology". S. meine kommende Besprechung von Torrance's Buch in The Ecumenical Review, Vol. XXVIII, Okt. 1976.

[23] S. E. Mühlenberg, Apollinaris von Laodicea, Göttingen, Vandenhoeck & Ruprecht, 1969, bes. S. 108ff. und 180ff.

Hintergrund.[24] Auch eine Unterscheidung zwischen "echter" menschlicher Natur, wie sie in der menschlichen Natur des Gottmenschen zu finden ist und den üblichen, "menschlichen" Menschen, schleicht sich ein. Dieser Nachteil könnte zu Lasten des neuplatonischen Einflusses gerechnet werden. Er ist auch bei Athanasius im Ansatz schon vorhanden und fehlt später im Westen freilich auch nicht. Aber selbst bei diesem Nachteil bewahrten die griechischen Theologen voll und ganz den besten Teil ihrer Tradition: die innige Verflechtung zwischen der Anbetung des gegenwärtigen, auferstandenen Christus und der intellektuellen Formulierung theologischer Gedanken. Die Frage ist nur, bis zu welchem Grad die Anbetung diese Formulierung weiterhin prägte, so wie sie es in der früheren griechischen Theologie getan hatte. Aber die Intention war gewiß nicht, dogmatisches Denken von praktischer Anbetung zu trennen. Ein Beweis des Gewichts dieser Tradition ist dann das Werk von Gregor Palamas Jahrhunderte später. Mit Recht kann wohl gesagt werden, daß das "gnostische Rahmenwerk" sich weniger nachteilig auf die Theologie der griechischen Väter auswirkte als der starke Einfluß des Neuplatonismus, der die theologische Szene bei und nach Origenes zu beherrschen begann, spätestens zur Zeit der großen christologischen Konzile. In dieser Zeit galt das "zweistufige" Weltbild nicht mehr als Rahmen zur Beschreibung einer *Bewegung,* sondern wurde ein Bestandteil des Inhalts der theologischen Frage selbst. Die frühe östliche Theologie akzeptierte in ihren besten Teilen das gnostische Rahmenwerk als eine *Sprachform,* machte es aber nicht zu einem "Gegenstand des Glaubens." Die gnostische Sprache ermöglichte es den frühen Vätern, ihr Hauptanliegen — die stellvertretende Funktion Jesu Christi für das Universum — auszudrücken.

Wir können in diesem Zusammenhang die möglichen, berechtigten Kritiken am Begriff des Glaubens und am Konzept der Gnade bei den griechischen Vätern ausklammern. Gewichtiger schon wäre die Klage um den mehr und mehr in den Hintergrund tretenden Zugang zur Geschichte, d.h. die Tendenz zur Unterbewertung des irdischen-menschlichen Lebens in seiner theologischen Relevanz. Aber trotzdem kann man den üblichen westlichen Kritiken am Gesamtkonzept und Erkenntnisrahmen der griechischen Christologie widersprechen, wenn damit eine de facto Abwertung ihrer Relevanz für die Theologie der Kirche in unserer Zeit gemeint sein soll. Das gnostische Sprachgewand als solches gibt noch keinen hinreichenden Grund dafür ab, einen ganzen Komplex von Theologie abzulehnen, der die gerade in der westlichen Theologie fehlende richtige Einsicht betonte, Theologie müße mit dem Christus praesens beginnen.

Die westliche Kritik ist allerdings nicht unverständlich. Die spätere griechische Theologie produzierte tatsächlich philosophische Spekulationen und präsentierte dem Westen eine Reihe komplizierter Fragen, für deren Behandlung die westlichen Theologen weder durch ihre Tradition noch durch ihre

---

[24] Allerdings ist auch bei den Kappadoziern das Bewusstsein, dass man mit den "Naturen" nur dialektisch operieren kann, bewundernswert stark, vgl. Gregor von Naz.' Dritte theol. Rede (über den Sohn).

Intention angemessen ausgerüstet waren. Plato und Aristoteles hätten keinen solchen Einfluß auf die westliche mittelalterliche Theologie gewonnen, wenn die Väter auf den griechischen Konzilen sich aufkommender philosophischer Fragen enthalten hätten, auf die sie dann theologische Antworten gaben. Die griechische Konzilstheologie händigte dem Westen philosophische Fragen aus, die ursprünglich gar nicht zur östlichen Tradition gehörten oder die wenigstens keine zentrale Stellung in ihr einnahmen. Im Grunde war die griechische Theologie vor den orthodoxen Konzilen "orthodoxer" als danach. Es war aber die Konzilstheologie, die ökumenische Anerkennung erlangte, teilweise schon darum, weil viele vorkonzilische Theologen des Origenismus verdächtigt wurden.

Zusammenfassend könnte man sagen, daß das "gnostische Rahmenwerk" im griechischen patristischen Denken ursprünglich in der primitiven Form eines Zirkels sichtbar wurde, der dann zur Kurve einer Erlösungsgeschichte umgeformt wurde, an der gerade die konstruktivsten Teile der vorkonzilischen Theologie festgemacht wurden. Aber der Preis für den Beitrag der griechischen Väter zur ökumenischen Formulierung der Christologie war groß: der eigentliche Beitrag — die Verknüpfung von Anbetung und theologischer Legitimierung der Christologie — wurde im Westen weniger genützt als der damit verbundene Nachteil der Bindung an neuplatonische Denkstrukturen in der Verlängerung der gnostischen Sprachform.

II. Das Dilemma von Ontologie und Epistemologie

Westliche Theologen haben die Bedeutung der griechischen Patristik nicht nur im Hinblick auf ihr gnostisches Rahmenwerk abgewertet, sondern auch in der Kritik der vermeintlichen Ontologie der frühen griechischen Theologie. Weithin verhält sich moderne protestantische Theologie argwöhnisch gegenüber ontologischem Denken, vor allem seit der Einfluß Kants (auf dem europ. Kontinent) und des angelsächsischen Pragmatismus das theologische Denken zu beherrschen begann. Wenn man Christian Wolffs *Philosophia prima sive Ontologia* von 1729/30 auf ihre mögliche Anwendbarkeit für die Theologie prüft, so wundert man sich nicht über den Erfolg der sie ersetzenden Transzendentalphilosophie Kants oder den Ansatz des Pragmatismus'. Daß aber die kantsche Kritik und der Einfluß des Neukantianismus den Ausschlag für die theologische Bewertung des griechischen patristischen Denkens gab, kann man nicht als unbedingt notwendig bezeichnen. Die Fehlentwicklung lag wohl darin, daß die westlichen Theologen darauf gefaßt waren, bei den griechischen Vätern den Typ von Ontologie zu finden, der ihnen von Wolff und der vor ihm liegenden langen Entwicklung seit der mittelalterlichen Rezeption des Aristoteles bekannt war. Diese Erwartung war allerdings kaum richtig; zumindest war sie unrichtig im Hinblick auf das, was wir — etwas leichtsinnig — den "besten Teil" der frühen ostkirchlichen Tradition nannten. Und gewiß war diese Erwartung nur teilweise richtig im Hinblick auf die griechischen Konzile und die spätere byzantinische Theologie.

Die Entwicklung zu einer neuen ontologischen Fragestellung, etwa bei N. Hartmann oder in Heideggers "Fundamentalontologie" (für die Theologie müßte man u.a. auf Bonhoeffers *Akt und Sein* von 1931 sowie auf Karl Barths Dogmatik verweisen), die sich beträchtlich von der klassischen Ontologie unterscheidet, hat noch kaum zu einer Neueinschätzung der griechischen Christologie geführt.

Was den Gebrauch der Ontologie im griechischen patristischen Denken angeht, so könnte man im großen und ganzen wiederholen, was wir über sein gnostisches Rahmenwerk sagten: die frühen Väter benutzten traditionelle ontologische Vorstellungen, ohne aus ihnen intentional theologisch-inhaltliche Fragen zu machen. Hierin unterscheiden sie sich von den späteren mittelalterlichen Realisten, die zu der Überzeugung neigten, daß, was "in intellectu fidei" gesagt wird, auch "in re" real sei. *Aussagen des Glaubens* – z.B. daß Gott eine Person ist, im Himmel ist, daß der auferstandene Christus "im Fleisch" mit dem Vater ist, usw. – wurden von den frühen Vätern *nicht* gleichgesetzt mit *Beschreibungen* der Art und Weise trans-intelligiblen Seins. Die Vorstellung einer ontischen Beschreibung übergeistiger Wirklichkeiten außerhalb des Glaubens – d.h. außerhalb des Bereichs der *Frömmigkeit* – nahm weder im Denken der griechischen Väter noch in der späteren östlichen Orthodoxie[25] einen legitimen Platz ein. Ein gutes Beispiel dafür bietet die Auslegung von Joh. 17,21 durch Athanasius ("wie du, Vater, in mir bist und ich in dir, daß auch sie in uns eins seien").[26] Die kirchliche Kunst des Ostens bezeugt in aller Klarheit das Wissen der frühen östlichen Gläubigen darum, daß absichtlich anthropomorphe Darstellungen trans-intelligibler "Inhalte des Glaubens" erlaubt sind gerade *wegen* ihres Gebrauchs in Anbetung und Frömmigkeit – ihres einzig legitimen Gebrauchs. Ikonen wie Bekenntnisformulierungen erfahren eine *Transfiguration* im Gottesdienst. Sie bezwecken keine faktische Beschreibung ontischer Wirklichkeiten, zu denen es für die "reine Vernunft" oder den natürlichen Geist außerhalb des Glaubens einen Zugang gäbe. Die frühe Kirche – in Ost *und* West – war sich .einer Spannung oder Konkurrenz zwischen Theologie und Philosophie nicht bewußt. Die Väter benutzten die philosophische Sprache ohne reflektierten Verdacht oder ohne Wissen um damit verbundene Probleme.[27] Aber sie zweifelten nicht daran, daß philosophische Weisheit durch die

---

[25]   Vgl. Wladimir Lossky, Schau Gottes, Zürich, EVZ-Verlag, 1964; eine historische Untersuchung des Problems der Gotteserkenntnis von der frühen Zeit der östlichen Orthodoxie bis hin zu Gregor Palamas.

[26]   Contra Arianos, III, 17–25; in Kap. 24 weist Athanasius ausdrücklich darauf hin, daß die Analogie der Einheit nur im Credo artikulierbar ist.

[27]   Eine Einsicht in die Komplexität dieser Problematik findet sich am ehesten bei Gregor von Nyssa; vgl. Maria-Barbara v. Stritzky, Zum Problem der Erkenntnis bei Gregor von Nyssa, Münster, Aschendorff, 1973, (Münsterische Beiträge zur Theologie, Heft 37). S.

Geheimnisse des christlichen Glaubens überboten ist; sonst hätten sie nicht mit Bewunderung die "Bekehrung" von Philosophen wie Justin, Clemens von Alexandrien und Augustin erwähnt. Erst später begann die westliche Theologie, zwischen philosophischen und theologischen Aktivitäten des menschlichen Geistes zu unterscheiden.

Nichtsdestoweniger bedeutet die Tatsache, daß die griechischen Väter nicht um das Problem wußten, natürlich nicht, daß es nicht existiere. Der freudig akzeptierte Einfluß so ausgesprochener Platonisten wie Methodius und Pseudo-Dionysius bezeugt in aller Klarheit die Bereitschaft, *Mittel* und *Instrumente* des Gottesdienstes zu *Gegenständen* der Anbetung zu machen. Der ursprüngliche Sinn von Bekenntnissen lag darin, doxologische Resultate andächtiger theologischer Reflexion zu sein. Aber eine Reihe erschwerender Faktoren in der Periode der ersten vier Konzile und die unglücklich statische Terminologie der Bekenntnisse bewirkten, daß sie zu Ansatzpunkten für neue Reflexion wurden — als ob sie Beschreibungen himmlischer Wirklichkeiten wären. Ein gutes Beispiel ist der Begriff der "Natur": je länger er in der christologischen Kontroverse verwendet wurde, desto statischer wurde er. Und der Westen war und ist bis heute unter dem Eindruck, daß die Anwendung des $\phi\acute{u}\sigma\iota\varsigma$-Begriffs in der griechischen Theologie das deutlichste Anzeichen der statischen Denkweise der frühen griechisch-orthodoxen "Ontologie" ist. Die Geschichte des frühen Gebrauchs dieses Begriffs zeigt aber, daß dieses Urteil nicht angemessen ist. Gewiß, der Sieg der alexandrinischen Denkstruktur über die antiochenische Theologie scheint es zu unterstützen. Und wir müssen zugeben, daß im Hinblick auf Chalcedon das Urteil zu Recht besteht, ontologische Vorstellungen hätten die Oberhand über den doxologischen Gebrauch traditioneller ontologischer Sprache gewonnen — obwohl auch die byzantinische Kirche weiterhin die Ergebnisse der Konzile voll und ganz innerhalb des Rahmens des Gottesdienstes sehen wollte.

Nur eine machtvolle und lebendige Theologie kann die Spannung zwischen subjektiver menschlicher Erkenntnis und göttlicher Wirklichkeit aushalten. Irenaeus, zum Teil Origenes und mit Sicherheit Athanasius arbeiteten mit zwei *Erkenntnis-Ordnungen,* gerade weil sie sich dieser Spannung bewußt waren. Sie erkannten, daß die Bücher der Bibel und der späteren kirchlichen Tradition im Gewand retrospektiver menschlicher Erkenntnis und Sprachbenutzung die überragende Wirklichkeit der Taten Gottes beteuerten. Athanasius z.B. unterschied deutlich zwischen der Sicht "von Gott her" — wenn wir es so nennen dürfen — und der Sicht "vom Menschen her." Was von Gott her wahr ist, besitzt überragende Wirklichkeit gegenüber menschlicher Erkenntnis und kann nur angebetet, nicht rational analysiert werden. Menschliche Erkenntnis aber innerhalb von Raum und Zeit kann logisch entfaltet werden. Die Aussage z.B., daß der Logos mit — ewig mit dem Vater ist, ist abgeleitet von (und gewagt

auch den Sammelband über das zweite internationale Kolloquium über Gregor von Nyssa, Gregor von Nyssa und die Philosophie, hg. H. Dörrie u.a., Leiden, E. J. Brill, 1976.

aufgrund) der Erkenntnis der Gegenwart Christi im Gottesdienst — wie dies auch von früheren Zeugen erkannt worden ist. Die *Kunst der Theologie* besteht darin, die göttliche Wirklichkeit in Begriffen menschlicher Sprache zu entfalten — und dies im klaren Wissen darum, daß menschliche Erkenntnis in Anbetung eingebettet sein muß. Die Theologie entfaltet rückblickend, was im Glauben erkannt und anhand der Bibel und anderer Zeugnisse getestet worden ist. In dieser Weise balanciert Athanasius sorgfältig Aussagen über subjektive menschliche Erkenntnis gegen Aussagen über "objektive" göttliche Wirklichkeit. Die meisten Schriften von Athanasius spiegeln in ihrer Architektur diese doppelte Erkenntnisordnung wider: was zunächst erkannt und angenommen wird, wird kunstvoll als das plaziert, was zu entfalten und zu prüfen ist; das aber, was scheinbar in dieser Operation vorausgesetzt wird, ist abhängig von dem, was zunächst erkannt wird. Theologisches Denken bildet einen Zirkel, der keinen eindeutig zu bestimmenden Anfang hat, etwa den präexistenten Christus, eine Definition der unsichtbaren Welt oder den "historischen Jesus." Die verhängnisvolle Einseitigkeit mancher griechischer Theologie ist im Grunde eine Verkehrung der wahren griechischen Tradition. Die Anfänge dieser Abweichung können an den extremen Positionen der beiden Opponenten beobachtet werden — der alexandrinischen und der antiochenischen Theologie: die erste Einseitigkeit beginnt mit einem fixierten Begriff des präexistenten *Logos* und schreitet von dort fort zur Frage, wie der Logos Fleisch wurde; die zweite dagegen geht umgekehrt vor, indem sie mit der Erkenntnis Jesu Christi als eines *Menschen* einsetzt. Beide theologische Richtungen aber opferten die doppelte Erkenntnisordnung. Wenn dies passiert, wird der wichtigste Punkt früher östlicher Theologie geschwächt: die theologische Bedeutung der Erkenntnis des *Christus praesens* im Gottesdienst. Gottesdienst gibt dann lediglich den Bereich ab, innerhalb dessen fixierte dogmatische Formulierungen erhalten, geachtet und der nächsten Generation übergeben werden. Es ist schmerzlich zu beobachten, daß die größte Stärke der frühen griechischen Kirche sich auf diese Weise als ihre größte Schwäche herausschält.[28]

Zusammenfassend können wir sagen, daß der protestantische Argwohn gegenüber dem ontologischen Element im griechischen patristischen Denken nur zum Teil berechtigt ist. Ein Teil der klassischen östlichen Tradition benutzte lediglich die traditionelle Sprache, wobei der kognitive Aspekt im Gottesdienst dargestellt und erlebt wurde. Die spätere Entwicklung aber, teilweise beginnend bei den Kappadoziern und vollends manifest in der Konzilstheologie, hielt die Spannung zwischen subjektiver Erkenntnis und objektiver Wirklichkeit nicht durch und neigte dazu, Glaubenssätze zu Gegenständen des Glaubens und der Anbetung zu verkehren. Die traditionelle

---

[28] Vgl. zur ganzen Entwicklung Piet Smulders, "Dogmengeschichtliche und lehramtliche Entfaltung der Christologie", in Mysterium Salutis, III/1, Das Christusereignis, Einsiedeln/ Zürich/Köln, Benzinger Verlag, 1970, S. 389—476; sowie W. Elert, Der Ausgang der altkirchlichen Christologie, Berlin, Lutherisches Verlagshaus, 1957.

Bedeutung des Gottesdienstes ist in der östlichen Orthodoxie bis auf den heutigen Tag aufrecht erhalten worden; aber das theologische Denken und Formulieren wird weithin nicht mehr von der gottesdienstlichen Aktivität am Leben erhalten und ernährt, vielmehr werden altertümliche Formulierungen innerhalb des Bereichs des Gottesdienstes sanktioniert und erhalten. Die westliche Kritik mag also z.T. berechtigt sein, obwohl sie nicht vergessen sollte, daß die westliche Kirche wenig genug hat, worauf sie in dieser Hinsicht stolz sein könnte. Die frühe und mittelalterliche westliche Theologie fiel den aristotelischen und neuplatonischen ontologischen Denkstrukturen williger zum Opfer als es die frühe östliche Theologie tat. Es handelt sich tatsächlich um ein Sprachproblem, und es überrascht, daß trotz der Einsichten Augustins in diese komplexe Materie die Beziehungen zwischen Ontologie und Sprache nicht eingehender behandelt worden sind, bis in jüngster Zeit der Einfluß Diltheys und Heideggers (auf dem europ. Kontinent) und der linguistischen Analyse (hauptsächlich innerhalb der englischsprachigen Theologie) wirksam geworden ist.

Während diese neueren Diskussionen nicht unmittelbar zu unserer Frage nach dem Beitrag der frühen griechischen Theologie gehörten, soll hier eine allgemeinere Aussage Mißverständnisse vermeiden helfen. Im Hinblick sowohl auf die Interpretation der frühen griechischen Theologie als auch auf die Formulierung unserer gegenwärtigen Aufgaben in Kirche und Theologie sollte man nicht unbedingt befürchten, daß jede Art von ontologischer Aussage in der Theologie notwendig eine "theologische Ontologie" impliziert. Es wird kaum möglich sein, eine adäquate Sprache und Denkstruktur für die Interpretationen der Gegenwart und der Vergangenheit (einschließlich der Bibel) zu finden, ohne auf Ontisches bezogene Sätze zu verwenden. Angenommen, Platos und Aristoteles' Konzepte der Beziehung zwischen Ideen und Phänomenen, zwischen Essenz und Existenz und all den Begriffen, die zu dieser Gedankenwelt gehören, seien für die Aufgabe der Theologie nicht mehr zu gebrauchen, so muß man trotzdem zugeben, daß eine historisch-politische Denkstruktur, die wir heute vorziehen, in ähnlicher Weise ontologische Aussagen impliziert. Diese Erkenntnis mag uns wenigstens in unserer Kritik an der frühen östlichen Theologie zügeln, obwohl die Aufgabe einer kritischen Neuinterpretation der Konzilschristologie zweifellos nicht zu umgehen ist.[29]

---

[29] Private Diskussionen mit orthodoxen Theologen in der Sowjetunion und im Nahen Osten sowie einige der halb-offiziellen Aussagen und Veröffentlichungen der verschiedenen Ostkirchen haben die Hoffnung gestärkt, daß orthodoxe Theologen heute ebenso die Auffassung teilen, daß die Theologie der ökumenischen Konzile einer kritischen Aufarbeitung bedarf. Wir können die Kirchenväter nur ehren, indem wir uns kritisch aneignen, was sie uns tradiert haben.

III. Vergottung und Doxologie

Eine dritte Kritik an den frühen griechischen Vätern durch westliche, vor allem protestantische Theologen, betrifft den Inhalt der frühen östlichen Theologie selbst. Diese Kritik ist schärfer als die relativ verständlichen Vorbehalte gegenüber den gnostischen und ontologischen Denkformen. Besonders schwerwiegende Folgen hatte Albrecht Ritschls[30] kritische Bewertung der "spezifisch griechischen Idee der Frömmigkeit," die er in der Theologie der griechischen Christen erkannt zu haben glaubte. Dieses Urteil wurde typisch für den europäischen und angelsächsischen theologischen Liberalismus; seine historische Ausführung fand es im zweiten Band der Harnackschen *Dogmengeschichte,* die die meisten Standardwerke zu diesem Gegenstand beeinflußte — etwa die von Loofs, Bonwetsch, McGiffert ebenso wie die von M. Werner, W. Köhler und H. Lietzmann. Der Einfluß dieses kritischen Konzeptes auf zwei oder drei Generationen von Wissenschaftlern und Pfarrern kann kaum überschätzt werden. Harnacks Verdammungsurteil drückt sich am deutlichsten in dem simplen Etikett "Vergottung" aus. Für die östlichen Väter war Erlösung gleich "Vergottung," die[31] "subchristlich" ist, weil ihr sittliche Momente fehlen, die "unannehmbar" ist, weil ihre Formeln nicht auf die Evangelien passen und die Unmögliches verlangt, weil sie der christliche Ausdruck des "egoistischen Wunsches nach unsterblicher Dauer" ist. Nach Harnack wurde es modern, die gesamte frühe östliche Theologie als um die beiden Pole Sterblichkeit und Unsterblichkeit (ἀφθαρσία, incorruptibilitas) kreisend zu begreifen.

Abgesehen von einigen römisch-katholischen Verteidigungen und ersten protestantischen Versuchen, die griechischen Väter zu rehabilitieren,[32] war es das Werk von Karl Barth und auch von Emil Brunner, wodurch die Kehrtwendung in der protestantischen historischen Forschung einsetzte. Mit dem Wunsch, die Autorität von Irenaeus und Athanasius wieder herzustellen, sagt Brunner in fast enthusiastischer Reaktion gegen die berühmten Historiker: "Am großartigsten in ihrer Systematik und zugleich nicht-spekulativen Existentialität ist wohl die Logoslehre des Athanasius. Er vor allem hat den Gedanken klar herausgearbeitet, daß der Mensch, in Gottes Wort geschaffen, in ihm sein — durch Gnade verliehenes — Lebensprinzip hat und, aus ihm gefallen, nur durch

[30] A. Ritschl, Die christliche Lehre von der Rechtfertigung und Versöhnung, Bonn, A. Marcus Verlag, 4. Aufl. 1910, S. 4f., 8ff. Die 1. Aufl. (1870) beklagt bereits die "Vorstellung eines chemischen Naturprocesses", von der 2. Aufl. (1882) an wird die Kritik — auf Anraten von W. Herrmann — ausführlicher vorgetragen.

[31] A. v. Harnack, Das Wesen des Christentums, Leipzig, Hinrichs'sche Buchhandlung, 1900, S. 145–147. — Vgl. weitere Angaben zu dieser Entwicklung in der Einleitung meiner Athanasius-Studie in diesem Band.

[32] Der erste Angriff auf Harnack in dieser Sache wurde, soweit ich weiß, von K. Bornhäuser gewagt, Die Vergottungslehre des Athanasius und Joh. Damascenus, Gütersloh, 1903; vgl. Harnacks Besprechung in ThLZ 17, 1903, S. 476ff.

es wieder hergestellt werden kann, indem dieses Wort zu ihm kommt. 'Gottes Wort selbst mußte kommen.' Nur der Logos konnte gutmachen, da nur er Gott offenbart und in dieser Offenbarung das verlorene Leben bringt."[33] Solider ist allerdings die Rehabilitation, die Arnold Gilg vorbrachte,[34] der sogenannte Vergottungspassagen einiger Väter sorgfältig untersuchte. Römisch-katholische Studien[35] haben den Neuansatz verstärkt, und wir können hoffen, daß der neuere ökumenische Kontakt mit der östlichen Orthodoxie das Interesse an der Untersuhung des *Inhalts* der frühen griechischen Theologie weiterhin anregen wird.

Stimmt es wirklich, daß die griechischen Väter sich in erster Linie mit *Erlösung* beschäftigten und daß Erlösung für sie *Vergottung* bedeutete? Der erste Teil der Frage würde eine detaillierte Untersuchung erforderlich machen; sie steht noch aus. Mit Recht arbeitet man zwar heute auf eine "Theologie der Befreiung" hin, aber die Zahl der Theologen ist immer noch klein, die im Begriff der "Erlösungsreligion" eine unzureichende und auch unrichtige Beschreibung des christlichen Glaubens sehen. Umso kleiner wird auch die Zahl der Historiker sein, die dieser Frage im Hinblick auf die griechischen Väter nachgeht, zumal die Meinung allgemein verbreitet ist, daß die griechischen Väter eine Theologie der Erlösung ausgearbeitet haben. Spezielle Untersuchungen über diesen Gegenstand[36] konzentrieren sich auf Form und Entwicklung der Erlösungslehre, weniger auf die Frage, ob die Erlösungslehre tatsächlich einen zentralen Platz in der Theologie der griechischen Väter einnimmt. Der Begriff "Erlösung" verlangt freilich weitere Präzisierung. Falls er sich auf die Absonderung des Menschen von der Welt bezieht, die dann als böse und gottfeindlich begriffen wäre, so wäre er mehr oder weniger rein gnostisch und könnte kaum eine biblische Fundierung beanspruchen. Falls er sich jedoch auf die Befreiung des Menschen von sich selbst beziehen sollte, auf die Befreiung von seiner Vergangenheit und Gegenwart, von seiner Versklavung durch andere Menschen, von Hunger und Todesfurcht, dann könnte er eher beanspruchen, einen zentralen Aspekt der biblischen Bücher zusammenzufassen. Es wäre wohl nicht fair, das gesamte Denken der griechischen Väter als Repräsentation des ersten Typs des Erlösungsverständnisses einzustufen. Dies aber wird gemacht — sogar von modernen Autoren, die die Mängel der Harnackschen Auffassung

---

[33] Emil Brunner, Der Mittler, Tübingen, J. C. B. Mohr, 2. Aufl. 1930 (1927), S. 201.

[34] Arnold Gilg, Weg und Bedeutung der altkirchlichen Christologie, 1936, jetzt München, Chr. Kaiser, 1955; vgl. auch ThZ, 1954, S. 113ff. und J. Gross, La divinisation du chrétien d'après les Pères grecs, Paris, 1938, sowie Jaroslav Pelikan, The Finality of Jesus Christ in an Age of Universal History, Richmond, John Knox Press, 1966.

[35] Z.B. Jean Daniélou, Platonisme et Théologie Mystique, Aubier, 1944; sowie mehrere Beiträge in der Sammlung Das Konzil von Chalcedon, hg. von A. Grillmeier und H. Bacht, Bd. I–III, Würzburg, Echter, 1951ff.

[36] Z.B. H. E. W. Turner, The Patristic Doctrine of Redemption, London, Mowbray, 1952.

erkannt haben.[37] Pelikan z.B. sieht "den Hauptinhalt der christlichen Botschaft, wie sie Athanasius interpretiert," als "rescue."[38] Natürlich stimmt es,
daß die Vorstellungen von Korruptibilität ($\phi\theta o\rho\acute{a}$) und Inkorruptibilität
($\grave{a}\phi\theta a\rho\sigma\acute{\iota}a$) in der frühen östlichen Theologie viel entscheidender sind als in der
frühen westlichen. Der Westen setzte die Vorstellungen von "Sünde" und
"Vergebung" an die Stelle der entsprechenden griechischen Begriffe. Und es
stimmt auch, daß die griechischen Begriffe eher unmittelbar aus platonischem
und stoischem Denken herzurühren scheinen als aus biblischen Passagen.
Dennoch haben wir den relativen Vorteil dieser griechischen Begriffe gegenüber
den späteren lateinischen Begriffen anzuerkennen; es ist deutlich, daß sie sich
nicht so ohne weiteres für eine individualistische Interpretation eignen. Das
subjektiv-individualistische Verständnis der traditionellen griechischen Terminologie gehört schon der späteren Periode des griechischen patristischen
Denkens an, deren Anfänge in bestimmten Passagen der Kappadozier, nament-
lich Gregors von Nyssa, zu sehen sind. Ob jedoch der Gebrauch dieser Begriffe
beweist, daß der "Hauptinhalt" im Interesse an "rescue" bestand, ist eine
andere Frage. Wie kommt es – so kann man fragen –, daß die östlichen
Hierarchen, z.B. Athanasius und Cyrill von Alexandrien, ein so großes Interesse
an "Kirchenpolitik" hatten und dabei oft sehr problematisch, ja gerissen
vorgingen, wenn ihr Hauptinteresse wirklich in der Flucht vor der Welt lag?
Nicht einmal die Begründer und Vertreter des Mönchtums (Basilius) oder eines
bestimmten Asketentums (Johannes Chrysostomos) können gerechterweise
Welt-verneinender Neigungen bezichtigt werden. Ihr Interesse an der "Welt"
und ihre Sorge um die Vikariatsfunktion der gottesdienstlichen Gemeinde für
den Rest der Menschheit können ernsthaft nicht in Frage gestellt werden. Die
berühmten einundzwanzig Predigten, die Johannes Chrysostomos 387 in
Antiochien in politischen Krisenzeiten hielt, sind ein hervorragendes Beispiel
für das Wissen eines Predigers um seine und der ganzen Gemeinde Verantwortung für die Gesellschaft.

Trotzdem stimmt es freilich, daß eine bestimmte Strömung in der frühen
griechischen Orthodoxie das negative gnostische und neuplatonische Weltbild
so ausbaute, daß es Ausdruck in einer Betonung der Erlösung als "Erlösung aus
der Welt" fand. Die spätere byzantinische Kirche war von daher in der Lage, die
politische Vorherrschaft des Islams ohne entscheidende innere Veränderungen
in ihrer Theologie hinzunehmen. Die Welt-verneinende Tendenz trug also
letztlich offensichtlich den Sieg über bessere Traditionen davon. Das bedeutet
aber nicht, daß die frühere griechische Theologie insgesamt unter ein Verdikt

---

[37] Etwa bei J. Pelikan in seiner ausgezeichneten Meditation über Athanasius, The Light
of the World, New York, Harper & Row, 1962, sowie von W. Pannenberg, RGG[3], Bd. I,
Sp. 1767, auch in seinen Grundzügen der Christologie, passim.

[38] J. Pelikan, a.a.O., S. 77.

fallen sollte, das eventuell für die spätere byzantinische Theologie[39] zutrifft. Hätte der Westen übrigens nicht die Chance erhalten, seine theologischen Erkenntnisse in Gestalt kirchlicher und politischer Machtstrukturen zu äußern, als die Kirche die germanischen Territorien in Besitz nahm, so wäre er wohl derselben introspektiven und Welt-verneinenden Theologie zum Opfer gefallen, die für die byzantinische Kirche typisch wurde. Der westliche Mystizismus, wurzelnd in Augustin und weiter ausgebildet von Eriugena, zeigt ebenfalls die Bereitschaft der westlichen Theologie, in diese Richtung zu gehen.

Unsere Frage war, ob die griechischen Väter wirklich sich zentral mit der Erlösung beschäftigten und ob Erlösung mit Vergottung identisch war, wie Harnack behauptete. Die Bemerkungen zum ersten Teil dieser Frage sollten zumindest gezeigt haben, daß man den griechischen Vätern nicht vorwerfen kann, nur ein einziges Konzept von Erlösung zu haben, nämlich die Auffassung, der christliche Glaube sei die Antwort auf die Frage, wie der (bösen) Welt zu entrinnen sei. Der zweite Teil der Frage — die Würdigung der Vergottungs-Passagen — gibt ein detailliertes historisches Problem auf.[40] Wir können an dieser Stelle nur einige Hauptaspekte der Geschichte des Begriffs der "Vergottung" zusammenfassen. Es ist nützlich, daran zu erinnern, daß der Begriff der Vergottung selbst von Platon stammt und daß er von Plotin einerseits und von vielen Interessenschichten in den Mysterienreligionen andererseits weiter ausgebildet wurde. Die ursprüngliche Idee der Vergottung jedoch ist *geistlich,* nicht physisch. Im *Sophistes* und im *Timaios* sagt Platon, daß die Seele, die für die Ideen empfänglich ist, unter den Menschen "wie Gott" wandelt. Jene, die Gott *kennen,* sind mit Gott vereint, denn nur in den *Ideen* ist diese Erkenntnis möglich, und Gott gehört zum Reich der Ideen. Wahre Tugend manifestiert sich in den drei Formen von Liebe, Wahrheit und Glauben, und mithilfe wahrer Tugend kann die Seele "wie Gott" werden.[41] Die Seele erhebt sich über die materielle Welt und erlangt Kommunikation mit den ursprünglichen Ideen. Clemens von Alexandrien und — von ihm beeinflußt — Gregor von Nazianz[42] scheinen diesem Konzept von Vergottung zu folgen. Es gab allerdings — ebenfalls von Plato stammend[43] — auch ein eher unmittelbar ontisches und fast physisches Verständnis von Vergottung. Derselbe Gregor von Nazianz und viele andere spätere Väter akzeptierten wenigstens die Terminologie, die zu diesem Konzept gehört. Der Terminus "Mischung" ($\mu\tilde{\imath}\xi\iota\varsigma$ oder $\kappa\rho\tilde{\alpha}\sigma\iota\varsigma$ und deren composita), der schon bei Platon vorkommt, begann in der

[39]   Wie kompliziert aber auch hier eine eindeutige Beurteilung ist, zeigt das bekannte Werk von A. A. Vasiliev, History of the Byzantine Empire, I und II, Madison, Wisconsin Univ. Press, 1961.

[40]   Vgl. die entsprechenden Abschnitte in den Studien über Hippolyt und Athanasius in diesem Band.

[41]   Platon, Gesetze I, 643D und Theaitetos 176B; vgl. auch Politeia VII, 525B und Timaios, passim.

[42]   Gregor von Nazianz, Or. 38,7 basiert z.B. direkt auf Clemens Alex.

[43]   Z.B. Phaidros 279A; vgl. Plutarch, Numa 3.

christlichen Soteriologie eine wichtige Rolle zu spielen. Sehr oft bezieht er sich auf den wenig glücklichen Gedanken des "Ineinander-Fließens" göttlicher und menschlicher "Substanzen". Dies ist das klassische Konzept von Vergottung, das Harnack und andere im Auge hatten, wenn sie die griechischen Väter eines "physikalischen" oder "pharmakologischen" Verständnisses von Erlösung bezichtigten. Wir sind hier nur an diesem Urteil interessiert, nicht an einer detaillierten Untersuchung der griechischen Wurzeln des Begriffs der Vergottung.

Man muß zugeben, daß ein Trend im griechischen patristischen Denken unkritisch die "physikalische" Vergottungsvorstellung akzeptierte. Methodius — in seinem *Convivium* (oder Symposion) —, auch die beiden Gregor und dann Pseudo-Dionysius scheinen manchmal tatsächlich die Grenze zwischen Schöpfer und Geschöpfen zu überschreiten, obwohl in der Wissenschaft zu der delikaten Frage nach dem, was einem griechischen Geist wirklich vorschwebte, wenn er von "physischer" Einheit sprach, das letzte Wort noch nicht gesprochen ist.[44] Im Hinblick auf den Hauptstrom dessen, was wir als den "besten Teil der Tradition" bezeichneten, trat aber eine theologisch unverantwortliche Mißachtung des qualitativen Unterschieds zwischen Schöpfer und Geschöpfen nicht ins Blickfeld. Mehr als einmal macht Athanasius deutlich, daß er von einer Identifikation Gottes und des Menschen nichts wissen will.[45] Sein Erlösungsverständnis gipfelt vielmehr in der Proklamation der *Adoption* der Menschen zur Sohnschaft. Es ist eigentlich unverständlich, wieso angesehene protestantische Theologen sich in der Lage sahen, Athanasius so zu interpretieren, als hätte er eine Identifikation Gottes und der Menschen vorgelegt: rankt sich doch der ganze arianische Streit um den Satz, daß nur ein einziger Mensch — nämlich Jesus Christus — die Ehre und das Amt hat, um der restlichen Menschheit willen eins mit dem Vater zu sein.

Warum jedoch — so muß man freilich doch fragen — sprach Athanasius und mit ihm die Liturgien und die spätere Tradition überhaupt von Vergottung? Der "beste Teil der Tradition" sah im Werk Gottes in Jesus Christus etwas, das unendlich stärker ist als das kaum mehr als moralische Verständnis der Früchte der Inkarnation etwa bei Justin dem Märtyrer und Clemens von Alexandrien und das sich von diesem qualitativ unterscheidet. Irenaeus und Athanasius wußten darum, daß die Früchte des Kommens Christi über den Bereich bloßer Lehre und ethischer Instruktion hinausreichen. In Christus sind Gottes eigene Rechte den Menschen durch ihre Adoption als Söhne gegeben worden. Diese Mitte der frohen Botschaft ist — wie es ihre Überzeugung und Praxis war — im

---

[44]   Vgl. jetzt Reinhard Hübner, Die Einheit des Leibes Christi bei Gregor von Nyssa, Eine Untersuchung zum Ursprung der 'physischen' Erlösungslehre, Leiden/Köln, E. J. Brill, 1974.

[45]   Z.B. Ad Serapion I, 25; auch 19, 22, 24, 30; und III, 5; Ad Epictetum 6; Contra Arianos III, 19—20. All diese Stellen verweisen auf das Werk des Geistes, der zur Adoption führt, wobei "Vergottung" durchaus der Begriff sein mag, um dieses Wunder zur Sprache zu bringen. Vgl. auch Theodore C. Campbell, "The Doctrine of the Holy Spirit in the Theology of Athanasius", in SJT, Nov. 1974, S. 408—440.

Gottesdienst anzubeten und zu empfangen. Kein Ausdruck könnte krass genug sein, um in einer Formel die hier auf dem Spiel stehende Sache zu beschreiben. So gebraucht schon Irenaeus[46] den Begriff "Vergottung" als *doxologische Klimax* all dessen, was er über die Früchte des Werks Christi zu sagen weiß. Während die Theologie des Irenaeus mehr oder weniger auf die Idee der *Wiederherstellung* des gefallenen Menschen zu seiner ursprünglichen Bestimmung beschränkt ist, versucht Athanasius — kühner — davon zu sprechen, daß des Menschen endgültiges Heil sogar noch *mehr* sei als eine "Wiederherstellung" des ursprünglichen Zustandes. Athanasius macht darum einen noch großzügigeren Gebrauch vom Begriff der Vergottung. Aber, wie immer wenn er eschatologisch spricht, trennt er seine Gedanken nicht vom Kontext des Gottesdienstes. Das Konzept der Vergottung im "besten Teil" der griechischen theologischen Tradition ist ein doxologisches und kein ontologisches Konzept.

Die Väter, die den Begriff im vollen Bewußtsein, daß die Grenze zwischen Schöpfer und Geschöpfen nicht weggefegt werden kann, gebrauchten, können in unseren gegenwärtigen Diskussionen durchaus einen erheblichen Beitrag leisten. Ein unvoreingenommenes und sprachanalytisches Verständnis eines doxologisch begriffenen Konzepts der "Vergottung" könnte einige hilfreiche Gedanken über das Handeln Gottes mit den Menschen zutage fördern, die man von der Sicht der griechischen Väter und in ihrer Ausdrucksform etwa so summieren könnte: 1. "Vergottung" garantiert, daß die Initiative auf der Seite Gottes liegt; 2. das Vergottungsverständnis drängt zu einem nicht-individualistischen Verständnis des Heils, da es in den Gottesdienst der ganzen Kirche eingebettet ist; 3. es gilt erklärtermaßen als ein "Mysterium", ein Geheimnis, und dennoch als etwas, das Vorfreude und damit ethische Motivation verursacht; 4. es verweist darauf, daß die "gegenwärtige christliche Existenz" nicht das Ende des Handelns Gottes mit dem Menschen ist; etwas Größeres und Endgültiges steht noch aus.

Mit diesen Bemerkungen soll freilich nicht gesagt sein, daß der Begriff "Vergottung" als besonders glücklich anzusehen sei. Er ermöglicht in der Tat schwere Mißverständnisse. Und genau dies geschah immer dann, wenn diese "Frucht des Gottesdienstes" ins rationale Denken abglitt und zu einem gesonderten theologischen Topos wurde, der eine ontische Wirklichkeit beschreibt. Nichtsdestoweniger ist es erstaunlich, daß die östliche Orthodoxie selten in der Gefahr war, in Mystizismus abzugleiten,[47] wenn sie von

---

[46] Die klassischen Stellen sind: Adv. Haer. III, 19,1 u. 3; IV, 20,5 sowie 38,4; 39,2 und die praefatio zu V. Keine darf ohne ihren Kontext gelesen werden. Immer sind die Abschnitte der letzte Teil einer Gedankenkette, in der es um die Partizipation des Menschen an der Neuheit Jesu Christi geht. Im Kap. 54 von De Incarnatione ist Athanasius offensichtlich in der Irenaeischen Tradition, und genausowenig wie er faßt er den Begriff der Vergottung als ein gesondertes theologisches Thema auf.

[47] Vgl. Andreas Theodorou, "Die Mystik in der orthodoxen Ostkirche", in Die orthodoxe Kirche in griechischer Sicht, Bd. I., hg. Panagiotis Bratsiotis, Stuttgart, Evang.

Vergottung sprach, wogegen die westliche Theologie bald der Nähe dieses Begriffs zum Mystizismus gewahr wurde und daher seinen Gebrauch zu vermeiden suchte.[48]

IV. Das Stellvertretungswerk Jesu Christi

Nachdem wir drei typisch westliche Kritiken am griechisch-patristischen Denken erwähnt haben, sind wir nun in der Lage, einige Aspekte des inhaltlichen Zentrums des "besten Teils" östlicher theologischer Tradition zu skizzieren. Die Erlaubnis für die Redeweise vom "besten Teil" ist in einer Kategorisierung der verschiedenen Ströme der griechischen theologischen Tradition begründet. Drei theologisch unterschiedliche Gruppen lassen sich ohne gewaltsame Systematisierung erkennen und namhaft machen: 1. die *christozentrisch-pneumatische Theologie*, die in primitiver Gestalt mit Ignatius einsetzt, in der Theologie der Heilsgeschichte von Irenaeus weiter ausgebildet wird und ihren reifsten Ausdruck bei Athanasius und Basilius findet, zum Teil auch bei den beiden Gregors und – mit Einschränkung – bei Cyrill; 2. die *liturgisch-nicht-dogmatische* Theologie, wie sie sich in der reichen Entwicklung der Liturgien, in Formen mönchischer Frömmigkeit, zum Teil in der Ekklesiologie des Hippolytus, in Predigten und in der kirchlichen Kunst widerspiegelt; 3. die *apologetisch-ethische* Theologie, in frühen Formen von einigen Apostolischen Vätern vertreten, deutlicher dann von den Apologeten, entfaltet von Clemens von Alexandrien, zum Teil im System des Origenes sich behauptend und von durchgehendem Einfluß sowohl im Mönchtum und in der byzantinischen praktischen Frömmigkeit als auch in der philosophischen Spekulation.

Eine Kombination der ersten beiden Gruppen von Theologie ergibt das, was wir den "besten Teil" der Tradition genannt haben: die Entfaltung des Ignatianischen ἕνωσις-Begriffs, die Einheit von Vater und Sohn und – folgerichtig – von Mensch und Gott im Sohn. Ohne den Bezug auf die zweite Gruppe fehlte der ersten der lebendige Rahmen von Gottesdienst und Gebet. Tatsächlich neigten westliche Wissenschaftler dazu, die Väter der ersten Gruppe so zu lesen, als stünden ihre Gedanken in keiner Verbindung mit dem Gottesdienst, als seien sie sozusagen Professoren oder professionelle Autoren. Diese Auffassung jedoch ist – von ein paar Ausnahmen abgesehen – historisch nicht richtig. Der "beste Teil" östlicher theologischer Tradition ist nicht lediglich am "Wie" und "Warum" der Erlösung, sondern ebenso am "Daß" der

---

Verlagswerk, 1959, S. 175ff.; Wladimir Lossky, Schau Gottes (s. oben Anm. 25), sowie D. Tschizewskij, "Gab es im alten Russland Mystiker? ", in EvTh, Juni 1962, S. 304ff.

[48] Ich verdanke diesen Vergleich Prof. Albert Outler von der Perkins School of Theology, Dallas, in einem Gespräch über die allgemeine Beurteilung der Vergottungsthematik.

Einheit mit Christus interessiert. Weder waren Christologie noch Soteriologie voneinander getrennt, noch wurde die Christologie rekonstruiert aus einer Analyse der beneficia der Inkarnation. Die Anbetung des auferstandenen Christus im Gottesdienst versetzte vielmehr den Gläubigen in die Lage, in früheren Zeugnissen einen Hinweis auf denselben auferstandenen Christus zu erkennen, und sie öffnete die Augen des Gläubigen für die Hoffnung auf zukünftige Wiederherstellung und sogar auf "Vergottung," d.h. für die noch ausstehenden, endgültigen Taten Gottes mit den Menschen. Diese historische Perspektive spiegelt sich wider in der Struktur der Liturgie, wie sie noch heute in der östlichen Orthodoxie zelebriert wird. Zugegeben, die Architektur des Gottesdienstes repräsentiert allzu direkt die Vorstellung von einer *Heilsgeschichte,* als wären die Gläubigen imstande, vor den Augen des Glaubens die gesamte Geschichte Gottes mit seinem Volk zu reproduzieren oder sich zu "vergegenwärtigen." Es fehlt der Liturgie darum die Verbindung mit der Gegenwart; ihre Gesamtstimmung ist eher "himmlisch". Aber diese Vernachlässigung der Gegenwart mußte nicht notwendig aus der Anbetung des auferstandenen Christus folgen. Die Tatsache, daß sie es tat, geht z.T. zurück auf die ungelösten christologischen Formulierungen,[49] die in Richtung auf einen Doketismus drängten. Wenn wir dies Problem einen Augenblick lang beiseite lassen, können wir unsere Aufmerksamkeit auf den *theologischen Inhalt* richten − auf das Herz der Theologie, wie es bei den griechischen Vätern der "besten Tradition" zum Ausdruck kommt, auf die Einheit mit Christus. Gerade hier könnten wir heute von den griechischen Vätern lernen, ohne unsere berechtigte Kritik hintanzustellen. Der beste Teil der östlichen Tradition überrascht damit, daß er ohne einen Rechtfertigungsbegriff auskommt und auf detaillierte theologische Aussagen über die Gnade verzichtet. Es kann allerdings nicht bestritten werden, daß eine christozentrische Auffassung der neutestamentlichen Schriften streng durchgehalten wird und daß die Christologie selbst fest in der Auferstehung verankert ist. Die Betonung des *Christus praesens* in der Dogmatik *und* in den Liturgien macht dies unmißverständlich klar. Zudem sollte uns die Tatsache, daß die Inkarnation des Gott-Menschen und seine anhaltende Gegenwart im Gottesdienst *angebetet* wird, als ein Wunder und als ein *göttliches Geschenk,* davor warnen zu behaupten, ein Verständnis von Gnade sei hier abwesend. Die Abwesenheit einer ausformulierten Gnadenlehre impliziert in keiner Weise den Verzicht auf ein tatsächliches Wissen um Gnade. Im Hinblick auf die Rechtfertigung verhält es sich allerdings anders: hier können wir in der Tat in der östlichen Theologie einen Trend beobachten, von dem die westliche Kirche abgewichen ist.[50] Die östliche Tradition hat die

---

[49] Vgl. Memory and Hope, Kap. VI, bes. den Abschnitt "The Dilemma of Classical Christology", S. 202ff.

[50] Vgl. den instruktiven Aufsatz von K. Stendahl, "The Apostle Paul and the Introspective Conscience of the West" HThR, Vol. LVI, Juli 1963, S. 199ff.

paulinische Rede von der Rechtfertigung nicht aufgenommen, sondern hat — seit Irenaeus — die paulinischen Briefe im Licht der Passagen über den Geist interpretiert. Wenn wir, um die Intention der östlichen Tradition zu kennzeichnen, zwischen verschiedenen westlichen Termini zu wählen hätten, könnten wir sagen, daß der Terminus *Heiligung* die allgemeine theologische Atmosphäre gut umschreibt. Die große Akzentverschiebung nach der Zeit der Apologeten hin zu einem strenger christologischen Verständnis der Theologie und der Kirche (in Aufnahme Ignatianischer Gedanken) brachte ein Konzept vom Werk Christi hervor, das in der Aussage "Gott hat in Christus den Menschen in seinen Besitz genommen" gipfelte. Wenn es unserem westlichen Verständnis hilft, können wir dies als "Heiligung" bezeichnen. Von allen klassischen westlichen Theologen scheint Calvin diesem Ansatz am nächsten zu kommen. Der Nachdruck, den die östlichen Väter auf das *In-Besitz-Nehmen* Gottes von seinem Volk legen, liegt ganz auf der Linie des Alten Testaments, und wir werden uns allen Ernstes zu fragen haben, ob diesem Konzept vielleicht heute der Vorzug gegenüber der klassisch westlichen Betonung von "Rechtfertigung" gebührt. Jesus Christus, der *Pantokrator,* der "Urheber von allem", schafft eine Wohnstatt für sich selbst und tritt in einen menschlichen Leib ein — wie ein König, der in seine Stadt einzieht und in einem seiner Häuser wohnt. *Weil* er in *einem* Haus wohnt, sagt Athanasius in diesem berühmten Gleichnis,[51] "wird die ganze Stadt geehrt," und kein Feind würde es sich herausnehmen, sie in seinen Besitz zu nehmen. Wegen dieser Verbindung ($\kappa \alpha \tau \grave{\alpha} \ \tau \grave{\eta} \nu \ \sigma \upsilon \gamma \gamma \acute{\epsilon} \nu \epsilon \iota \alpha \nu$)[52] seines Fleisches mit dem der übrigen Menschheit ist der Mensch in seinen Besitz genommen. Der Eine steht für den Rest der Menschheit; und *nun* wird es klar, daß sich der Mensch nicht hätte selbst erlösen oder heiligen können. Das Wissen um die Unfähigkeit des Menschen, sich selbst zu retten, bildet *nicht* die Voraussetzung von Theologie und Gottesdienst, sondern *folgt* vielmehr theologisch aus dem Gottesdienst. Dies ist eine tiefe Erkenntnis, die Augustin nicht hatte.

Das Werk Jesu Christi — oder sein "Amt" (munus), wie es die traditionelle westliche Theologie nannte — ist seine fortwährende Fürsprache in priesterlicher Parakletfunktion, der zuliebe er die Einigung der Menschen mit sich, dem einzigen ganzen Menschen, herbeiführte. Seine Auferstehung wird angebetet als die Begründung seiner Herrschaft über alle Menschen, die nach und vor seiner Inkarnation lebten.[53] Die *Neuheit* und die *Ganzheit* dieses Einen Menschen,

---

[51] De Incarn., 9.
[52] Contra Arianos, II, 69.
[53] Vgl. ausser dem bereits genannten (Anm. 22) Aufsatz von G. Kretschmar die Hauptthese seiner Schrift Studien zur frühchristlichen Trinitätstheologie, Tübingen, J. C. B. Mohr, 1956: "... liegt der Ansatz der Trinitätslehre nicht primär in der Frage nach der Autorität des geschichtlichen Jesus von Nazareth, sondern in der Zuordnung des erhöhten Herrn zum Vater. Die Trinitätslehre ist zunächst von Ostern, von der Auferstehung aus notwendig geworden, nicht auf Grund der Inkarnation." (S. 219) "... im Grunde ist dies noch die Struktur unseres Parakletschemas. Vielleicht kann man sagen, dass die Trinitäts-

unmittelbar gegründet auf die einschlägigen neutestamentlichen Passagen, gilt als repräsentativ für die gesamte Menschheit, die durch sein wirkliches Kommen in Besitz genommen wird. Man kann natürlich einwenden, dieser Gedanke sei nur im Rahmen eines Begriffs von Wirklichkeit möglich, der logisch (und ontologisch) die Behauptung zuläßt, daß der Neue Mensch mit den Menschen vereint ist, die nach seiner Zeit und sogar davor lebten. Und es stimmt tatsächlich, daß nicht einmal der "beste Teil" der östlichen Tradition eine letztlich befriedigende Antwort auf dieses Problem zu geben wußte. Je mehr man, um dieses Problem zu lösen, mit einem Begriff von "Natur" arbeitete, desto unwichtiger wurde das *Werk* Christi. Während und nach den christologischen Konzilen begann die Theologie, Aufmerksamkeit mehr diesem Problem als der Frage der Christologie selbst zu zollen – eine Entwicklung, die wir schon festgestellt haben. Für unsere gegenwärtige theologische Situation kann die Christologie der griechischen Väter nur dann von Nutzen sein, wenn es uns gelingt, ihre statischen Begriffe in funktionale Termini zu übersetzen, die ursprünglich intendiert waren.

Die vorkonziliare Entfaltung der Christologie kam einem funktionalen Verständnis von Person und Werk Christi näher als die späteren dogmatischen Formulierungen. Zur Ehre der Antiochener könnte man feststellen, daß sie – ihren leicht einsehbaren Irrtümern zum Trotz – entschiedener als die Alexandriner die historisch-funktionalen Kategorien der frühen Tradition durchzuhalten versuchten. "Funktional" wäre eine Christologie, die in gleicher Weise dem Aufmerksamkeit schenkt, was der Westen später das "königliche Amt" (munus regium) und das "priesterliche Amt" (munus sacerdotale) nannte. Jede Trennung dieser beiden Aspekte, die für andere als didaktische Zwecke vorgenommen wird, erzeugt eine Spannung zwischen der Christologie "als solcher" und der Soteriologie. Dies aber war nicht die Intention der früheren Väter. Sie versuchten, von der Partizipation des Menschen[54] an der Neuheit Jesu Christi derart zu sprechen, daß 1. der auferstandene Jesus Christus als in seiner priesterlichen Aufgabe fortwirkend verstanden wird, und 2. die Kirche teil hat an Jesu Christi vikariatsmäßiger Funktion für die übrige Menschheit. Diese zweite Einsicht ging jedoch in den christologischen Kontroversen weitgehend verloren – trotz der ziemlich eindringlichen Formulierungen von Athanasius. Er hatte versucht, seinem christozentrischen Ansatzpunkt treu zu bleiben, indem er alle Aussagen über die Gläubigen, die neuen Menschen, auf Jesus Christus selbst, den Neuen Menschen projizierte. Allein der Neue Mensch war dem Vater gehorsam, und die neuen Menschen partizipieren an seinem Gehorsam. Er allein antwortete dem Vater; er allein ist Priester. Andererseits

---

lehre des Ostens stärker der Struktur des Gebetsschemas folgt, und das trinitarische Denken des Okzidents sich mehr an der Taufe orientiert hat." (S. 220); S. insgesamt S. 125ff.

[54] Vgl. T. F. Torrance, op.cit. (s. oben Anm. 22), "The Mind of Christ in Worship, The Problem of Apollinarianism in the Liturgy", S. 139–214, zur Thematik der Partizipation und der "presentation 'of the mind of Christ' to the Father", bes. S. 151ff. und 204ff.

jedoch ist allein er Gottes Liebe, Wille, Ruf und Forderung an die Menschen. So bereitete Athanasius den Boden für eine Theologie, die die Akzente von Anselm und Abaelard in einem vereinigen könnte. Angeregt durch ihn könnte man auf die einladende Möglichkeit zurückkommen, das stellvertretende Werk Jesu Christi zu verstehen, ohne von der fragwürdigen Vorstellung einer "Imputation" Gebrauch zu machen. Überdies kann diese Möglichkeit vielleicht dazu verhelfen, eine Theologie zu entfalten, in der Christologie, Soteriologie und Pneumatologie nicht voneinander getrennt sind: sie gelten als drei Aspekte ein und desselben Themas, zusammengehalten durch den *Christus praesens* im Gottesdienst.[55]

In Übereinstimmung mit unsern Überlegungen über Schrift und Tradition[56] haben wir hier versucht, ein Verständnis der griechischen Väter zu vertreten, das sie in ihrem Verhältnis zu ihrer eigenen Vergangenheit und ihrer gegenwärtigen Situation beurteilt und das ihre Intention ernst nimmt – auch wenn ihre Gedanken problematische Entwicklungen eingeleitet haben mögen. So haben wir zunächst drei typisch westliche Kritiken diskutiert – die erste bezogen auf das gnostische Rahmenwerk, die zweite bezogen auf das Problem der Ontologie und die dritte auf Erlösung und Vergottung. Wir haben eingeräumt, daß Kritiken und Vorbehalte gerechtfertigt und notwendig sind. Aber wir haben den Gedanken erwogen, daß ein Teil der Theologie der griechischen Väter vor den orthodoxen Konzilen "orthodoxer" war als danach. Darüberhinaus erschien es legitim, eine Einteilung der Väter in drei Kategorien vorzunehmen; dies versetzte uns in die Lage, im Gegenüber zum Hauptteil der theologischen Produktivität der griechischen theologischen Tradition von ihrem "besten Teil" zu sprechen. Innerhalb dieses "besten Teils" meinten wir, auf theologische Einsichten gestoßen zu sein, die später nicht allgemein von der westlichen Kirche aufgenommen wurden und die in unsern zeitgenössischen theologischen Diskussionen einen nützlichen Dienst erweisen könnten. Es sind:

1. der Nachdruck auf Gottesdienst und Gebet, in welche die Theologie eingebettet ist, wobei Aussagen über Jesus Christus, das Heil und die Kirche zusammengehalten werden;
2. die Einsicht, daß Jesus Christus das Ganze der Geschichte und des Kosmos umfaßt, so daß eine Trennung zwischen dem "historischen Jesus" und dem auferstandenen Christus – oder, in westlich dogmatischer Parallele: zwischen "Natur" und "Gnade" – nicht sinnvoll ist;
3. die Bekräftigung (mit dem unglücklichen Begriff "Vergottung"), daß die gegenwärtige christliche Existenz des Gläubigen nicht das Ende der Geschichte bildet, sondern daß die Kirche vorwärts schaut in der Hoffnung auf Gottes endgültige Taten;

[55] Einen Ansatz dazu sehe ich in dem schönen Buch von Nikos A. Nissiotis, Die Theologie der Ostkirche im ökumenischen Dialog, Kirche und Welt in orthodoxer Sicht, Stuttgart, Evangelisches Verlagswerk. 1968.
[56] S. Memory and Hope, Kap. I.

4. die Abwesenheit individualistischer Kategorien;
5. der Nachdruck auf die Einheit mit Christus dergestalt, daß die Gläubigen an der fortwirkenden Priesterschaft Christi partizipieren.

DIE LAST DES AUGUSTINISCHEN ERBES*

Den heute in Europa so üblichen Klagen über die Hilflosigkeit, Zerrissenheit und Verstrickung im Methodischen der Theologie entsprechen in Amerika die fast empörten, sich distanzierenden, oft ins Hochmütige abgleitenden Äußerungen der Theologen über die Irrelevanz der Kirche. Man mag die europäischen Theologen ihrer relativen Bescheidenheit wegen loben, ihre Kritik auf sich selbst oder wenigstens auf ihre Fachgenossen zu beschränken, und man mag die amerikanischen Theologen rügen, ihre eigentlich typisch angelsächsische Solidarität mit der Kirche neuerdings preisgegeben zu haben. Man kann aber auch umgekehrt die europäisch-theologische Isolierung von der Kirche als bedrückend und provinziell empfinden, da ja tatsächlich die Mehrzahl der neueren Publikationen ein "methodologisches Karussell" darstellen, das weder den außenstehenden Theologen noch das ernsthafte Gemeindeglied sonderlich interessiert. Von dieser Seite aus geurteilt müßte die neuerliche Haltung der nahezu antikirchlichen theologischen Intellektuellen in Amerika als verdienstlich erscheinen, weil dadurch wenigstens die Möglichkeit zur produktiven Spannung zwischen Theologie und Kirche offen bleibt. Wie man die Unterschiede zwischen der europäischen und der amerikanischen theologischen Situation auch im einzelnen beurteilen und vergleichen mag, es scheint doch auf beiden Seiten des Atlantiks klar geworden zu sein, daß wir uns in einer großen Hilflosigkeit befinden. Wir sind wieder auf die Anfänge zurückgeworfen, ähnlich wie in der Musik, wo man die Kompositionen aus der Zeit vor Arnold Schönberg als "neo-barock" empfinden zu können meint. Aber wir können uns noch keines neuen Anfangs rühmen.

Tatsächlich scheinen viele der jüngeren Theologen den Vätern der Kirche und den Autoren der neueren Zeit höchstens mit historischem Interesse zu begegnen, während sie die Positionen der Theologen der dreißiger Jahre, also der Bekennenden Kirche, zwar als bewundernswert, aber zu naiv "kirchlich" und darum nicht als nachvollziehbar empfinden. Sie verschreiben sich darum scheinbar modernen Ansätzen. Das Bewußtsein vom Ende der konstantinischen Epoche und die Fragwürdigkeit der landeskirchlichen Struktur mindestens der deutschsprachigen Kirchen mag viel zu dieser Unsicherheit beigetragen haben. Man hat mit großer Ehrlichkeit, aber nicht ohne sich auch dessen zu rühmen, das auf dem Kontinent schon immer übliche Gespräch mit der Philosophie bis auf die Spitze weitergetrieben, und auch in Amerika ist dieses Gespräch entgegen der mit Francis Bacon beginnenden angelsächsischen Tradition der Trennung von Philosophie und Theologie durchaus in Gang gekommen. So werden also mit großem Ernst Fragen der Erkenntnistheorie, aufs neue auch

* Erschienen in Parrhesia, Karl Barth zum achtzigsten Geburtstag, Zürich, EVZ-Verlag, 1966, S. 470–490. Aus dem Kapitel "Concentration on Justification in Western Theology" des in Anm. 1 genannten Buches sind hier einige zusätzliche Belegstellen dem Text des Festschriftbeitrags angefügt, ausserdem wurden einige Anmerkungen zugefügt.

wiederum der Ontologie, und im Zusammenhang mit beiden, Fragen der Sprache und Sprachlichkeit verhandelt, ganz zu schweigen von den damit zusammenhängenden oder damit vermischten Problemen der Geschichte und Geschichtlichkeit, die ja noch ein unverarbeitetes Erbe aus dem neunzehnten Jahrhundert sind.

Aber diese scheinbar modernen Ansätze, die den völlig neuen Aufgaben von Theologie und Kirche entsprechen wollen, sind so neu nicht wie sie sich geben möchten. Im Gegenteil, etliche der neuen Ansätze zeigen eine Verengung und Verwestlichung der Theologie, die wir uns angesichts des Kontaktes mit den orthodoxen Kirchen des Ostens und im Bewußtsein des Endes der konstantinischen Epoche überhaupt nicht leisten dürfen. Der geforderten "Offenheit zur Welt" ist nicht dadurch Genüge getan, daß philosophische Probleme an den Anfang der theologischen Überlegungen gestellt werden. Die theologischen Antworten auf philosophische Fragen werden nur umso magerer und enttäuschender ausfallen. Die Geschichte des fruchtlosen und unnötigen Versuches, die Subjekt-Objekt-Spaltung zu "überwinden", mag als Beispiel dienen. Im folgenden[1] soll nun die Behauptung aufgestellt und wenigstens teilweise begründet werden, daß die nur scheinbar modernen und den heutigen Menschen so ernst nehmenden theologischen Bemühungen in Wahrheit eine Verlängerung der typisch westlichen Konzentration auf die Rechtfertigungslehre und in ihrer individualistischen Fassung damit ein Teil der Last des augustinischen Erbes sind. Der Rückfall in den Augustinismus in Teilen der neueren europäischen Theologie (bei den Angelsachsen hat der Augustinismus eine fast ungebrochene Geschichte) steht im Widerspruch zu Karl Barths theologischem Werk, im Hinblick auf die Rechtfertigungslehre also im Widerspruch zu KD IV, 1. Denn dort ist das Wagnis vollzogen, in Aufnahme des Themas von A. Ritschl, aber auch im Gegensatz zu ihm, der Rechtfertigung ihre absolut zentrale Stellung und fast unvermeidlich individualistische Prägung abzusprechen. Die Einordnung der Rechtfertigung in die Versöhnungslehre, d.h. also die strenge Überordnung des Versöhnungswerkes Christi über die Rechtfertigung des Einzelnen, ermutigt auch uns hier zu einer kritischen Darstellung der Fäden, die von Augustin her über Luther zu Bultmann und Ebeling führen. Warum aber ist Barths Einsicht in die "drei Gestalten der Versöhnungslehre" in der heutigen Diskussion nicht wirksamer geworden? Sie hätte doch die neo-augustinische

---

[1] Dieser Aufsatz ist eine Umarbeitung eines Vortrags, der im Dezember 1964 vor den theologischen Fakultäten in Rostock und Greifswald gehalten wurde, und zugleich Teil von Kap. III eines Buches, das unter dem Titel "Memory and Hope" bei Macmillan Company, New York, 1967 erscheinen wird.

Mit Bewegung liest man die Worte des alternden Harnack in der Einführung zu seiner Sammlung augustinischer Gedanken, Augustin, Tübingen, 1922, S. XXIII, wo er sagt, dass die Grausamkeiten des Weltkriegs uns nicht verwirren sollten: die Zivilisation und ein neuer "Augustinismus" trügen einzig dazu bei, einen "christlich-augustinischen" Bund der Gerechtigkeit und des Friedens zu schaffen. Dies und sonst nichts würde uns zur wahren Freiheit führen!

Konzentration auf den *Glauben* verhindern können, die heute die Theologie so stark bestimmt, daß auch der dadurch weitgehend ersetzte Jesus Christus zu einem "Zeugen des Glaubens" degradiert worden ist. Offenbar haben Barths Leser seine in vielem "altmodische" und in manchem formelhafte systematische Sprache mit der wirklich platonisierenden Denkweise der zwar bewunderten, aber, wie gesagt, für naiv angesehenen Bekenntnistheologen der dreißiger Jahre verwechselt und gleichgesetzt. Sie haben damit das wirklich "Moderne" gegenüber dem scheinbar radikal Neuen nicht wahrgenommen. So haben denn sogar Kritiker der existentialen Interpretation und der damit verbundenen, auf schmaler Basis ruhenden systematischen Theologie sich nicht gescheut, vom "Platonismus" Barths zu sprechen. Außer W. Pannenberg gehört O. Weber zu diesen Stimmen[2]. Tatsächlich fällt es dem *voreingenommenen,* jüngeren Leser nicht leicht, Sätze wie "Der Weg des Sohnes in die Fremde" unkritisch nachzusprechen. Es fragt sich nur, ob die als Alternative gepriesene und angeblich nicht platonische Theologie *inhaltlich* weniger einer philosophischen Denkweise verpflichtet ist als die zugegebener Weise dem alten theologischen Realismus nahestehende Sprach*form* Karl Barths. Im folgenden soll deutlich gemacht werden, daß gerade das Umgekehrte der Fall ist.

Wenn wir aus den zwar scharfsinnigen und ehrlichen, aber sich im Kreis drehenden hermeneutischen Methodenüberlegungen herauskommen wollen; wenn wir an der Auslegung des Neuen Testament die gleiche Freude gewinnen wollen, wie sie uns die Alttestamentler bereits demonstrieren; wenn wir den westlich-theologischen Provinzialismus ernsthaft zu überwinden bemüht sind; wenn wir die Trennung zwischen Denken und Beten, zwischen Gelehrsamkeit und Frömmigkeit beseitigen möchten; kurz, wenn all die Mühen der theologischen Väter und die Plagen und Langeweilen unserer gegenwärtigen Diskussionen nicht umsonst gewesen sein sollten, dann müssen wir das augustinisch-westliche Erbe radikal aufs neue kritisch überprüfen. Diese Pflicht läuft parallel zu der allgemeinen Aufgabe im Westen, die Hintergründe und den Weg unserer Kultur kritisch zu überprüfen, wenn wir unser Dasein gegenüber dem Osten und den jungen Nationen, auch zu deren Gunsten, noch rechtfertigen und bewahren wollen.

I.

Die augustinischen Kategorien. Augustin ist der Vater der westlichen Theologie. Er steht am Anfang der westlichen Isolierung gegenüber der Theologie und Kirche des Ostens. Mit ihm setzt die Trennung zwischen Ost und West ein, die heute politisch-kulturelle Realität ist. Augustins Lebenszeit fällt in die Periode,

---

[2] O. Weber, Grundlagen der Dogmatik, II, Neukirchen, 1962, S. 172, 184 etc.

in der der Beginn des politischen Endes der Antike spürbar wurde.[3] Er wurde 100 Jahre nach dem Tod des Origenes geboren und starb ein Jahr vor dem Konzil von Ephesus und 21 Jahre vor Chalcedon. Er lebte also während des Endes des arianischen Streites und während der großen christologischen Auseinandersetzungen zwischen Alexandria und Antiochia. Aber davon ist in seinem Werk nicht viel zu spüren. Ihn bewegten andere Fragen. Und doch ist ihm nachgerühmt worden, das griechisch-theologische Erbe und die Anfänge der jungen westlichen Theologie genial zusammengefaßt zu haben. Wir werden uns fragen müssen, ob dieses Urteil zutrifft. Gewiß ist jedenfalls, daß die Nachwirkung Augustins im Mittelalter, in der Reformation und in der Neuzeit gar nicht hoch genug eingeschätzt werden kann.[4] Dabei ist freilich im Positiven, besonders aber im Negativen zwischen Augustin und dem Augustinismus zu unterscheiden. Denn man wird kaum sagen können, daß das Mittelalter Augustin umfassend verstanden habe, ganz abgesehen von der relativ geringen Zahl seiner Schriften, die im Mittelalter bekannt waren. Trotz dieser Einschränkung kann man schon sagen, daß Augustin für die spätere westliche Theologie eine Quelle der Kenntnis der griechischen und frühen lateinischen Theologie gewesen sei. Die dabei entstandenen Zerrbilder können nur teilweise dadurch erklärt werden, daß Augustins Kenntnisse der griechischen Texte begrenzt waren und daß im Mittelalter die griechische Sprache im Westen ohnehin weithin verlorengegangen war. Weit bedeutender ist die erdrückende Wirkung der augustinischen Denkkategorien selbst gewesen. Sie haben in der Form der Übernahme oder der kritischen Reaktion das Thema der mittelalterlichen und auch weitgehend der reformatorischen Theologie bestimmt. Grundlegend ist geblieben, daß Augustin das Korporative vom *Individuellen* her verstand, daß sein Weltbild *neuplatonisch* war, sein Verständnis der Sprache zur *Symbolik* drängte, seine Auslegungskunst die Bibel *sakral* und allegorisch auffaßte, und daß seine Vorstellung von Zeit und Geschichte einem *zeitlos*-mathematischen Begriff von Gott Raum gab. Dazu kommt, daß er die Liebe *aristotelisch* rationalisierte, also vom potentiell Liebenswerten her definierte, und daß darum Jesus Christus in der theologischen Sicht des Haushaltes Gottes nicht viel mehr als eine *Hilfsfunktion* zugeschrieben bekam, eine Weichenstellung, deren Einfluß auf die mittelalterliche Theologie ganz deutlich ist. Schließlich bleibt noch aufzuzählen, daß seine Prädestinationslehre und Ekklesiologie deutlich *dualistisch*-manichäische Elemente enthält. Diese Kategorien sind mannigfacher Modifikationen und Kombinationen fähig und bildeten mindestens den Rahmen, in vielem aber den Inhalt der augustinischen und späteren

---

[3] Vgl. H. v. Campenhausen, "Augustin und der Fall von Rom", in Tradition und Leben, Tübingen 1960, S. 253ff.

[4] C. Andresens Bibliographie, abgedruckt in Zum Augustin-Gespräch der Gegenwart, hg. Carl Andresen, (=Wege der Forschung, Bd. V), Darmstadt 1962, S. 459–583, bietet allein 263 Titel von Arbeiten über die Nachwirkung Augustins. S. jetzt auch die grosse Sammelbesprechung Rudolf Lorenz, "Zwölf Jahre Augustinusforschung (1959–1970)", in sieben Folgen der ThR 38, 4 (Mai 1974) bis 40, 3 (August 1975).

westlichen theologischen Arbeit. Unser Interesse richtet sich besonders auf den Begriff des zeitlosen Gottes und die mit ihm koordinierte Sehnsucht des Einzelnen nach Überwindung von Welt und Geschichte, d.h. also nach individueller Befreiung aus der Not der Weltbewältigung.

II.

Augustins Rezeption antiker Philosophie und griechischer Theologie. Man hat Augustins Werk mit einer Linse verglichen, in der sich die Strahlen griechischer und lateinischer Theologie trafen, um von hier aus aufs neue die spätere Theologie zu beleuchten. Augustin sei der letzte Kirchenvater gewesen, der die Weisheit von Ost und West zu vereinigen gewußt habe. Aber ist dieses Urteil richtig? Hat Augustin nicht vielmehr griechische Philosophie mit lateinischer Ekklesiologie kombiniert, ohne das Herzstück griechischer Theologie aufgenommen zu haben? Die Antwort auf diese Frage ist wichtig, denn es waren doch gerade die neuprotestantischen Theologen der letzten Generationen, die uns glauben machen wollten, die griechischen Väter seien dem Neuplatonismus zum Opfer gefallen, während Augustin das paulinische Evangelium wiederentdeckt habe! Diese Meinung ist noch heute weit verbreitet. Es wäre eine Ironie der Geschichte, wenn neuere, kritische Forschung herausfinden sollte, daß es Augustin war, der den getauften Neuplatonismus im Westen heimisch machte, während die griechischen Väter, bis heute durch die Brille des Augustin in Verzerrung gesehen,[5] einen Schatz bewahren, den es erst noch zu heben gilt.

Augustins Theologie zeigt in all ihren Entwicklungsstufen[6] die Einflüsse, unter denen der große Geist ein Christ und ein Theologe wurde, und die er zu verarbeiten suchte, von denen er jedenfalls dachte, sie verarbeitend überwunden zu haben. Die Forschung[7] ist sich schon lange über die drei folgenden Einflüsse einig, wobei allerdings der Grad der Bedeutung jedes einzelnen Einflusses umstritten ist. Man nennt *erstens* die Weltstruktur der *aristotelischen* Physik, die Augustin, allerdings schon im Klima des Neuplatonismus, dergestalt aufnahm, daß auch ihm die Seinspyramide mit der stofflosen Form an der Spitze und dem formlosen Stoff an der Basis zeitlebens wichtig blieb.[8] Die

---

[5] B. Altaner hat das Verdienst, in 14 gelehrten Arbeiten Augustins Beziehung zur griechischen Patristik erforscht zu haben, s. Andresens Bibliographie S. 532; eine Zusammenfassung bietet Altaner in Rev. Bén. No. 62, 1952, S. 201ff.

[6] Vgl. den noch immer unübertroffenen Aufsatz von Karl Holl, "Augustins innere Entwicklung", in Gesammelte Aufsätze zur Kirchengeschichte, III, Tübingen 1928, S. 54–116. S. auch W. v. Loewenich, Augustin – Leben und Werk, München/Hamburg, 1965, (Siebenstern Nr. 56).

[7] Vgl. die elf Beiträge in Zum Augustin-Gespräch, besonders die von Pierre Courcelle und Erich Frank.

[8] Vgl. Rudolf Schneider, Seele und Sein, Ontologie bei Augustin und Aristoteles, Stuttgart 1957, der Augustins Abhängigkeit von Aristoteles' Begriffen der Analogie, von

nach unten ziehende *gravitas* übersetzte er in theologische Sprache und meinte die Tendenz alles Seienden zum Nicht-Sein hin erkannt zu haben. So wird auch der Fall des Menschen als ein Hinuntergleiten in eine niedrigere Seinstufe verstanden, so daß Sünde nicht als Mangel sondern als seinsmäßige Degradierung definiert werden muß. Nur eine nach oben wirkende *gravitas*, theologisch *caritas*, kann den Menschen wieder aus dem Status der gefallenen Menschheit der *massa perditionis*, emporheben. Die eschatologisch erwartete Fähigkeit des *non posse peccare*, die keinen neuen Fall zuläßt, bedeutet zugleich die endgültige Abkehr von der *concupiscentia carnis*. Aber fast wichtiger als diese ontologische Überlegung war Augustin das existentielle Interesse am *Erlangen* der *caritas*. Die philosophische Frage aus Ciceros Hortensius: wie kann ich bleibendes Glück erlangen? wurde von Augustin übernommen und christlich-neuplatonisch beantwortet. Karl Holl spricht darum vom "eudämonistischen Grundzug" und von der "Einstellung des ganzen Strebens auf das eigene Selbst" bei Augustin.[9] Aber die Voraussetzung für diese Frage ist die Einsicht in die eigene Not und Verlorenheit. Die Erkenntnis der menschlichen Sünde ist die Voraussetzung für den Hunger nach Rettung und also für den christlichen Glauben. So sehr Augustin auch den platonischen Optimismus hinsichtlich der Fähigkeit des Menschen zur Selbstverbesserung ablehnt,[10] so gelangt platonisches Gedankengut doch wieder durch die Hintertür in das System Augustins, wenn er bekräftigt, daß es in der Natur eines jeden Menschen läge, gerettet und aus der Welt herausgenommen werden zu wollen.[11] Man kann diese Grundfrage Augustins nach ewigem Glück und bleibender Rettung als die Entdeckung des "westlichen Persönlichkeitsbegriffs" preisen, wie es oft geschehen ist, man kann aber auch umgekehrt — und dies ist ein theologisches Urteil — beklagen, daß mit dieser Zentralfrage das Schönste und Tiefste der griechischen Väter entstellt wiedergegeben worden ist. Von nun an kann der Westen kaum mehr der Versuchung widerstehen, die Soteriologie anthropologisch beginnen zu lassen. Die Linien zur reformatorischen Frage nach der Rechtfertigung des Einzelnen und zur modernen Theologie der "Begegnung" lassen sich ohne allzu große dogmengeschichtliche Waghalsigkeit ziehen.

Zweitens hat man mit Recht auf den *manichäischen* Einfluß im Denken Augustins hingewiesen.[12] Die Sekte, zu der Augustin acht Jahre lang gehörte, war zwar durch einen christlichen Manichäismus bestimmt, aber er hat dort doch mit der versuchlichen Idee des Dualismus Bekanntschaft geschlossen, der

---

Potenz und Akt, von den Kategorien und von den vier Ursachen dartut. Vgl. den Sammelband Metaphysik und Theologie des Aristoteles, hg. F.-P. Hager, (= Wege der Forschung, Bd. CCVI), Darmstadt, 1969.

[9] Op.cit., S. 111, vgl. *Enchiridion* 26ff., 64ff.

[10] z.B. *Ad Simplicianum;* und *De civitate Dei*, XXI, 12 etc.

[11] *De civitate Dei*, XIV, 11 und 13, passim und *Enchiridion*, 25, passim.

[12] Zuletzt A. Adam, "Der manichäische Ursprung der Lehre von den zwei Reichen bei Augustin", ThLZ, No. 77, 1952, S. 385ff., und "Das Fortwirken des Manichäismus bei Augustin", ZKG, No. 69, 1958, S. 1ff.

ihm half, seine ethischen Probleme zu lösen, während er ihn philosophisch unbefriedigt ließ. Er ließ aber auch später nie davon ab, auf geniale Weise die scheinbar monistische Grundhaltung der Popularphilosophie mit dem dualistischen Zug, den er von den Manichäern aufnahm, in Verbindung bringen zu wollen. Ob ihm die Vereinigung dieser entgegenlaufenden Linien gelungen ist, also die Harmonie zwischen seiner Prädestinationslehre und dem Rest seiner Theologie, ist von den Interpreten verschieden beurteilt worden. Gewiß ist, daß seine philosophische und nicht-christologische Prädestinationslehre gegen Ende seines Lebens eher noch an Gewicht gewonnen hat. Und ebenso sicher ist, daß die spätere Theologie ihn darin nicht verstanden hat. So führte das Problem des Dualismus in der späteren Geschichte ein vielfältiges Dasein, teils in der schroffen Unterscheidung zwischen dem *Corpus christianum* und der "Randwelt," den Nichtchristen, teils in der inner-europäischen Unterscheidung zwischen den Funktionen von Kirche und Staat, geistlichem und weltlichem Stand, und schließlich in Luthers Kategorien von "Christ-Person" und "Welt-Person." Augustin selbst konnte den vom Manichäismus kommenden Gedankenkomplex nicht aufgeben, weil ihm dadurch der Zugang zur Realität der Welt und der Geschichte ermöglicht wurde. Da wir heute über ganz andere Brücken zur Realität der Welt und Geschichte gelangen, erhebt sich ganz neu die Frage, ob wir uns nicht von dem traditionell dualistischen Element in der Theologie dispensiert wissen dürften. Wir brauchen die manichäische Korrektur nicht mehr. Trotzdem verfährt man heute noch vielfach so, als sei die Korrektur, deren Augustin bedurfte, auch für uns die einzige Alternative. Die "Überwindung der Geschichte," die Bultmann im letzten Kapitel seiner Gifford Lectures über "Geschichte und Eschatologie" als individuelle Verheißung für den Gläubigen preist, sowie die von Bultmann herrührende Ideologie des "Aushaltens der Welt" zeigt diesen Rückfall in den Augustinismus.

Noch tiefgreifender aber ist *drittens* Augustins Verchristlichung des *Neuplatonismus*.[13] Während die besten der griechischen Väter — und das "Beste" liegt zeitlich vor den orthodoxen Konzilen — sich des Neuplatonismus als einer Sprache bedienten, die von ihren Nachfolgern und von den Gelehrten des

---

[13] Hier genügt der Hinweis auf Pierre Courcelle, "Die Entdeckung des christlichen Neuplatonismus", in Augustin-Gespräch S. 125ff., der Ambrosius die Vermittlerrolle für Neuplatonismus und Evangelium zuschreibt. Vgl. die naive Rechtfertigung des "christlichen Neuplatonismus" bei Paul Henry, SJ, "Die Vision zu Ostia", ebd. S. 201–270. In der Generation vorher hatte Harnack auf Augustins Platonismus hingewiesen, auch P. Alfaric, und Ch. Boyer (1920) hatte sich dagegen verwahrt. W. Theiler (1933) hatte Augustins Kenntnis des Plotin bestritten, während P. Henry sie zu beweisen sucht. Öfters wurde von zwei Bekehrungen gesprochen, einer zum Neuplatonismus und der andern zum christlichen Glauben. W. v. Loewenich nennt eine dritte Wendung, zur Eschatologie hin. — Vgl. auch Thomas Wassmer, S. J., "The Trinitarian Theology of Augustine and his Debt to Plotinus", in HThR, 53, 1960, Nr. 4, S. 261ff., eine Analyse von Augustins hohem Lob des Plotin, einem Lob, das "knows no limits" (S. 268) und das Plotin als *"consonans evangelio"* des Johannes erklärt; nur seine Nachfolger hätten die Reinheit seiner Philosophie pervertiert.

neunzehnten Jahrhunderts mit dem Inhalt ihrer Theologie leichtsinnig gleichgesetzt worden ist, besteht kein Zweifel, daß Augustin die zentralen Stücke des
Neuplatonismus absichtlich zum Inhalt seiner Theologie gemacht hat.[14] Freilich
bestehen Unterschiede zwischen seinen frühen philosophischen Werken und *De
doctrina christiana* oder *De civitate Dei,* aber Augustin hört "niemals" auf,
"Platoniker und Philosoph zu sein."[15] Wenn der Vergleich erlaubt ist, so
könnte man sagen, daß Augustin während seiner Lebenszeit den Weg von
egoistisch-introspektiver philosophischer Religiosität zur intoleranten Kirchlich-
keit durchschritten hat, die schließlich in der kalten Prädestinationslehre und
greulichen Schilderung des Schicksals der Verlorenen ihren Höhepunkt fand,
während die jüngeren, nach-Barthschen Theologen der Gegenwart von einer
lehrmäßig wohldefinierten Konzeption der Kirche und ihrer Bekenntnisaufgabe
herkommen und nun von ihrer Freiheit Gebrauch machen, indem sie sich mit
Leidenschaft der "reinen Menschlichkeit," der Politik und den sozialen
Aufgaben zuwenden. Solche Bewegungen schließen nicht die Verneinung der
Ausgangspunkte ein. Augustin blieb seiner Ciceronischen Grundfrage treu, und
wir müssen hoffen, daß die jüngsten Bestrebungen in der Theologie nicht die
Loslösung vom reformatorischen Erbe bedeuten.

Am deutlichsten zeigt sich Augustins Neuplatonismus in der Frage nach dem
Sinn des Lebens. Die *Confessiones* und auch die Textwahl für die exegetischen
Schriften, das *Enchiridion* und andere dogmatische Werke, zeigen deutlich, daß
die *vita beata* das "Zentralproblem"[16] von Augustins Theologie geblieben ist.
Aber Augustin war intellektuell genug, um nicht in eine mystische Fassung der
visio beatifica abzugleiten.[17] Die Vorbereitung für die *visio Dei* ist — in ihren
plotinischen Stufen — eine *contemplatio rationalis,* die ein Angeld ist auf die
eschatologisch verheißene ewige Schau Gottes. Aber schon heute kann der
"christliche Intellektuelle," wie man Augustins Ideal nennen könnte, sich von
der Liebe zur Welt, ja sogar von der Liebe zu geliebten Menschen losreißen. Die
beiden Teile des Doppelgebotes der Liebe stehen bei Augustin in unglücklicher
Konkurrenz: denn nur Gott kann "genossen," d.h. wirklich geliebt werden,
alles Weltliche darf nur gebraucht und als Vorbereitung auf die *fruitio Dei*
benützt werden. So hat denn Augustin ganz konsequent Freunde fallen lassen,
deren Bekehrung ihm nicht gelang. Es liegt auf der Hand, daß die Anwendung
der psychologischen Kategorien *uti-frui* für die theologische Definition von der
Beziehung des Menschen zur Welt und zu Gott katastrophale Folgen zeitigen

[14] *Retractationes* I, 1, 4, und schon *Confessiones* VII, 9, 13, zeigen allerdings
Selbstkritik.
[15] So H. v. Campenhausen, Lateinische Kirchenväter, Stuttgart 1960, (Urban-Bücher
50), S. 169.
[16] So R. Lorenz, RGG, 3. Aufl. I, Sp. 743. Vgl. seine Studien "Fruitio Dei bei
Augustin", ZKG, No. 63, 1950, S. 75ff., und "Die Herkunft des augustinischen Frui Deo",
ZKG, No. 64, 1952/3, S. 34ff.
[17] Vgl. Ephraem Hendrikx, O. E. S. A., "Augustins Verhältnis zur Mystik" in Augustin-
Gespräch S. 271−346.

mußte. Die Ergebnisse kann man im Mittelalter finden, am deprimierendsten in der uns heute so völlig unverständlichen Verbindung von schwüler Mystik und abscheulicher Kriegshetze bei Bernhard.[18] Die Abwertung der Welt bei Augustin, mindestens in der Form der indirekten Gottesliebe durch das Medium des Mitmenschen hindurch, zeigt sich in der Entsprechung auch in seiner Hermeneutik,[19] nämlich in der Unterscheidung von *signum* und *res,* der auch gewisse Strömungen in der hermeneutischen Diskussion der Gegenwart verpflichtet sind. Man kann doch Augustins Hermeneutik, ohne ihm ungerecht zu werden, so zusammenfassen: nur *der* Teil und *der* Inhalt des Textes, der *zeitlos* gültig und je und je neu anwendbar ist, ist wichtig, gültig oder göttlich. Der zeitlose Gott regiert auch hier die theologische Reflexion.

Diese kurze Übersicht über die Rezeption antiker Philosophie bei Augustin erschöpft natürlich nicht die Analyse. "Augustinus Magister"[20] hat für (und gegen) die Kirche des Westens mehr getan als die bloße Sichtung und Verchristlichung philosophischen Erbes. Er interpretierte aufs neue und mit bleibendem Einfluß die katholische Tradition und bestimmte – durchaus im Willen und in der Überzeugung, ein biblischer Theologe zu sein – für die Zunkunft, was im Glauben des Einzelnen und der Kirche wichtig sei und was fallen gelassen werden konnte. Dies war eine genuin theologische Leistung, die unsern Respekt und unsere Bewunderung verlangt. Aber wir dürfen mit dem kritischen Fragen nicht nachlassen: welche Kriterien haben ihn veranlaßt, aus der östlichen und westlichen Tradition gerade *diese* und nicht andere Elemente aufgenommen zu haben? Harnack urteilte,[21] wohl ohne damit eine scharfe Kritik zu beabsichtigen, daß Augustins eigene *Frömmigkeit* das Kriterium gewesen sei, seine "Theorien" seien "z.T. nichts anderes als theoretisch gedeutete Stimmungen." Ein Vergleich zwischen Augustins früher Interpretation des Symbols, *De fide et symbolo* vom Jahr 393, und dem *Enchiridion* aus der Zeit von 421 oder danach, zeigt ihm die ungebrochene, traditionelle Haltung des Augustin. Es ist tatsächlich erstaunlich, daß Augustin dogmatisch-inhaltlich dem Alten nicht viel Neues hinzufügte, und doch hat man den Eindruck, in seiner Theologie sei dem Früheren gegenüber alles neu. Augustin hat für die Gläubigen, und das heißt zunächst für sich selbst, *völlig neue Kategorien für das Aufnehmen und Verstehen der katholischen Tradition geschaffen.* Seine Theologie ist also, um dem heutigen Sprachgebrauch zu folgen, *Hermeneutik.* Aber, so müssen wir weiter fragen, ist diese Hermeneutik nicht ganz zentral neuplatonisch bestimmt? Das mag zu einfach klingen, und

---

[18] Bernhard dirigierte 1147 einen Kreuzzug gegen die Wenden unter dem Motto "Bekehrung oder Vernichtung"!

[19] *De doctrina christiana,* III.

[20] Dies war der Titel des Internationalen Augustin-Kongresses in Paris, 1954.

[21] A. v. Harnack, Lehrbuch der Dogmengeschichte. 4. Aufl. III. Nachdruck Darmstadt 1964, S. 92f. Auch K. Holl spricht vom plötzlichen Geschmackswechsel vom platonischen ἔρως zur christlichen *caritas,* op.cit., S. 94.

man kann sich statt dessen auf Harnacks Betonung der "Frömmigkeit" zurückziehen. Aber auch dann bleibt die Frage: worin unterschied sich seine Frömmigkeit von der potinischen ὄψις μακαρία, der Vision des *trans-empirischen* und übernatürlichen *summum bonum?* Man muß zugeben, daß Augustins Theologie Intellekt und Gebet wunderbar zu vereinigen suchte. Aber war es wirklich das Gebet der *Kirche,* wie bei den östlichen Vätern, und nicht vielmehr das fromme Nachdenken und Sich-weggeben des gläubigen Individuums? Augustin dachte ja auch über die Kirche individualistisch: die vier *notae ecclesiae* garantieren, daß man in dieser Institution wirklich der *visio beatifica* — jetzt oder nach dem Tod — habhaft werden kann. Die Kirche existiert, damit die *fruitio Dei* geschehen kann.[22] Augustins Frömmigkeit konnte mit der Christologie der griechischen Väter nicht viel anfangen, obwohl er die Orthodoxie als solche nicht bezweifelte; er schrieb ja auch gegen die Arianer und Apollinarier. Mit diesem Mißverstehen der Griechen, das übers Mittelalter (Petrus Lombardus erwähnt sie kaum) bis in die Neuzeit typisch ist für die westliche Kirche, ist in der Theologie ein großes Unglück geschehen: die im Prinzip nicht angezweifelte Orthodoxie griechischer Christologie, deren spannende geschichtliche Hintergründe nicht mehr bekannt waren, konnte mit der westlichen Ekklesiologie nicht anders zusammengebracht werden als durch das *Bindeglied der individualistisch verstandenen Rechtfertigung.* Die Ausklammerung der Christologie, die im Osten doxologisch verstanden, aber bei Augustin nicht in die Frömmigkeit paßte, hat bewirkt, daß die mittelalterliche Theologie sich vornehmlich mit Gott, aber nicht mit Gott in Christus befassen mußte. Augustin hat dazu nicht nur den Anlaß sondern auch das Material geliefert. Auf diesem Hintergrund konnte später das Instrumentarium des Aristoteles umso nutzbringender sein und willig aufgenommen werden.

III.

Die ewige Kirche und der vorübergehende Christus. Wir fragen zunächst nach der Herkunft und Gestalt der Gnade bei Augustin. Man ist sich einig, daß der Begriff zuerst in *Ad Simplicianum* (396/7) in der Form erscheint, die auch vom späten Augustin noch vertreten wird. Gnade kommt ganz von Gott, und sie kommt nur zu den Erwählten. Sie schließt den freien Willen nicht aus, sondern ein.[23] Sie bestimmt den Willen des Menschen, ja der Wille ist das Empfangsorgan der Gnade. Die Verknüpfung von Erwählung und Gnade ist dergestalt, daß logisch gesehen die Rechtfertigung der Erwählung vorausgehen muß, da Gott in seiner Gerechtigkeit nicht dem Ungerechten seine Gnade zukommen lassen kann. Augustin hilft sich hier, wie E. Gilson es erklärt und verteidigt, mit

---

[22] *De civitate Dei,* XIX, 13.
[23] Vgl. Etienne Gilson, "Die christliche Freiheit", in Augustin-Gespräch, S. 399ff., und John Burnaby, Amor Dei, A Study of the Religion of St. Augustine, London 1947.

der Zeitlosigkeit Gottes: Gott sieht schon jetzt die Situation eines jeden Menschen voraus, d.h. er weiß, welche Einflüsse seinen Willen und seine Werke bestimmen werden, und darum kann er ihn im voraus erwählen, ohne daß dabei des Menschen freier Wille angetastet wird. "Die göttliche Prädestination ist also nichts anderes als die unfehlbare Voraussicht der zukünftigen Werke; in dieser Voraussicht bereitet Gott seinen Auserwählten die Umstände und die heilsamen Gnaden vor.[24] "In der Annahme, daß Gilsons Interpretation den wahren Augustin trifft (besser jedenfalls als gutwillige protestantische Auslegungen), können wir ernstlich fragen, ob es zutrifft, daß Augustin die pulinische Rechtfertigung wiederentdeckt habe. Gilson beginnt doch seine Studie mit dem Satz: "Welche Bedeutung der Gnade zukommt, läßt sich nur von den Übeln her begreifen, deren Heilmittel sie ist."[25] Freilich hat Augustin nicht gelehrt, daß die Gnade verdient werden könne. Aber seine komplizierten Umwege und Spekulationen beseitigen doch nicht den sicheren Satz, daß Gott nicht den Ungerechten sondern den Gerechten gerecht spricht. In dieser verkürzten Weise hat dann auch das Mittelalter Augustin verstanden, und nicht völlig zu Unrecht, denn Augustin war wesentlich mehr am Effekt der Gnade als an der Definition ihrer Herkunft und ihres Geschehenseins in Christus interessiert. Der Schritt zur *infusio* eines neuen *habitus* war von Augustin vorbereitet. Die folgende Gedankenkette faßt das Ganze zusammen: Gnade kommt von Gott als Lebenskraft, deren Verständnis und Annahme die Erkenntnis der Sünde und des Bösen voraussetzt; diese Erkenntnis wiederum setzt die radikale Lehre von der *massa perditionis* voraus, die an der Einsicht in den Fall Adams hängt; die Bedeutung des Falles aber kann nur im Licht der Prädestination gesehen werden; diese aber setzt die Rechtfertigung voraus, die nur verstanden werden kann, wenn Gott als höchstes Gut begriffen wird. Das aber war der neuplatonische Ansatzpunkt. Die Rechtfertigung selbst kann durch eine weitere Kette beschrieben werden: Gott weiß im voraus, in welcher Situation jeder Mensch sein wird; er weiß, welche Faktoren seinen freien Willen bestimmen werden; und der Mensch wird von Gott in diesen günstigen Umständen bewahrt werden und genießt dabei die Illumination der Gnade als Hilfe; der Mensch wird dann tatsächlich die Werke vollbringen, die Gott gefallen; Gott wird dann in diesem Menschen die wahre Liebe und *humilitas Christi* erkennen; die "läßlichen Sünden" werden ihm vergeben, und vor den tödlichen wird er bewahrt werden als einer der Erwählten, der bis in alle Ewigkeit Gott schauen darf und dessen Seligkeit durch das Wissen um die Leiden der Verdammten nur noch vergrößert wird.

---

[24] E. Gilson, op.cit., S. 423.
[25] Ebd. S. 399. Vgl. Augustins eigene Auseinandersetzung mit dem Problem der Partizipation an der Sünde Adams und der Erkenntnis der Gnade, z.B. *De civ.Dei,* XXI,12 und schon *De moribus ecclesiae catholicae* vom Jahr 388, Kap. 1, 19, 35, 40, passim; auch *Enchiridion* 26, 27, 33, 108, passim, sowie *De spiritu et littera,* passim.

Dies alles ist die theologische Antwort auf die Frage des Menschen, wie er aus seinem Elend herauskommen könne. Die Notsituation erheischt eine Antwort, die das Evangelium dann auch gibt. Die Parallele zu Strömungen in gegenwärtiger Theologie und (besonders amerikanischer) Popularfrömmigkeit sind offensichtlich. Dazu kommt noch die der Zeitlosigkeit Gottes und des Rettungsvorgangs entsprechende *Unsicherheit,* ob Gott es nun auch wirklich mit *mir* so meint. Denn im letzten ist Augustins Gnadenlehre trostlos, da der Mensch die Überwindung der Welt und den Aufschwung zur *fruitio Dei* immer neu wiederholen muß. Die festeste Gewißheit bleibt immer die der Sünde und des Gefallenseins. *Die Sünde ist das Verbindende zwischen den Menschen,* und diejenigen, die sich zur Einsicht der Notwendigkeit ihrer Überwindung zusammengefunden haben, bilden die Kirche. Dort in der Kirche steht ihre Bewahrung unter optimalen Bedingungen, zugleich exklusiver Art, weil außerhalb der Kirche kein Heil ist.[26] Aber ob das Heil wirklich in der Kirche ist, bleibt ungewiß. So bleibt den Gläubigen nichts als die stets ernstere und ständig zu wiederholende Einübung in der *humilitas,* die am Modell der *humilitas Christi* orientiert ist: Jesus als "Zeuge des Glaubens!" Das "Herz bleibt unruhig" gegenüber dem ganz in sich selbst ruhenden und zeitlosen Gott.[27] Es ist die Tragik dieser mit dem Individuum beginnenden Theologie, daß letztlich das Individuum allein gelassen wird.[28]

Umso definitiver sind die Aussagen Augustins über die Kirche. Man könnte die Theologie Augustins nachzeichnen und in ihren Hauptstücken erfassen, ohne Christus viel zu erwähnen, nicht aber ohne auf die Kirche größtes Gewicht zu legen. Die Kirche ist für ihn die in die Gegenwart zurückprojizierte eschatologische Vollendung. Man kann diese ekklesiologische "realised eschatology", um C. H. Dodds Ausdruck zu brauchen, teilweise historisch erklären. Während die früheste Kirche an ein *millennium* glaubte, das allerdings schon zur Zeit von Justin bezweifelt wurde,[29] hat Hippolytus in seinen Chroniken die Vorstellung vom kommenden *millennium* ausdrücklich abgelehnt,[30] aber schon bei ihm wird der Kirche erstaunlich viel Autorität zugesprochen. Augustin scheint nun die beiden Traditionen zu vereinen: die Kirche ist schon jetzt die

---

[26] *De baptismo contra Donatistas,* IV,17,24 (= Cyprian Ep. 73,21.), vgl. *Enchiridion,* 56–63. – H. v. Campenhausen summiert: "Augustins Gnadenlehre kehrt sich ausschliesslich gegen den Hochmut des in sich befangenen, sich selbst betrügenden Menschen", Lat. Kirchenväter, S. 213, ein Satz, der sich auch zur Summierung von Bultmanns Programm eignen würde.

[27] Sollte Augustins berühmter Satz nicht umgekehrt werden: Gott, in ständiger Bewegung in der Geschichte mit seinem Volk, ruht nicht in der Sorge um die Welt?

[28] Dasselbe Schicksal haben andere Systeme, die mit dem Individuum beginnen, etwa die Staatslehre von Thomas Hobbes, Hegel und der Marxismus (vgl. die kritischen Stimmen marxistischer Philosophen aus jüngster Zeit), und Aspekte des Existentialismus.

[29] Justin, Dialog mit Trypho, 80.

[30] Vgl. die Liste der Stellen und die Diskussion in meinem Aufsatz "Hippolytus' Conception of Deification" SJT Vol. 12, No. 4, Dez. 1959, S. 388ff.

Manifestation des Millenniums! Sie hat eschatologische Finalität und Autorität. Sie herrscht schon jetzt mit Christus und verlangt schon jetzt den Dienst der Welt. *Sie ist der Priester, dem die Welt dienen muß.* Die protestantische und katholische Forschung hat seit langem auf die Verbindung zwischen Augustins Kirchenbegriff und den schlimmen Auswüchsen des Selbstverständnisses der Kirche in der "Konstantinischen Epoche," etwa der Inquisition und den Kreuzzügen, hingewiesen. Es bleibt zu fragen, ob nicht auch die Reformatoren, besonders Calvin, an diesem Punkt von Augustin gelernt haben. Auch Calvin hat die Kirche als *millennium* aufgefaßt. Jedenfalls belastet bis heute die Nachwirkung des augustinischen Kirchenbegriffs die westliche Theologie, sei es in naiver Nachahmung in der Form der Institutionalisierung der Kirche oder in radikaler Reaktion in der Gestalt des anti-kirchlichen theologischen Intellektualismus.[31]

IV.

Fruitio Dei und die Trennung von Natur und Gnade. Wir müssen auf die *fruitio Dei* zurückkommen. Man könnte zunächst den Eindruck haben, Augustins Theologie sei ein einziger Lobpreis des *Christus praesens,* der uns in der heutigen Theologie so sehr abhanden gekommen ist. Aber die Erwartung wird enttäuscht. Augustin hat seine frühe Hochschätzung der *artes liberales*[32] zeitlebens beibehalten, weil sie zur Vorstellung des Unkörperlichen erziehen. Bekannt ist seine Übernahme der neuplatonischen Stufen im Aufstieg zu Gott, deren er sieben nennt. Aber es war ihm nicht möglich, die Christologie mit diesem zentralen Anliegen zu verbinden. Christus ist weder Subjekt noch Objekt der *visio* und *fruitio,* einzig seine *humilitas* übt eine Hilfsfunktion aus. Es ist aber nicht einzusehen, weshalb er nicht theoretisch durch eine andere Gestalt ersetzt werden könnte. *Gegenwärtig* ist ja für die Frömmigkeit nicht er, sondern der allgegenwärtige und zeitlose Gott, *für* den selbst es keine Zeit gibt, *bei* dem also auch für den Frommen Zeit und Geschichte, Tod und Welt aufhören.[33] Die Frömmigkeit schwingt ganz um die Pole Gott/Mensch, oder "Gott und Seele,," wie er es selbst sagt.[34] Nur in der Trinitätslehre als dogmatisches Lehrstück hat Christus entsprechend den intelligiblen Kategorien des Plotinus seinen wichtigen Platz.

[31] Nicht nur in Europa, auch in Amerika wollen heute viele Theologiestudenten ungern in ein Gemeindepfarramt. − S. zur Nachwirkung von Augustins Kirchenbegriff Elwyn A. Smith, "The Impact of St. Augustine's Millenialism on the Function of the Church Tradition", in JES. 3, 1, 1966. S. 130ff., bes. S. 142ff; und zu seiner Soziallehre Herbert A. Deane, The Social Ideas of St. Augustine, New York, Columbia Univ. Press, 1963.
[32] *De ordine,* I, 24; II, 26; *De animae quantitate,* 70f. etc.
[33] *Confessiones* XI, 14ff. Vgl. W. B. Green, "Saint Augustine on Time", SJT Vol. 18, No. 2, Juni 1965, S. 148ff., der die Herkunft des Zeitbegriffs aus Plotins Enneaden zeigt.
[34] *Soliloquia,* II, 7.

Aber die Begegnung mit Gottes Gegenwart zeigt, daß an der Zeitlosigkeit Gottes alles Heil hängt. Wäre er nicht trans-historisch und wäre nicht alle Zeit für ihn Gegenwart, so könnte die *visio beatifica* nichts Neues und nichts Gutes bringen. So aber bringt sie alles: Gleichzeitigkeit mit Gott, mit den Heiligen der Vergangenheit und der Zukunft, mit Jesus, und Überwindung der Geschichte. Der Glaube "erhebt über Zeit und Geschiche," wie Bultmann in den bereits genannten Gifford Lectures sagt: in jedem Augenblick schlummert die Möglichkeit des eschatologischen Augenblicks. Jetzt wird "authentische Existenz" möglich, wie es Schubert Ogden und andere nennen. Diese Konzentration auf "Geschichtlichkeit," zu ungunsten der Geschichte, ist also im Ursprung augustinisch. Desgleichen die Konzeption der "Bedeutsamkeit," wie man sie in klarster Form bei R. G. Collingwood ausgesprochen findet,[35] denn Augustin hat uns als kompliziertestes Erbe den Gedanken hinterlassen, man könne und müsse "etwas," d.h. das Immer-Gültige aus den Ereignissen der Vergangenheit, in die Gleichzeitigkeit bringen und also "relevant" machen. Die tatsächlich vergangenen Ereignisse "vibrate in the historian's mind"[36] und werden bei ihm selbst in der Gegenwart wiederum Ereignis. Dies "re-enactment" ist in der Auffassung der Sakramente im Mittelalter zentral gewesen, und Collingwoods (untheologische) Neufassung, die von Bultmann theologisch benützt und den jüngeren Vertretern dieser Richtung eher noch wichtiger ist, ist im Grunde eine Einladung zum *Deismus,* d.h. zu der Vorstellung, die entscheidenden Taten Gottes seien in der Vergangenheit geschehen und müßten heute "vergegenwärtigt" werden. Augustin hat unter diesem Gesichtspunkt Exegese getrieben, was man vielleicht am schönsten in der Auslegung des Johannes sehen kann. Es läßt sich nicht leugnen, daß wir heute noch unter dem Schatten dieser "deistischen" Vorstellung stehen: nicht nur die Texte sollen, nachdem sie historisch-kritisch fixiert worden sind, existential so interpretiert werden, daß das "uns-Angehende" wieder auferweckt wird, auch der historische Jesus, wie er in den nachösterlichen Berichten als der historisch-*gewesene* (auferstandene) Christus erscheint, soll zum zweitenmal auferweckt werden.[37] Die *fruitio Dei* bei Augustin, resp. die Begegnung mit Gott im Kerygma mit dem Ziel der Befreiung meiner selbst für die Zukunft, ist also *nicht* ein Lobpreis des *Christus praesens,* sondern der *Möglichkeit* der "Epiphanie Gottes," wie es J. Moltmann nennt, zum Zweck des "reenactments." Diese Gedankenkette basiert aber eindeutig auf der Vorstellung der *Zeitlosigkeit* Gottes. Die Thesen H. Brauns,[38] die viel konsequenteren Ansätze Paul M. van Burens,[39] sowie die ungleich

---

[35] R. G. Collingwood, The Idea of History (1946), Oxford University Press 1956, S. 97.

[36] Ebd. S. 202.

[37] Diese Kritik soll nicht nur gegen die existentiale Interpretation gerichtet sein; der heimlich in ihr steckende deistische Biblizismus führt auch sein Dasein in anderen Lagern.

[38] Post Bultmann Locutum I u. II, Hamburg-Bergedorf 1965.

[39] Paul M. van Buren, The Secular Meaning of the Gospel, New York u. London, 1963, der sich als Alternative zu Bultmanns philosophischem Hintergrund der "linguistic analysis" verschreibt. Die klaren Fragen des Buches hätten bleibendere Ergebnisse gezeigt, wenn van

dilettantischeren Äußerungen des Bischofs Robinson, wären allesamt nicht möglich und nicht nötig geworden, wenn in der westlichen Theologie nicht dieses augustinische Erbe belastend gewirkt hätte.

Die Konzentration auf die "Geschichtlichkeit" zu ungunsten der Geschichte kann man auch unter dem Thema "Trennung von Gnade und Natur" analysieren. Diese Trennung ist das unvermeidliche Resultat einer Theologie, in der der *Christus praesens* höchstens Ergebnis, aber sicher nicht Zentralpunkt ist. Bei Augustin ist es deutlich, daß Natur, Welt und Geschichte übel sein *müssen,* damit nicht das ganze System kollabiert. Dies nicht-christologische Verständnis präsentiert folgendes Dilemma: sobald die Gnade von Christus getrennt ist (d.h. also im direkten Zugang zu Gott in der *visio* beispielhaft erlangt wird), der als Mensch in die Geschichte eingehend sie bestimmte, wird die Gnade entweder Natur *sein* müssen, wie in der natürlichen Theologie, oder sie muß an der Natur *vorübergehen,* wie bei Augustin. Die nach-augustinische Theologie war darum mit der Alternative konfrontiert, entweder natürliche oder spiritualistische Theologie zu betreiben. Die großartigen Versuche einer Vereinigung beider, etwa in der Form der "Ver-natürlichung" der Gnade und der "Ver-göttlichung" der Natur, änderten nichts am augustinischen Erbe als solchem. Thomas sowie Wilhelm von Ockham, Calvin sowie Luther, konnten den Bemühungen um die Frage von Natur und Gnade nicht mehr entweichen. Zweifellos ging das Gefälle in der Richtung auf eine Abwertung der Natur zugunsten der Gnade, was bei der gegebenen Alternative auch verständlich ist. Aber die damit gegebene Begrenzung der Herrschaft Christi kann doch weder hinsichtlich des Mittelalters noch in bezug auf die reformatorische Theologie hinwegdiskutiert werden. Abgesehen von der dadurch gerechtfertigten Selbsteinschätzung der Kirche gegenüber den Nichtchristen, und auch abgesehen von Luthers Versuch, das Problem durch die Trennung von Gesetz und Evangelium zu lösen, kann man ohne Übertreibung als den Hauptschaden bezeichnen, daß *das Evangelium auf den persönlichen Bereich des eigenen Selbst konzentriert und eingegrenzt worden ist.* Augustins Intellektualismus hat der westlichen Kirche dazu verholfen, bei dieser Eingrenzung nicht in Gnostizismus oder Mystik abzugleiten: denn die höchsten Stufen der Gottesschau sind ja intellektuell erfaßbar, und der wahre Christ ist in der *sapientia* vollendet.[40] Es ist letztlich nicht der Heilige Geist,[41] sondern die gläubige Weisheit des

Buren die Trinitätslehre mitbedacht hätte, wie es etwa E. Jüngel, Gottes Sein ist im Werden, Tübingen 1965, tut; so bleibt es in augustinischen Fragen befangen. (Mein Urteil über Paul van Buren fiele heute — nach zehn Jahren — wesentlich weniger kritisch aus; einmal, weil ich mich selbst teilweise der Sprachanalyse "verschrieben habe", zum andern, weil er seine theologischen Gedanken in *The Edges of Language,* SCM Press, 1972, viel konstruktiver dargelegt hat, und vielleicht drittens, weil ich überhaupt irenischer urteilen möchte.)

[40] z.B. *Enchiridion* 1 und 2, und schon *De animae quantitate,* vgl. auch *De sermone Domini in monte,* I, 2, 9ff. und *De doctrina christiana* II, 7, 9ff.

[41] Vgl. Das Sagorsker Gespräch "Vom Wirken des Heiligen Geistes" ed. Außenamt der EKD, Studienheft 4, 1964, das die ganz andere Denkweise der orthodoxen Theologen zeigt.

Menschen, die die Vollendung bringt, auch wenn sie in nach-augustinischer Theologie oft mit dem Heiligen Geist identifiziert wurde.

Die Vision Augustins und seiner Mutter in Ostia ist nicht ohne Grund von ungezählten Christen über die Jahrhunderte hindurch hochgeschätzt, auswendig gelernt und nachgeahmt worden. Diese Bewunderer hatten recht, wenn sie glaubten, hier das Herzstück von Augustins Theologie zu fassen zu kriegen: Gnade kann man nur erhalten, wenn man zugleich den Teil der Schöpfung, der als weltlich-natürlich erscheint, verneint. Es ist hohe Zeit, daß wir mit aller Bescheidenheit aber auch Bestimmtheit das Credo Augustins in der Umkehrung zu unserm eigenen machen: wir wollen *keine* Visionen Gottes *trotz* Welt und Mitmenschen haben, sondern wir wünschen Visionen der Menschen *wegen* Gott. Aber solch ein Bekenntnis ist nur möglich auf der Basis des streng christologischen Verständnisses Gottes, denn Christus "ist das Ebenbild des unsichtbaren Gottes" (Kol. 1,15).

V.

Personalistisch in die Gegenwart projizierte Eschatologie. Augustins Kombination der frühchristlichen und der hippolytischen Eschatologie resultierte — vom Einzelnen aus gesehen — in einer statischen Auffassung der Verheißung. Die *visio beatifica* antizipiert die Erfüllung in solchem Maß, daß das Eschaton nur noch individuell von Interesse ist. Die "realised eschatology" bedeutet, daß die stellvertretend von der Kirche gefeierte Freude an der Ewartung umschlägt in die persönliche Hoffnung, seiner eigenen Rettung schließlich völlig gewiß zu werden. Darum sind auch — obwohl es eigentlich hätte umgekehrt sein sollen — als Schwärmerei all die Versuche verurteilt worden, die die Hoffnung auf ein "über-individuelles" Eschaton wieder in die Mitte der westlichen Theologie setzen wollten. Alles tendiert auf eine Konzentration des "Begegnungscharakters" des christlichen Glaubens hin. "Theology of encounter" bei den Angelsachsen und die Hochschätzung der "Begegnung" in Europa, bieten den Ersatz für die Hoffnung.

W. v. Loewenichs Urteil,[42] daß Augustin den existentiellen Charakter der Gotteserkenntnis entdeckt habe, ja, daß die *Confessiones* "der Beginn der Existenzphilosophie" seien, ist gewiß wegen der Anwendung moderner Kategorien auf antike Weisheit gefährlich, aber darum doch nicht ohne Wahrheit. Augustin war der erste Theologe, der die Betonung der Selbst-Reflexion und des "Selbstverständnisses" in der Theologie heimisch gemacht hat. Wir können die Bemerkung Jakob Burckhardts, Augustins Selbstbeobachtung sei krankhaft

---

[42] W. v. Loewenich, Von Augustin zu Luther, Witten, 1959, S. 40 und 42. Vgl. auch Erich Frank, Augustin-Gespräch, S. 182ff. und C. Andresens Einleitung, ebd. S. 35ff., mit der Diskussion über die Kontroverse, ob Augustin wirklich als Vater der Existenzphilosophie bezeichnet werden könne.

übersteigert gewesen, hier als psychologische Beobachtung beiseite lassen, aber es gilt trotzdem, daß Augustin nicht nur sein Verständnis der Gnade auf der Einsicht in die Sünde basieren läßt, sondern daß er auch die *Rechtfertigungs-gnade als den Empfang eines neuen Selbstverständnisses begreift.* In beiden Punkten ist die Ähnlichkeit zu Luther auffällig, obwohl Luther entscheidende Korrekturen an Augustins Rechtferigungs- und Gnadenlehre anbrachte.[43] Aber den individualistisch gefaßten Begriff der Rechtfertigung hat er nicht fallen lassen. Die spätere (lutherische) Theologie ist darin allerdings weiter als Luther gegangen, aber schon Luthers nicht unproblematisches Verständnis der *fides salvifica* macht die Verhaftung an Augustin deutlich. Zudem ähnelt Luthers folgenschwere Unterscheidung zwischen dem *deus revelatus* und *absconditus* beängstigend Augustins Gedanken über den zeitlosen Gott der Prädestination.

Während es strittig ist, ob die Reformatoren wie Augustin die Einsicht in die Sünde an den Anfang stellten, kann kein Zweifel darüber sein, daß – wenigstens epistemologisch – die Systematiker, die Bultmann weitgehend folgen, so verfahren. J. Moltmann spricht[44] von einer "merkwürdigen Reziprozität" des Kommens Gottes zum Menschen und des Zusichselbstkommens des Menschen in der Theologie Ebelings. Das Kerygma setzt eine Not voraus, die es wendet (vgl. oben Gilsons gleichen Satz); eine theologische Anthropologie ist vorausgesetzt, die Jesus "verifiziert." Moltmann beobachtet auch die Verwurzelung dieser "theologia naturalis moderner Existenz" in augustinischer Tradition. Er nimmt aber Augustin in Schutz, weil bei ihm die "Not" Bedrängnis durch Gott sei. Dies gilt doch wohl eher für Luther als für Augustin, denn die *lex accusans,* die das Gewissen erschreckt, ist bei Augustin genauso durch die "Welt" ersetzt wie bei Ebeling.[45] Der scheinbar moderne Ansatz heutiger Theologie, unter Auslassung von Karl Barths Lehre von Rechtfertigung und Recht, ist wohl in Wahrheit eher ein Rückfall in augustinisch-neuplatonische Konzepte von der Überordnung des Geistes über die Natur, d.h. von der Ablehnung und niedrigen Einschätzung von Welt und Geschichte.

Die Lokalisierung des Rechtfertigungsgeschehens im Gewissen des Einzelnen beunruhigte offenbar auch die Studienkommission des Lutherischen Welt-

[43] Vgl. A. Hamel, Der junge Luther und Augustin, 2 Bände, Gütersloh 1934/5, der die Ablehnung Luthers von Augustins Konzept der *merita* und der *gratia cooperans,* sowie der Grundthese der Rechtfertigung des Gerechten aufzeigt. Hamel begrenzt seine Studie auf die Rechtfertigungslehre. Luther begegnete Augustin 1509–10, als er Petrus Lombardus kommentierte, benutzte ihn jedoch ausgiebiger 1513–15, als er an den Psalmen arbeitete. Bes. stark ist die Abhängigkeit von Augustins *De spiritu et littera.* Luther übernahm jedoch – nach Hamel – nicht die augustinische Idee, dass die *concupiscentia* primär sexuell sei, vielmehr sei sie das Verlangen des Menschen, sein eigenes Ich zu lieben. S. auch B. Lohse, "Die Bedeutung Augustins für den jungen Luther", in KuD, 11, 1965, S. 116–135.
[44] J. Moltmann, "Anfrage und Kritik zu G. Ebelings 'Theologie und Verkündigung' ", Ev.Th. Jan. 1964, S. 25ff., dies Zitat S. 31.
[45] Vgl. G. Ebelings Aufsätze in ZThK 1955, S. 296ff. und 1958, S. 270ff.

bundes,[46] die in Vorbereitung für das Treffen in Helsinki über Rechtfertigung arbeitete. Dort werden auch die Linien von Augustin her über Luther in die Gegenwart gezogen. R. Prenter geht so weit, daß er die reformatorische Theologie als eine Antwort auf die mittelalterliche, ursprünglich augustinische Frage nach der *Vermittlung* der Gnade an den Einzelnen bezeichnet. Er betont auch die Isolierung des *Corpus christianum* und schließt, daß das "neutestamentliche Konzept der Inkorporation" im Mittelalter sinnlos und durch die Gnadenvermittlung an den Einzelnen ersetzt wurde. Die Reformation habe diese Kategorien nicht überwunden. Diese Auskunft mag im Blick auf Luther selbst als harsch erscheinen, aber es duldet keinen Zweifel, daß weite Kreise der heutigen protestantischen und katholischen Theologie auf diese Weise richtig kategorisiert sind. Die *Vermittlung* des Evangeliums, resp. Kerygmas in möglichst verständlicher Form an den Einzelnen ist doch auch heute in der populären Frömmigkeit sowie in den Theologien der "Begegnung" ganz im Mittelpunkt.[47] Die Frage der "Konstantinischen Epoche": wie bekehren wir die andern? hat der etwas feineren Frage Platz gemacht: wie kann man die Texte so interpretieren, daß der Einzelne sie ohne unnötiges Ärgernis hören und akzeptieren kann? In beiden Fällen ist die Aufgabe der Kirche, die stellvertretende, priesterliche Funktion, eingeengt worden auf die in sich selbst berechtigte, aber gefährlichste Zuspitzung der Wortmitteilung vom Einzelnen zum Einzelnen. Es muß nicht verwundern, daß darum die *Kirche selbst* relativ unwichtig wird;[48] sie ist doch nur Instrument dieser Mitteilung und kann durch ein anderes ersetzt werden, sobald es sich als praktikabler erweist. *Geschichte,* Vergangenheit und Gegenwart, die Dimensionen des *Christus praesens,* steht nicht mehr im Zentrum, sondern ist ersetzt durch *meine* Hoffnung auf *meine* Zukunft, die durch *meine* Hermeneutik der Applikation des historisch-gewesenen, auferstandenen Christus (oder in die Gemeinde auferstandenen Kerygmas) zu leuchten beginnt. Der selbst Geschichte habende und lebende Gott des Exodus wird nur noch in den Kategorien der sich wiederholenden Epiphanien des zeitlosen Seins Gottes erhofft.[49] Das Ziel ist die Befreiung auf meine Zukunft hin, das Instrument zur Erreichung des Ziels

---

[46] Justification Today, Studies and Reports, Lutheran World No. 1, 1965, Prenters Sätze S. 41.

[47] Unsere konservativen Studenten in Amerika hören es gar nicht gerne, wenn ich ihnen mit absichtlicher Bosheit sage "Bultmann minus Collingwood equals Billy Graham".

[48] Ebelings Lutherbuch: Luther, Einführung in sein Denken, Tübingen 1964, enthält kein Kapitel über die Kirche, trotz Iwands Bemerkung, der Kirchenbegriff sei der Schlüssel zu Luthers Theologie. Oder sollte Ebeling doch recht haben?

[49] Vgl. J. Moltmann, Theologie der Hoffnung, München 1964. Vgl. meine Besprechung in *Perspective,* (Pittsburgh), Vol. IX, Sommer 1968, S. 176–179.

ist der Glaube als *Erkenntnis* verstanden.[50] Die Erörterung der Verheißung und Aufgabe des Gebetes wird vermieden.[51]

Diese kritischen Bemerkungen über Strömungen in der heutigen Theologie auf beiden Seiten des Atlantiks sollen nicht den Eindruck erwecken, als sei die alte, eiskalte und unpersönliche Orthodoxie protestantischer oder neuthomistischer Prägung diesen Versuchen vorzuziehen. Wir befinden uns in einer echten Hilflosigkeit. Die deutschsprachige Theologie hat noch immer stellvertretend für die Oekumene "radikal" gedacht und Extremes ausprobiert. Man muß hoffen, daß ihre heutigen Bemühungen, neuerdings im Verein mit amerikanischer Theologie, auch zur Klärung und nicht zur Verwirrung beitragen. Aber ein so radikaler Neuansatz, wie wir ihn heute brauchen, ist in ihr noch nicht sichtbar; der Rückfall in die Verhaftung an Augustin ist zu deutlich. Karl Barths Theologie ist "moderner" trotz – um es nochmals zu sagen – der "altmodischen," d.h. die Erkenntnisprobleme für den Sinn der Jüngeren zu wenig beachtenden Sprache und Systematik. Ein noch bei weitem nicht genügend erprobter Ansatz ist die Fassung der Rechtfertigungslehre Barths, der noch weithin die konstantinische, augustinisch-individuelle Konzentration der Gnade auf ein neues Existenzverständnis gegenübersteht.

Die Bemerkungen über Augustins Einfluß sollen der Übersichtlichkeit halber zum Schluß noch in zehn kurzen Thesen zusammengefaßt werden:

1. Augustin hat nicht die besten Teile der griechischen Theologie übernommen, sondern eher griechische Philosophie mit lateinischer Ekklesiologie vereint. Als Bindeglied zwischen der östlichen Christologie und dem westlichen Interesse an der Kirche diente die individuell gefaßte Rechtfertigungslehre.

2. Augustins Aufnahme des aristotelischen Weltkonzeptes verursachte die Sündenideologie, die allen anderen theologischen Erkenntnissen vorausläuft. Die "eudämonistische Tendenz" kann nicht bestritten werden.

3. Sein Manichäismus bescherte seinem eigenen Denken und der späteren Theologie das Problem des Dualismus. Auch die späteren Fassungen der Prädestinationslehre, der Ekklesiologie und der Bewertung der Welt hängen von diesem Einfluß ab.

4. Augustins Neuplatonismus ist in der zentralen Stellung des Ideals der *vita beata* offensichtlich. Dies extrem soteriologische Interesse scheint den *Christus praesens* ernst zu nehmen, operiert aber in Wahrheit mit dem Konzept des zeitlosen Gottes. Die Ethik ist dadurch bestimmt, denn der Nächste wird nicht

---

[50]   So urteilt auch E. Jüngel in Bezug auf Augustin und neue Strömungen, Ev.Th. August 1964, S. 419ff., besonders S. 427 u. 429.

[51]   Bei H. Braun und P. van Buren ist das Gebet ausgelassen, und der Gedanke daran wirkt sogar genierlich, als sei es altmodisch und unehrlich. Schön sagt dagegen H. Ott "Muß also nicht alle theologische Rede in ihrem Grund und in ihrem Vollzug, wenn auch nicht äußerlich, sogleich sichtbar, so doch innerlich und in Wahrheit ein Gebet sein? " Denken und Sein, Zollikon, 1959, S. 192.

direkt als Mitmensch geliebt, sondern weil er transparent ist für Gott, dem allein die Liebe gilt.

5. Augustins Gnadenlehre wurde später in vereinfachter Form verzerrt und mißverstanden, aber dadurch kam die anthropologische Basis ans Licht. Die Vermittlung der Gnade blieb weitgehend bis heute das Thema der Theologie.

6. Augustins Kirchenbegriff ist bestimmt durch seine Projizierung des Eschaton in die Gegenwart. Die Kirche hat eschatologische Autorität, während Christus eine Hilfsfunktion zugewiesen bekommt. Die kirchengeschichtlichen Folgen im Mittelalter sind von der Forschung unbestritten. Die heutige Umkehrung der Wichtigkeit der Kirche in eine Spiritualisierung ist ebenfalls eine Folge des Einflusses von Augustin.

7. Augustins zeitloser Gott führt zum Gedanken des "re-enactments", d.h. wiederholter Epiphanien Gottes. Natur und Gnade müssen zertrennt werden, weil die nicht christologische Konzeption von Gott eine nicht-spirituelle Fassung der Gnade nicht tolerieren würde. Die unglückliche Alternative Natur/Gnade bestimmte die Theologie auf Jahrhunderte.

8. Augustins individualistisches Interesse an der Begegnung mit Gott ist auch durch die Reformation nicht überwunden oder ersetzt worden. Ein Ausdruck des Individualismus ist Augustins und Luthers überstarke Betonung der eigenen, persönlichen Sünde, fast ganz unter Ausschluß des politischen Aspekts. Folglich wurde die Erlösung auch individualistisch gefaßt, in vielem bis heute. Das Gewissen ist der Ort des Empfangens der Rechtfertigungsgnade.

9. Während Luther lehrte, daß Gott in der *lex accusans* dem Menschen seine Not zeigt, fällt man heute wieder auf Augustin zurück, der das "Gesetz" durch die "Welt" ersetzte. Das durch die Welt geplagte Gewissen fordert eine Hilfe, die es im Kerygma auch erhält.

10. Die Konzentration Augustins und der späteren westlichen Theologie auf die Rechtfertigung des Einzelnen blockiert den Weg zu freudiger Anbetung und zur Erkenntnis des *Christus praesens*. Die Kirche dient vornehmlich als Instrument zur Vermittlung des Kerygmas, aber sie wird durch ein anderes ersetzt, sobald es sich für diesen Zweck als nützlicher erweist.

Nachwort (1976)

Dieser Aufsatz und seine weitere Fassung im oben genannten Kap. III von Memory and Hope sind freilich nicht ohne Reaktionen geblieben. Positiv haben sich kath. Theologen geäussert, z.B. George H. Tavard oder Joseph Cahill (JES, 6, 1, 1969, S. 96–99); auch Karl Barth, mit dem ich über den Festschriftbeitrag und das Buch vor seinem Tod mehrfach sprach; so auch verschiedene amerikanische und britische Kollegen.

Hingegen hat der mir seit langem freundschaftlich bekannte Prager Theologe Josef Smolik (Communio Viatorum, 1973, 1–2, S. 100–103) unter Hinweis auf den Augustinismus von John Wyclif und Jan Hus (also auf die tschechische Reformation, sein eigenes Erbe) meine Attacke bitter beklagt. Allerdings haben sich dabei so viele Mißverständnisse eingeschlichen (z.B. ich täte allen Neuplatonismus ab; mir seien Prädestinationskonzepte zutiefst zuwider; und es unterliefe mir eine "simple identification of the present Christ with the established

Church" — während doch die westlichen Kirchen durch ihre schwarzen Mitchristen auf deren Nachteile aufmerksam gemacht worden wären, etc.), daß ich mich fragen mußte — bis wir uns kürzlich wieder trafen — ob wir über den selben Text reden. Ich bin mit J. Smolik einiger, als er beim Schreiben der Besprechung dachte; hingegen kann ich den bloß emotionalen Hinweis auf die Bedeutung Augustins für wirklich bewundernswerte Traditionen, wie die böhmische, doch leider nicht als theologischen Erweis der (relativen) Richtigkeit der augustinischen Theologie akzeptieren.

Mein Mainzer Kollege R. Lorenz summiert mein Anliegen (in der Sammelbesprechung, 4. Teil, ThR, 39, 4, S. 336f.) — wie ich denke — völlig korrekt, parallelisiert es mit früheren Kritiken (z.B. A. Dorners) und gibt kritisch hauptsächlich zu bedenken, daß bei Augustin "im allgegenwärtigen Gott auch Christus präsent ist, weil der trinitarische Gott die Züge Christi trägt." Herr Lorenz schrieb mir am 28.2.1973: "Zur Vernachlässigung des Christus praesens könnte man sich fragen, ob a) von der Trinitätslehre her nicht mit der Gegenwart Gottes auch die Christi gegeben ist. Bei den Theophanien ist dies jedenfalls der Fall. Ich bin auch nicht der Meinung, daß die augustinische Trinitätslehre den heilsökonomischen Aspekt vernachlässigt (das wirft Du Roy dem Augustin neuerdings wieder vor) . . . Ich frage mich b), ob die Lehre vom Christus totus (die Kirche als Leib Christi mit ihrem Haupte) nicht doch dem Aspekt des Christus praesens gerecht wird . . ." Ich nehme diese Korrektur gerne an, sehe aber dadurch meine Hauptsorgen — die Konzentration auf individuelle Rechtfertigung und die in die Gegenwart vorverlegte eschatologische Autorität der gnadenvermittelnden Kirche — noch nicht als behoben an.

SOME COMMENTS ON THE BACKGROUND AND INFLUENCE OF AUGUSTINE'S LEX AETERNA DOCTRINE*

'Natura ius est' — law is natural, or rooted in nature. This statement of Augustine[1] directs our attention to a major problem in western culture, that of ascertaining the *foundation of law.* Augustine gave to western culture its way of approaching the problems of organizing social life with respect both to human relations and to men's relation to God, and he did this largely by creating a synthesis of Christian beliefs with Greek and Roman reflections upon φύσις and νόμος. Thus he arrived at some highly influential but troublesome views concerning the world's creator and world order. In his doctrines of God and creation and of man's relation to both he combined Plato's and Aristotle's *idealism* regarding the eternal good, the virtues and natural law with *voluntaristic* ideas drawn especially from the later Roman Stoics. The result was that Augustine bequeathed to the western world two basically incompatible views of natural law.

Later theologians, notably Thomas Aquinas,[2] understood Augustine to have preferred the idealistic (realistic) interpretation. It was Duns Scotus who, for philosophical reasons, revived Augustine's notion that God is not bound to a pre-established set of laws, not even ones which are intrinsic to or identical with his own divine self, but that he is able to *decree* by an act of will what constitutes law. In its subsequent development, natural law theory continues to display this bifurcation. The voluntarist view runs through medieval nominalism to Hobbes and Rousseau, the idealist view through medieval realism to Grotius and Leibniz. The movement from medieval 'sacred state' to the modern 'social state', so to speak, brought no change in the basic question concerning natural law and positive law, namely, the question dealt with in the nominalist — realist controversy. Thus a question pertaining to the (philosophical) understanding of God in relation to man strongly influenced, one might say tyrannized, jurisprudence from late antiquity to the present. For this ancient theological problem shows up not only in Roman Catholic Thomistic thought,

---

* Erscheint im Sommer 1976 in der Festschrift für Thomas F. Torrance, *Creation, Christ and Culture,* hg. Richard W. A. McKinney, Edinburgh, T. & T. Clark, S. 63—81 und wird mit freundlicher Erlaubnis des Verlags T. & T. Clark Ltd. hier im selben Jahr abgedruckt.

[1] Literally 'Law is "by nature" '. In this passage (*De diversis quaestionibus,* LXXXIII, 31), Augustine is distinguishing natural law (*natura*), which is not engendered by opinion but implanted by an 'innate force', from (1) customary law (*consuetudine,* developed through custom or usage) and (2) written legislation (*ius lege*). Cp. also Cicero, *Rhetorica* II, 53.

[2] *Summa Theologica,* I–II, 90–108, esp.: 91.1; 91.2; 91.3; 93.1 (on 'Whether the eternal law is a supreme exemplar existing in God? '); 93.2; 93.3 (on 'Whether every law is derived from the eternal law? '); 95.2. Augustine is Thomas' constant conversational partner in the development of his doctrine of natural law.

all the way to *Humanae vitae,* it also reveals its presence painfully though in secularized dress, in the Nürnberg trials, the writing of the U. N. Charter, and in new legislation in Italy, West Germany, and even in the U.S.S.R. and Japan. Contemporary philosophy of law[3] either continues to struggle with the classical issues, or else lightly shrugs them off, admitting thereby that the quest for the foundation of law is unanswered still.

In theology, the underlying problem is expressed in the form of a quest for ethical criteria. Here too, the debate on natural law has not reached a conclusion. After the controversy between Barth and Brunner in the thirties and the dramatic struggle over 'orders of creation' (dramatic because of the direct implications for the theological-ethical evaluation of the Nazi regime), we continue to be perturbed by a deeply rooted vagueness about natural law.[4] It suffices to mention the total absence of a Christian consensus on issues traditionally 'solved' by referring to natural law, such as war, capital punishment, the function of the state in relation to the church. In regard to church-state issues we might mention specifically the complications connected with the Lutheran doctrine of the two realms, and the differences between Eastern Orthodox and Western Christian views as they arise within the World Council of Churches. Christians – theologians in particular – have presented an enormous problem to western culture and to mankind in general, and there is little justification for declaring the debate closed merely because some of the theological presuppositions of the past are no longer ours.

I contend that in addition to the idealist-voluntarist problem, Augustine made certain other mistakes which still have their effect upon us. For one thing, although he rediscovered aspects of the Apostle Paul's understanding of grace, he certainly misunderstood the passages in Romans 1 and 2 which allegedly refer to natural theology and natural law. Also, his indebtedness to Manichaeism prevented his conceiving of any direct application of the Christian doctrine of justification to the formation of social structures in general, and thus he failed to see that the juridical aspects of justification can be exemplary for an understanding of the function of *iustitia* in human relations.[5] Looking

[3] For a representative selection, cf.: R. Pound. *An Introduction to the Philosophy of Law,* Yale Univ. Press, 1922, 8th ed. 1966, pp. 9, 21, 114f.; P. Vinogradoff, *Common Sense in Law,* Oxford Univ. Press, 1959, Ch. IX: H.L.A. Hart, *The Concept of Law,* Oxford Univ. Press, 1961, pp. 181ff., esp. pp. 189–95; Sidney Hook, ed., *Law and Philosophy,* New York Univ. Press, 1964, Part II: Lon L. Fuller, *The Law in Quest of Itself,* Northwestern Univ. Press, 1940 (and Beacon Press paperback, 1966), Ch. I, and *The Morality of Law,* Yale Univ. Press, 1964 (2nd ed. 1969), esp. Ch. III; W. Maihofer, ed., *Naturrecht oder Rechtspositivismus,* Darmstadt, 1966 (includes a bibliography of publications from 1945–60); Felix E. Oppenheim, *Moral Principles in Political Philosophy,* Random House, 1968.
[4] For two attempts at overcoming the difficulties, see Douglas Sturm, 'Naturalism, Historicism and Christian Ethics'; 'Toward a Christian Doctrine of Natural Law', in *New Theology No. 2,* Marty and Peerman, eds., The Macmillan Co. (paperback), 1965, pp. 77–96, and John Macquarrie. *Three Issues in Ethics,* Harper & Row, 1970, Ch. 4.
[5] Cf. Markus Barth, *Rechtfertigung,* Zürich, 1969 (*Theol. Studien* 30).

for common ground on which Christians and non-Christians can be united, he turned instead to the 'natural manifestation' of God's eternal law, i.e., to natural law. Finally, I submit the thesis that the origin of this complex of problems was in Augustine's *concept of God*,[6] and that it is there that we must look for the source of our present difficulties regarding the foundation of law, in jurisprudence, and regarding the quest for ethical criteria, in theology and in political science. In short: had it not been for Augustine's Neo-Platonic understanding of God, which influenced fifteen hundred years of thought in the west, western jurisprudence and political theory, as well as theological ethics, would have been spared a great number of problems.

Despite the fascination of the jurisprudential questions, limitations of space decree that the rest of this essay be devoted primarily to discussion of issues in theological ethics (especially in Augustine's thought), and to the pertinent background in Greek philosophy. As the next step, it will be well to introduce some basic distinctions.

I. Some General Clarifications

The following four sets of distinctions should be kept in mind, it seems to me, lest one confuse the various ways in which natural law[7] can be conceived.

(1) The underlying notion of *nature* may be given different meanings.[8] It will suffice to mention the following possibilities: Nature may be understood as 'essence', as 'original status' (*Ur-Ordnung*), as genuinenss/perfection (Aristotle's ἐντελέχεια), as 'causality', as reason, as idea. The notion of nature is many-faceted, but in general the intention is quite clear to conceive it as in some sense 'rational' or 'logical', i.e., not arbitrary or chaotic or incoherent.[9] If there is any one element which the various doctrines of natural law have in common with regard to their notions of 'nature', it is the idea of an underlying

---

[6] Cf. my analysis and the bibliographical references in *Memory and Hope*, New York, Macmillan and Co., 1967, pp. 105–15, 124–32.

[7] For a general orientation, see *New Catholic Encyclopedia* articles on 'Natural Law', 'Natural Law and Jurisprudence', 'Natural Law in Economics', and 'Natural Law in Political Thought'; the excellent study by Hans Welzel, *Naturrecht und materiale Gerechtigkeit*, Göttingen, 1951, 4th ed. 1962; and Erik Wolf, *Das Problem der Naturrechtslehre*, Karlsruhe, 1959. Raziel Abelson, in 'Unnatural Law' (in Sidney Hook, op.cit. pp. 161–171) makes much of the confusion regarding natural 'laws', 'rights', 'norms' and 'necessary conditions of justice' (which he prefers, p. 170), as though these distinctions had not already occupied the attention of the scholastic theologians of the Middle Ages and of the Renaissance in Spain.

[8] Erik Wolf, op.cit., pp. 21–93, lists nine concepts of nature: nature as 'individuality', 'originality', 'genuineness', 'causality', 'ideal nature', 'creatureliness', 'reality', 'vitality', and 'restoration'.

[9] Even Duns Scotus, e.g., in reducing 'original ideas' to their bare minimum of unchangeable existence, insists on 'logics' or logical coherence, with respect also to God's mode of making decisions.

unity in things, carrying with it also the applicability of at least a minimum of basic ground rules. We may add that the history of natural law concepts reveals a common presupposition that 'nature' is that which in itself exhibits no 'progress' but only the persistence or recurrence of the structures of the past. There are exceptions to this last observation, however, e.g. in Thomas Aquinas' distinction between the unchangeable 'first principles' and other items of natural law which may possibly change.[10]

(2) Another set of distinctions concerns the question of where that which functions as 'nature' in natural law is *located*. It seems that there are four possible locations: (a) in God (thus Plato, Aristotle, Augustine, Thomas); (b) in the κόσμος (thus e.g. the Stoics); (c) in man or human institutions; and (d) in the 'nature of a situation', i.e., in the limitations put upon man by his environment, the impact of the past upon the present, in such limiting specifics as age, health, sex, knowledge, ignorance, fallibility. Combinations of these four basic locations are of course possible and it is here that difficulties have arisen in natural law theories in the past. Moreover, the word 'location' has been used here to express the idea of a fixed and necessary relation between that in which nature is located, on the one hand, and whatever actual content we give to natural law, on the other. When the location is in God, then the authority of God appears to be placed behind, and used to justify, such things as the inquisition, the crusades, and other forms of warfare. Augustine's and Thomas' doctrines of man and the church permitted such justifications. One wonders about the divine authorization of a Roman Catholic moral theology in which, for instance, abortion is treated so strictly − I think rightly so − while rather more ready justification is found for capital punishment and, even though limitedly, for war.

(3) Directly connected with the question of the location of 'nature' is the problem of its *recognizability* as a norm. One can accept the validity of natural laws but restrict the possibility of recognizing them as normative to only a part of mankind,[11] or to only a part of their content.[12] This distinction is of considerable importance, as a comparison between, for instance, the Roman Stoics and William of Ockham would readily show.

---

[10]   *Summa Theologica*, I–II, 94.5.

[11]   E.g., in Plato's *Republic* only those who 'know' are capable of governing the (ignorant) masses of society; cf. also the parallel distinction between knowers and non-knowers in Gnosticism later.

[12]   Thomas Aquinas, *Summa Theologica*, I–II, 93.2: 'Every knowledge of truth is a kind of reflection and participation of the eternal law, which is the unchangeable truth, as Augustine says. Now all men know the truth to a certain extent, at least as to the common principles of the natural law. As to the other truths, they partake of the knowledge of truth, some more, some less; and in this respect they know the eternal law in a greater or lesser degree.' And, 'Although each one knows the eternal law according to his own capacity, in the way explained above, yet none can comprehend it, for it cannot be made perfectly known by its effects'.

(4) There are different *contexts of thought* in which the search for a *norm* may lead toward natural law concepts. Norms may be sought in juridical contexts (in relation to positive law), in philosophical contexts (e.g., in reflection on 'values'), in relation to socio-political questions, and, of course, in theological ethics.

II. Developments Prior to Augustine

Historians have drawn attention to the fact that to the Greeks, the idea of law was connected either with eternal-rational truths or with the spontaneous, vital expression of will power. But 'will' never achieved equal rank with 'reason' in Greek thought. Linguistic evidence shows that there was no single word for 'will' in early Greek culture, indicating a lack of any clear-cut or comprehensive notion of it; at best, it was looked upon as the organ which executes what knowledge or reason dictates.

Comment should also be made on the relation between law (νόμος) and nature (φύσις) in Greek thought. While Heraclitus, e.g., thought of a unity of nature and law, the later sceptical reflections of the Sophists led to a separation of the two. But the decay of the Greek city-states and the increasingly chaotic Greek political situation, while causing or reinforcing scepticism in some minds, occasioned in others a search for a universally valid and applicable foundation of law. A broader and more lasting theoretical basis was needed than the various systems of positive law could provide. Some law or set of laws in the form of ground rules and basic norms became necessary, such as Aristotle had in mind when he spoke of what is φύσει δίκαιον, right by nature or naturally righteous.[13] Parallel with this development, a more philosophical or intellectual reflection on traditional notions of virtue led to a form of what might be called quasi-natural law, i.e., the concept of a positive law which was to be based upon natural and necessary virtues. Whether what is thus νόμῳ δίκαιον (right by law) is truly *natural* law or whether it is really positive law posing as natural and universal, is a matter of debate. The tendency to claim universality may be related to the fact that the themes of intellectual reflection in classical Greece were drawn originally from Greek religion, and the religious *Weltanschauung* directs thought towards a grounding of morality in the nature of things, or in something transcending purely human convention or contrivance. Natural law concepts, and especially reflections concerning the virtues, must be seen against this background. To recongnize this fact is perhaps also to understand better how natural law could be affirmed later by Christian thinkers on explicitly religious grounds. But at this point it may also be well to call attention to what may be the most vulnerable aspect of all natural law theories. They are open to the charge that they involve a *petitio principii;* that is, that they claim to

---

[13] *Nicomachean Ethics,* V, 10; *Rhetoric,* 1, 13; passim.

discover in 'nature' elements which are 'there' only because they have already been included in the original conception or definition of nature, although they were in fact derived from elsewhere (from the contemporary culture, from religious belief).

It may seem strange that although the sharp distinction between φύσις and νόμος arose in Greek philosophy, it was the Greeks who gave the concept of natural law to western culture. The fact is that the recognition of a tension between law and nature arose out of the awareness of the early Greeks that man is by nature inclined to dislike and fight with his fellowman, and that to declare man μέτρον ἀπάντων (the measure of all things) is an act of ὕβρις. The norms by which human life, individual and communal, is to be regulated must come from somewhere outside or beyond man himself. The whole philosophical development from the Sophists to Plato by which the ancient notions about the cosmos, man and the gods were demythologized actually ended in revitalizing something of that very mythological tradition by means of the idea that the gods established laws, or that eternally true laws are in themselves of divine character. It is at this point that the dominant rationalism of Greek ethics appears, for in order to grasp the eternal truths concerning moral virtues, man needs ἐπιστήμη, knowledge which includes insight and reflection. Here is one of the central features of the whole complex which we call natural law. Plato[14] was certain that the object and content of ἐπιστήμη is identical with the *Ideas* and that things in the cosmos participate in (by μέθεξις) and copy (by μίμησις) these eternal ideas. The soul has access to the ideas of goodness and righteousness by employing its rational powers, supported by self-restraint as a personal virtue. We can also easily understand the temptation to make use of all these thoughts for an exposition of a Christian *Weltanschauung:* are not man's evil inclinations, the necessity for divine regulation, the possibility of knowledge of eternally valid truths and virtues, as expressed in Platonic philosophy, all congruent with the Bible? This is certainly what appealed to the Christian Apologists of the second century, and also in some measure to Augustine.

An additional complication – but also an enrichment – was provided by Aristotle. Whereas Plato had advocated some form of χωρισμός, i.e. of separation or 'gap' between the world of ideas and the natural world of things (at least in his middle period, e.g. the *Republic* and the *Phaedo*), it was Aristotle who transformed this structure into a system of teleological metaphysics. The ideas are now immanent in things, thus permitting the unity of ὕλη and εἶδος, of form and appearance. This redefined nature presents another 'temptation' for later Christian theology, notably for Thomas Aquinas. The 'energy' of nature is in fact the highest and best actualization of what is possible. Nature is basically good, friendly, and admirably intelligent, constant-

---

[14]   E.g. in the *Theaetetus.*

ly performing processes with optimal end-results; Nature has 'its own intent'. Augustine's and later concepts of natural law are certainly more directly akin to Platonic and Stoic doctrines than to Aristotle's, but the Platonic, Stoic and neo-Platonic natural law tradition which reached medieval thinkers, and in part also Augustine, already included Aristotelian modifications of the Stoics' and Plato's thoughts.

It is true, however, that the western history of natural law[15] basically begins with the Stoa. But textbooks of the history of philosophy have at times exaggerated the difference between Stoicism, Platonism and the rest of Greek philosophy. There are strong Platonic overtones in early Stoic reflections on natural law. And Aristotle, it must not be forgotten, understood himself to be a Platonist, at least in the sense of a constructive interpreter. Nevertheless, there are, of course, specifically Stoic features which cannot be found in this form in the rest of Greek philosophy, e.g. the optimism concerning the ability of *all* men to grasp the λόγος of the κόσμος by virtue of the fact that every man is believed to have or possess part of this λόγος in himself. Another addition to basically Platonic thoughts is the Stoic emphasis on the importance of man's will. Individual Stoic ethics is based upon man's belief both in a paradisic ideal in pre-historic times, and the necessity of becoming part of the causal nexus of the things and occurrences all of which may be indications or manifestations of the cosmic fate, the εἱμαρμένη. Reflections on causality and the ontic structures of the cosmos coincide, at least theoretically, with reflections on man's moral duties. Physics and ethics no longer are enemies or unrelated realms of human reflection but have become twin-brothers. There is, however, an ambiguity on this point. The Stoic philosophers set out to demonstrate the universal impact of *world*-reason, of the eternal law of nature, but they ended up by referring to *man's* nature. This ambiguity reappears in later Christian reflections when at times the eternal will and law of God is the referent in natural-law statements, and at others it is human nature, its possibilities and limitations. (For example, in what sense is birth control against natural law? Is it against the will of God who created the ordered nature of the world and of mankind or against an element in human nature *per se*, specifically the procreative function?) The Stoic differentiation between *lex aeterna* and *lex naturalis* does some justice, at least terminologically, to this duality. Moreover, the Stoics taught that man's consciene is itself part of world-reason, a *lumen naturae*, a light, and a 'bridge', so to speak, between the general and the particular, between the *lex aeterna* and the individual moral behaviour

---

[15] The development in the Eastern Church has recently been described by Father Stanley S. Harakas, 'The Natural Law Teaching of the Eastern Orthodox Church', in *New Teology* No. 2, Marty and Peerman eds., the Macmillan Co. (paperback), 1965, pp. 122–33. His assessment of the Augustinian and Western concept of the *lex aeterna* as 'an objective body outside the will of God', however, is coloured by a one-sided and textbook-like knowledge.

according to the *lex naturalis*. All human laws, the *lex humana,* must reasonably be in accordance with the *lex naturalis,* which in turn is the expression of the *lex aeterna.* This is the well-known Stoic scheme which we find again in Augustine, and following him, in Thomas.

This mature development of natural law concepts, as we find it in Cicero, Seneca and Marcus Aurelius, is also mirrored in Justinian's *Corpus Juris.* For the later Roman lawyers it served as a bridge between the *ius civile* of the Roman citizens and the *ius gentium* of the rest of mankind.[16] The church, too, was quick to accept the concept of an eternal and natural law as a proper expression of God's universal lordship. In addition to some passages in the later parts of the New Testament, early Christian documents show familiarity with natural law philosophies. In the year 96, I. Clement praises in a long chapter (20) the 'harmonious', 'peaceful' regularity of natural events and seasons, 'at his command and never with a deviation', and Ch. 24 compares the resurrection with the coming and passing of day and night and the growth and decay of plants. All of this is, in truly Stoic fashion, ascribed to the divine will and predestination of him whose true nature is unsearchable. The Apologists, including Tertullian, continued to expound these theories and applied them to moral behaviour as well as to the formulation of some common denominator between Christians and non-Christians. The theologians of the second and third centuries, with the notable exception of Irenaeus, agreed in their belief that, despite the fall of man, all men have access to a basic knowledge of God's eternal, world-ordering laws. The Apologists' tendency to identify the *lex naturalis* with the *lex Christi* of course posed the question whether Christian faith is 'natural' or by grace, but this dilemma was neither seen nor solved until Augustine, in utilizing Tertullian's rather vague concept of illumination, attempted a more thorough answer. The result was a strong separation between Christians and non-Christians.

This brief survey would be incomplete if one of the finest aspects of Greek, and especially Stoic, natural law were omitted: the *respect for man.* It is lamentable that Augustine and the later church, while uncritically accepting the theoretical structure of Stoic natural theology, did not really take seriously this very concrete outgrowth of Stoic thought. Why must Seneca's sentence *homo est sacra res homini* necessarily be in competition with the Christians' belief that their *sacra res* is God in the man Jesus? The Apologists of the second century did agree in principle with this Stoic respect for one's fellowman. The Latin fathers, including Augustine, it must be admitted, also knew that love towards one's neighbour is connected with the insight that man is made in the *imago Dei.* But of much greater influence in the church were the general Stoic and Platonic views of the oneness of the cosmos as well as of the hierarchical structure of levels of being and of values. These general views reappeared in the church and led to a theological sanctioning of the Roman political order (and

[16] *Corpus Juris, Digest,* I, 1, 9, passim.

the empire as a whole) as well as to a rationale for the hierarchy of the
ecclesiastical structure. For many centuries the church was unwilling to
sacrifice these two ideals but violated in a thousand forms the ethical demand
to respect the life of one's fellowman. The crusades, the inquisition, the
persecution of Jews, would have horrified a true Stoic philosopher of natural
law. The irony is that the church argued on the basis of natural law in providing
rationales for these crimes. If there is any historical demonstration for the
vicious circle of the *petitio principii* which is at the root of the logic of an ethic
informed by natural law, this is it.

III. Augustine's lex aeterna Doctrine

Historical reflections on natural law have often focused on the so-called
secularization of natural law concepts at the time of later nominalism, the
Reformation, Grotius, Hobbes and Pufendorf. Indeed, it is interesting that
theologians have prepared the way for a jurisprudence and a theory of the state
which operated with a *lex aeterna* – without-God, as it were. But of greater
interest, at least in the context of our present question, is the fact that Platonic
and Stoic concepts of natural law, of the world-*nous,* of cosmic reason,
concepts of Greek philosophy and religious cosmologies of antiquity, have been
transferred to the God of the Bible. This shift developed, as we have seen, over
a period of several centuries, but it was perfected and presented in more or less
systematic form by Augustine. The second shift in the development of natural
law, to the 'secular' theories of the Renaissance, appears more understandable
in the light of this prior importation of philosophical ideas into theological
thought.

Augustine's position on natural law is part of the larger picture of his
doctrines of God, of the world and of man. Some Stoic ideas helped to prepare
the ground for Christian other-worldliness, and Plotinus' *Enneads* had been
very influential in providing the conceptual framework for the ideal of reaching
ever higher levels of spiritual and intellectual spheres, thus leaving behind the
world with its problems. The two influences converge in Augustine who
accepted from the later Stoa the emphasis on the human will and from Plato
and neo-Platonism the vision of ideas, according to which a timeless God had
created the world and in harmony with which he would govern and redeem
it.[17] But while man, who consists of both body and soul, has access to and at
least a partial share in absolute truth, he also lives in the world, and a fallen
world at that. Here several problems arose for theology, not all of which were
solved by Augustine. The question concerning the origin of the soul was left
unanswered, as were questions about how the body and soul interact (e.g., the

[17] These influences can readily be seen, e.g., in *De trinitate, De civitate Dei,* and *De
duabus animabus.*

question of how sensation occurs). The problem of the recognizability of absolute truth (by fallen man) was solved with the doctrine of illumination, but solved only for believers, not for all men. It is clear, however, that man is located at the point of contact between the absoluteness of God and the transitoriness of creation. Although the 'contact' itself was destroyed by the Fall, Augustine claims that God nevertheless makes manifest his eternal law within the realm of creation. This then is a restatement of the ancient idea of the existence and relevance of natural law, valid for all men. The obvious conflict with Augustine's view of the fallenness of man is bracketed, as it were. The semi-pelagian climate of post-Augustinian theology did not call for an exploration of this problem, but it is worth remembering that the impact of Augustine's radical concept of the Fall at the time of the Reformation brought into question the notion of the recognizability of eternal or natural laws.

Not merely the results but also the actual unfolding of Augustine's natural law concept presented some theological problems. In accepting Cicero's[18] concept of *lex aeterna* he faced the question of how to build into his theology the pagan concept of εἱμαρμένη, *fatum*. This was an integral part of the Stoic notion of eternal laws. Augustine transformed the Stoic *fatum* into 'orders of creation' and connected them with his understanding of predestination. One must assume that he truly believed this to be a theologically permissible adaptation. But in fact this is the very point at which time and again in the history of theology insoluble problems have arisen. By transferring the laws of world order into, and by ultimately identifying them with God, how can it be avoided that God be used as a means of 'explaining (and justifying) the world'?

The *lex aeterna* is to Augustine the sum of the *rationes aeternae* from which are derived, by the very nature of God's creation and activity of preservation, the *rationes seminales causales* of the various things and orders in the cosmos. Also derived from this is the *lex rationis* which is the natural law. It is written into the hearts of men (Rom. 2,14) basically in the form of the 'golden rule' (Matt. 7,12).[19] This law, residing in man's heart or conscience as he grows up and develops reasoning power, is not identical with the *lex Christi* since the latter is seen by Augustine as belonging to the area of God's 'positive' law (i.e., given by revelation) which is not recognizable in creation. The difference between natural law as an outgrowth of or derivation from the *lex aeterna* on the one hand, and God's positive law on the other, is correlated in Augustine's understanding with the fact that there are two sources of knowledge of the law: creation and the Bible.

---

[18] For Cicero's concept, cf. *De legibus*, I, 16; *De republica*, III, passim., *De natura deorum*, 1.15; but cf. also Augustine's criticism of the absence of pre-destination in Cicero, *De civ. Dei*, V, I, 10.

[19] *Enarrationes in Psalmos*, 57, 1; *De Ordine*, II, 8, 25; *Epistle* 157, 15; and passim.

The following scheme could perhaps clarify these interconnections although it should be kept in mind that Augustine's thoughts do not lend themselves to clear systematizations.

The *lex aeterna* is the source of all righteousness, the origin of any and every kind of good law; it is indeed God's own reason and will. Derived from it is not only the *lex temporalis,* so to speak the 'incarnation' of the eternal law in the realm where everything is subject to time, but also the basic structure, the blueprint and ongoing source of life of all of creation. (Whether these *rationes seminales* reside in God and with them in embryo-form all of creation, is a complicated problem, in regard to which Thomas had difficulties in interpreting Augustine.) Only two sub-categories or forms of the *lex temporalis* are recognizable in creation: the law *in paradiso data,* as early and as old as Adam, and the law *naturaliter insita* which now dwells in every man's heart as the *lex cordis.* So far the scheme follows the Stoic tradition. But these two types of the *lex temporalis* are in need of interpretation by a third sub-category or form of God's eternal law 'incarnate' in time; the law which is *in litteris promulgata.* This is the juncture in Augustine's teaching on eternal and time-bound laws where the Bible decisively enters into the picture. The written law of God — this is undoubtedly what Augustine intends to say — is superior to and must interpret the other manifestations of God's enternal law, noticeable and recognizable in creation. Unfortunately, however, the situation is not as clear as

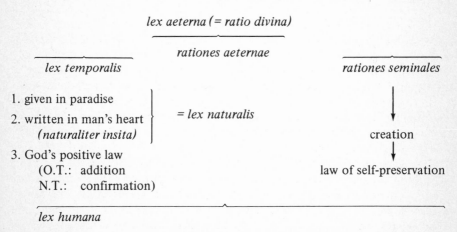

might appear at first sight. First of all, the written law of God, and that is a positive law, is superior to natural law, not as to its origin but with regard to its recognizability. And secondly, although Augustine usually did not adhere to Tertullian's negative attitude towards the Old Testament, he did introduce a distinction between the Testaments with reference to the law contained in them. Sometimes he mentions the Old Testament in connection with or in addition to the first two types of the *lex temporalis,* i.e. to natural law, but in other places he uses Old Testament and New Testament passages indiscriminately to provide an account of what he calls the *lex veritatis,* which he views as a confirmation of other laws. He also suggests that the *lex Christi* is recognizable only by illumination (a doctrine later unfolded by Bonaventure) whereas he calls the *lex Mosis* a positive law which apparently can be understood by the power of reason alone. There appears to be a lack of clarity at this crucial point of Augustine's teaching and it is not surprising that the medieval church had difficulty in understanding him. It may well be that the difficulty resides not in Augustine but in the very attempt to utilize natural law concepts for Christian theology and ethics, or conversely, to utilize God as authority to validate natural laws. An insoluble problem seems to be created by the ambiguity concerning the interpretative function of the written word of God in relation to what man observes in nature and ascribes to God's creating and preserving activity.

It remains to be said that in addition to the temporal-natural law Augustine seems to refer to a *lex naturae* 'which has never been violated, and which is common to us with the beasts'.[20] This has to do with the physical limitations of our body and, in its positive content, appears as the law of self-preservation. Human laws, then, should be decreed in accordance with both the natural laws as interpreted by God's written (positive) law, and with the creational-natural limitations and conditions of man. It has been said,[21] however, that Augustine did not make conformity to natural law a condition for the validity of human law.

The crucial point in Augustine's teaching is his doctrine of God. The neo-platonism of Victorinus and Ambrose permitted Augustine a doctrine of the creator-God who is free and at the same time lord over the creation. Augustine tries hard never to deviate from the thought that everything that is, and possibly can be, exists by an act of will of the creator. At the same time he asserted the freedom of human will, interpreting it as an expression of God's creativity in the world. Everything that is, including human beings, exists, so to speak, doubly: in 'world-reality' as well as in the mind of God. This existence 'in the art' (a truly Platonic thought) and mind of God precedes the temporal form of existence and also 'survives' it, as it were, since it continues in God's memory after it has ceased to exist in its temporal form. The essences of the temporal things within God are the *rationes,* reflections of his eternal and infinite *ratio* and perfection. They remain unchanged in God forever as archetypes and memories at the same time. The obvious occurrence of ongoing

---

[20]   *De doctrina christiana,* I, 26, 27; quoted by Herbert A. Deane, *The Political and Social Ideas of St. Augustine,* Columbia Univ. Press, 1963, p. 87.

[21]   Herbert A. Deane, op.cit., p. 90: 'As far as I have been able to discover, in none of the works written during the remaining forty years of his life does Augustine ever state that positive law must conform to God's eternal law or to the law of nature if it is to be valid.' (The possible exception is a passage in the early work *De vera religione.*) Cf., however, *De libero arbitrio,* I, 6, 14.

becoming within the world, of the creation of new things and beings, is explained by Augustine as an ongoing divine creativity known to God from before all time. The logical instrument for explaining the connection between the eternal *rationes* and the becoming of finite things is the notion of *rationes seminales or causales.*[22] It expresses God's eternal responsibility for the existence and development of things and beings in creation and one should perhaps appreciate this basic theological intent. Later theology, including Protestant scholasticism, continued to operate with the concept of a *creatio continua,* 'playing down' the activity of man and other beings, and assigning to God ultimate responsibility and creativity. This doctrine of exemplarism, as it was called, would of course be meaningless if it merely referred to being and becoming and not to *order.* There is no becoming in creation without order. Consequently, the doctrine of the divine *rationes* is also a doctrine of divine orders, that is, of eternal law in its divinely willed and organic relation to natural law.

Utilizing the basic distinctions we introduced above in Part I, we can perhaps say that the problem with Augustine's doctrine of *lex aeterna* and natural law is three fold. Firstly, he uses a *concept of nature* which he has borrowed from Aristotle's physics and which is indiscriminately applied to everything in creation, physical, human and social entities alike, as though *everything* other than God could satisfactorily be described by the use of the categories essence/manifestation in time. One wonders whether such use of 'nature' does justice to the 'many natures of nature'. Secondly — and here we touch upon the heart of the logical and theological problem — Augustine 'locates' the sum of all being, beauty and order *in* God, but he wants to reconcile a timeless God with a transitory world. The results are unhappy for our understanding of God, the moral order, and the relation between the two. On the one hand, the timelessness of God carries over into a conception of a natural moral law with essentially unchanging content. On the other hand, certain aspects of humanly formulated morality tend to be read into the nature of God. This danger was noted earlier in the comments made about 'locating nature' in God. The observation can now be added that, perhaps because of the logically necessary and deductive way in which the individual propositions of a system of law are connected, a similar logically necessary and deducible relationship is posited between God and the moral order of creation. In fact, it seems to me that there are only three possible ways of linking a world law or the laws of nature to a concept of God:

(a) One can say that the law resides in God, that it is part of his very self. Creation then becomes, not a separate reality, but a function or operation of the divine being; the world is an emanation of God. (But since the world is manifold, the thought that it originally resided in God endangers the concept of the *simplicitas Dei;* this was Thomas' worry concerning Augustine.)

[22]   E.g. *De Genesi ad litteram,* 6. 5, 8; *De trinitate,* III. 8, 13—14—15.

(b) One can say that the *lex aeterna* is, so to speak, prior to God so that God is bound to its rules. (This means that either his intellect and his will are separated, which was the danger in Thomas, as Duns Scotus saw it, or that the creator-god is merely a demiurge, the *lex aeterna* being the true God.)

(c) One can say that by the act of creation God 'passed on' to the cosmos the eternal-law according to which creation now continues to unfold in a manner known to man since (at least part of) the divine law left its imprint in man's heart and reason. (This means that God is either no longer needed – as for example in Deism – or that he is understood pantheistically.)

Augustine operates with the first and the third of these possibilities. He did not consider as an option the christological interpretation attempted by Thomas Aquinas, who tended to identify the eternal *ratio* with the Word, the second person of the Trinity. It would be premature to regret this omission because a christological-trinitarian interpretation of the sum of all natural law is indeed not possible and so has not been achieved by Thomas either. I do not see more than the three possibilities listed. The christological is not a fourth option unless one would declare that which took place in Jesus Christ, what he 'stood for', did and suffered, to be *natural,* normative and 'normal'; but few writers in the church have ever attempted that. The *lex Christi* is not a sub-category or a normal manifestation of what is usual and normal in the order of the cosmos. Or in short, it is not 'natural' to love one's enemy and to honour the weak.

Thirdly, the problem with Augustine's *lex aeterna* doctrine is the question in what sense it can serve as a *norm* for ethics. We have already mentioned the ambiguities concerning the universality of a generally recognized natural law and the necessity of illumination of those who understand God's positive law in addition to what the rest of mankind understands.

In concluding these reflections on Augustine one may wonder whether the God he spoke of was perhaps defined in terms of a counter-force to chaos, of an eternal being over against the transitoriness of the world and the things in it, of order in contrast to disorder, and of eternal goodness as eternally distinct from the sin and evil he saw during his own lifetime. In favour of this suspicion there is the fact that Augustine's concept of grace is developed in contrast to his concept of sin and his understanding of the work of Christ in contradistinction to the fallen state of man.[23] His God, the location of eternal law, would then be the highest principle of order, developed in the theologian's mind as a counter-force to chaos and worshipped in the church as the source and goal of the believers' beatific vision. Although one may regret his departure from a biblically oriented concept of God and lament the theoretically avoidable fusion of Stoic natural law with Christian neo-Platonism, one would do well to appreciate at least one major theological aim of Augustine. He did

[23]   I have tried to show this in *Memory and Hope,* Ch. III.

attempt to counterbalance the cosmic dualism of Manichaeism by affirming that creation is basically good because it is held together by him who also made it. The *lex aeterna* doctrine postulates this even if in the domain of anthropology and ecclesiology Augustine was unable to overcome his Manichaean heritage. But calling attention to this relative theological advantage will hardly reassure theological and other critics, including jurists, who have many reasons to view with regret and some distaste the fifteen hundred year history of natural law in the western world.

IV. Concluding Remarks on Augustine's Influence

Augustine left undecided the question whether God created the moral order of the world in accordance with what was right, or whether the created order is right because He willed it. It is well known that this question appeared again in various forms in later medieval philosophy and theology. To read the later issues back into Augustine would be an over-simplification and would not do justice to his own questions and conceptual apparatus. Augustine managed a combination of idealistic and voluntaristic interpretations of God and of the *lex aeterna* which worked reasonably well for his purposes. Yet the two interpretations stand side by side without being fully sythesized, and problems are left implicit in his thinking which in time led to difficulties. The idealistic-rationalistic strain tended to be linked with the timeless, other-worldly, static concepts of God, nature and law. Voluntarism was linked more with dynamic and temporalistic ways of thinking, with freedom and creativity. But since Augustine bequeathed an unstable combination of two basically incompatible interpretations of things, his successors have tended to pose choices between mutually exclusive alternatives: either absolutism and legalism in ethics, or relativism and arbitrariness; either a strict natural law basis for jurisprudence, or an amoral positivism: either the primacy of intellect or of will in God; either the good is prior to God, or it is whatever God (arbitrarily) wills. Such problems might have been avoided if Augustine had founded his ethics upon the idea of God as one who acts providentially and redemptively in history, an insight which is certainly present in his thought but which he failed to follow through consistently.

The trend of the discussion on natural law in early and high medieval times is clearly towards a theoretical investigation of man's ability to recognize eternal values and divine characteristics, and it was not until Scotus and Ockham that the basic theological question moved into the foreground. If one should not read Duns Scotus' formulation of the idealist-voluntarist issue back into Augustine, one should not read it into Thomas either. He too was more interested in the question of the recognizability of the eternal law and of its relation to human law rather than in the fundamental question to which Scotus drew attention. Thomas' teaching on natural law[24] is a combination of Augustine's influence with Aristotelian and ecclesiastical-canonical material. The history of the development up to Thomas, via Isidore and William of Auxerre, and summaries of Thomas' own teaching, can be found in many publications. For the context of our question it suffices to mention that Thomas fully accepted Augustine's concept of *lex aeterna* in formulating his understanding of the world law, but that in his understanding of natural law there is an added teleological dimension which permits him to think that *reason* is the agent by which an *end* is perceived, so that the knowledge of this end makes a natural law appear as a *directive*. Knowing 'the end of things' in the Aristotelian sense, within their natural-causal context, is a source of ethical directives. It is at this point that Thomas goes beyond Augustine. He not only teaches in great detail which beings know of and participate in the eternal world law, and to what extent; he also affirms that the teleological principle inherent in each thing is tending towards divinely intended goodness. This combination of being with values, of ontology with ethics, permits the transition from the recognition of things to the recognition of values. It is well known that in later centuries, notably in Hume and Kant, but also in analytic philosophy in the twentieth century, a sharp distinction has been made between is-sentences and ought-sentences. It has been argued that the knowledge of some thing or situation that *is,* does not by itself provide any basis for inference concerning what *ought* to be. Foregoing a discussion of this problem, we should at least notice that the most effective criticism of natural law, the charge that its advocates read into nature what they already know, runs parallel to the philosophical argument that is-sentences cannot be turned into ought-sentences. Thomas Aquinas invites both criticisms.

The decisive turn in the history of post-Augustinian natural law theories came with the two great Augustinians, Duns Scotus and William of Ockham. Scotus'[25] critical questions to Thomas are of lasting importance and are, in fact, theologically still unanswered. It is hard to understand why Thomas' teachings are at times today still utilized and advocated[26] as though Scotus had never dealt with them. Although I cannot discuss here the many valuable insights which are to be found in Scotus, I shall at least mention one or two issues in regard to which his thinking could be clarifying and fruitful. Christians have displayed a certain hesitation in accepting the Stoic emphasis on the

[24] For a helpful introduction, cf. Michael Strasser, 'Natural Law in the Teachings of St. Thomas Aquinas', in *Church-State Relations in Ecumenical Perspective,* Elwyn A. Smith, ed., Duquesne Univ. Press, 1966, pp. 152–75. See also Ernst Wolf, 'Zur Frage des Naturrechts bei Thomas von Aquin und bei Luther', in *Peregrinatio,* Munich, 1962, pp. 183–213.

[25] Cf. G. Stratenwerth, *Die Naturrechtslehre des Johannes Duns Scotus,* Göttingen, 1951.

[26] E.g. H. A. Rommen, 'In Defense of Natural Law', in *Law and Philosophy,* ed. Sidney Hook, pp. 105–21.

oneness of mankind, since Stoic thought seems to slight the concrete, historical realities of persons and communities which are so important in the biblical perspective. Yet an atomistic individualism is just as unbiblical. I suggest that no adequate solution will be found to the problem, which is equally important to ethics and jurisprudence, as long as we depend upon natural law doctrine, for in this respect it displays the same inadequacies as the Stoicism from which it is so largely derived. Scotus points the way to a better solution. The philosophical apparatus with which he defined the individuality of a thing or situation provides a way of affirming human individuality without denying the oneness of humanity or lending support to modern individualism. I do not mean to suggest that he has presented answers to all our urgent problems. On the contrary, the perennial problem of ethics and jurisprudence, the task of concretization of general concepts or statements, was opened up wide in Scotus' teachings. But his intra-theological criticism of a thousand-year theological 'usurpation' of a problem of the philosophy of law deserves our attention. Scotus also discarded the concept of *lex aeterna,* or at least that version of it according to which it resided in God and provided unchanging ethical norms. In fact, I believe that his critical thoughts concerning eternal and natural law, God's goodness (*bonitas*) in himself and towards creation, and his teachings on human freedom and will, open up the historical dimensions of the foundation of human law.

To develop the thesis just stated, however, would be beyond the limits of this essay. Neither do I take it upon myself to suggest what jurists should contribute towards progress in the natural law debate and in search for the foundation of law. Theologians, I should like to submit, ought to focus on the following tasks:

(1) A reassessment of the doctrine of God in relation to traditional and contemporary concepts of nature. We need to come to an understanding of God in which he is seen as positively related to the natural world, to time and history, to novelty and creaturely freedom.

(2) An assessment of the anthropological implications of the fact that 'nature' can be changed, manipulated, that man's relation to nature is entering upon a new phase in history.

(3) An exploration of the reasons for concern about the oneness of mankind, and of ways of conceiving and speaking of it.

(4) An explication of the idea that Christian ethics, or better, the ethics of Christians, should serve as a catalyst and corrective to the humanisms or humane moralities of one's historical epoch, rather than as a set of standards to be imposed on all men.[27]

---

[27] John Macquarrie, op.cit., p. 17, agrees with my harsh statements (in *Memory and Hope,* p. 190) concerning 'anonymous Christianity'. I have sympathy with his attempt to formulate thoughts on a humanity shared by all men and also with his emphasis on hope (pp. 131ff.). This indeed seems to me to be the anchor for a Christian theological search for

(5) A search, together with non-Christian humanists, for penultimate (i.e., time-bound but generally applicable) norms in interpersonal, social and international relations, such as are needed for physical and psychical survival and for unfolding the humanity of all men.[28]

(6) An investigation of the structural and functional differences between ethics and jurisprudence. Once greater clarity is achieved about the distinctive subject matter and method of each discipline, more constructive relations between them would be possible, and jurisprudence might finally be freed from some of the problems inherited from theology and ethics, such as the effects of the idealist-voluntarist muddle.

ethical norms, although I myself would like to stress the promise as the basis of hope more than does Macquarrie.

[28] H. L. A. Hart's search for a 'minimum content of natural law' is intriguing, op.cit., pp. 189ff. He defines what is 'natural' in terms of limitations shared by all men. This is no natural law in the classical sense, but it is an attempt to take seriously man's 'natural nature', without, however, deriving norms from these observations.

PERSPEKTIVEN DER BEURTEILUNG PATRISTISCHER TEXTE
Bemerkungen zu drei Büchern

Das Wort "Texte" im Titel zeigt schon die Frage an, die es hier zu bedenken gilt. Freilich haben wir es bei den griechischen (genauer: syrischen, ägyptischen, antiochenischen, armenischen sowie im eigentlichen Sinn griechischen) und lateinischen Vätern, den Liturgien ihrer Kirchen, ihren Kommentaren, Gedichten und Gesängen, ihren Predigten und Abhandlungen mit *Texten* zu tun. Aber aus zwei Gründen könnte das bloße Textstudium zu blaß ausfallen und als Methode für das Verständnis und die kritische Rezeption des Reichtums der Alten Kirche unzureichend sein. Einmal muß man sich fragen, ob die vorhandenen Texte überhaupt hinreichend Aufschluß geben über die reiche Welt der Bilder und Symbole, des "gebeteten Dogmas," des Vertrauens in die "Symphonie" aller Stimmen der Gläubigen und ihre unsichtbare Anwesenheit – zumal in der östlichen Orthodoxie, in der der besondere Duft des Gottesdienstes und die Schönheit des Menschen und des ganzen Kosmos nicht nur zur Ästhetik, sondern mitten in die Ethik und in den Glauben gehören. Zum andern muß man ja bei allem wissenschaftlichen Eros zur Objektivität und zum unvoreingenommenen Textstudium nicht vergessen, daß die "Texte" der Patristik ganz wesentlich auch unsere Texte geblieben sind, daß auch wir das sagen wollen, was wir da lesen – doch jedenfalls zum Teil. Wir haben also, genau genommen, "außer" den Texten auch noch das Gemeinsame, das uns mit den alten Vätern verbindet. Denn so naiv protestantisch wird wohl heute kaum jemand mehr sein, daß er die mündliche παράδοσις als eine Spezialität der östlichen Orthodoxie oder ihres abschliessenden Dogmatikers, Johannes von Damaskus, verstehen möchte, statt in ihr die Benennung dessen zu erblicken, was tatsächlich über die Jahrhunderte bei uns und in anderen Kulturen die Kirche hervorgerufen und in ihrer Kontinuität erhalten hat.[1]

Auf dem Hintergrund dieser beiden Vorbehalte gegenüber der reinen Konzentration auf Texte müßte man im einzelnen die Probleme dogmengeschichtlicher Arbeit diskutieren, was hier nicht geschehen kann. Man wird generell bedenken müssen, a) daß die alten Autoren uns heutigen Christen eigentlich unerhört fremd sind, bei aller Vertrautheit ihrer Namen und Lieblingsgedanken, die in die Tradition der westlichen, modernen Kirchen eingegangen sind (das wird auch für die heutigen orthodoxen Christen im Hinblick auf die alten, östlichen Väter gelten); b) daß der Unterschied zwischen östlichem und westlichem Kirchentum, Frömmigkeit und Theologie größer ist als zwischen heutigem Protestantismus, Anglikanismus und Katholizismus; c)

---

[1] Ich habe versucht, dies ausführlicher zu begründen in "A Plea for the Maxim: Scripture and Tradition, Reflections on Hope as a Permission to Remember", in *Interpretation,* Jan. 1971, S. 113ff.

daß es sehr fraglich ist, ob man die Väter der Alten Kirche wie individuelle Autoren oder Professoren ansehen und interpretieren soll, nicht nur, weil sich die meisten von ihnen anders verstanden, sondern weil man mit dieser Methode der Historiographie nur teilweise an den eigentlichen Gegenstand herankommt; und endlich d) daß wir als Interpreten nicht nur in der selben Kirche uns befinden wie die Interpretierten, sondern auch — gerade in bezug auf die östlichen Traditionen — bereits in einer Schuld stehen.

Anstelle genereller Überlegungen sollen im folgenden drei Beispiele sehr unterschiedlicher Interpretation patristischen Materials vorgestellt werden. Nur eines der drei behandelten Bücher ist im technischen Sinn historisch-wissenschaftlich; aber von der Bürde solcher Unterscheidung ist der systematische Theologe (auch im technischen Sinn) wenig berührt.

I.

Alexander Schmemann,[2] Professor am St. Vladimir's Theological Seminary in Tuckahoe, New York, bietet eine gelehrte, wenn auch populär gefaßte Geschichte östlicher Orthodoxie von ihren Anfängen bis hin zu ihrer reichen Ausgestaltung in der russischen Orthodoxie der Zeit nach Peter dem Großen. Das Buch soll sowohl den orthodoxen Christen im Westen Aufschluß und Einzelinformation über ihr eigenes Erbe, wie auch den restlichen Christen Einblick in die Entwicklung von der frühesten Kirche über die "goldene Zeit" griechischer Patristik bis zur russischen Orthodoxie und die Beziehung dieser Tradition zum Westen bieten. Man wird nicht durch eine große Zahl von Anmerkungen irritiert, auch technische Termini und Namen von Gelehrten belasten das Buch nicht. Allerdings werden auch moderne Autoren zum gleichen Thema kaum genannt — jedenfalls nicht solche aus dem Westen — und Hinweise auf den Weltkirchenrat und den Vatikan fehlen vollständig. Ebenso sind Informationen oder Bemerkungen über das Leben der heutigen russisch orthodoxen Kirche in der UdSSR sehr karg und vage. Das Buch selbst folgt dem chronologischen Aufriß der Entwicklung der Orthodoxie.

Die Wurzeln der orthodoxen Kirche sind im Neuen Testament, und dort beginnt auch der Autor mit der Darstellung der Entwicklung. Er konzentriert sich dabei hauptsächlich auf die Apostelgeschichte, benützt aber keine Ergebnisse moderner Forschung. So kann er auch ohne Skrupel die spätere Hierarchie und auch die Liturgie in den Schriften des Neuen Testaments präfiguriert sehen. Ähnlich wird Ignatius interpretiert. Schmemann weiß auch schon von einer christlichen Gemeinde in Alexandria in frühester Zeit. Genauere Beachtung historischer Forschung zeigen die Abschnitte über Christenverfolgungen in der vorkonstantinischen Epoche. Und die eigentliche

---

[2] *The Historical Road of Eastern Orthodoxy,* New York, Holt, Rinehart and Winston, 1963. Vgl. meine Besprechung im JES, I, 1, Winter 1964, S. 118—121.

Stärke der Argumente findet sich in der Diskussion über Constantin selbst — allerdings nicht immer dem in der Orthodoxie üblichen Trend folgend. Hier stößt der Leser auf Schmemanns eigentliches Interesse, im Grunde das heimliche Thema oder der Leitfaden des ganzen Buches: die Beziehung zwischen Staat und Kirche (in westlicher Sprache ausgedrückt), oder zwischen Christus und der Welt. Hier finden sich nun manche tiefgehenden theologischen Gedanken, besonders in den Abschnitten über Justinian und die auf ihn folgende Zeit in Byzanz. Man wundert sich über die geringe Aufmerksamkeit, die der eigentlichen Epoche der Blütezeit griechischer Patristik zuteil wird. Die Ergebnisse dieser Epoche, — die J. Quasten ja das "Golden Age" der Patristik nennt (für alle Musikfreunde ein liebliches Wort!) — werden vorausgesetzt resp. hoch gelobt, in ihrer Entstehung aber nicht dargestellt. Arius erscheint als ein theologisches Individuum, keineswegs als Name einer Bewegung oder gar Kirche; Marcell von Ancyra wird schnell als Sabellianer abgetan, (obgleich Athanasius von ihm gelernt, wenn nicht gar abgeschrieben hat); Cyrill wird unproblematisch als "Vorläufer von Chalcedon" geschildert, und Nestorius muß die ganze Last der Streitigkeiten zwischen Alexandria und Antiochia alleine tragen. Auch Chalcedon selbst wird wie eine schöne Blume angesehen, aber niemals, wie es etwa westliche Katholiken tun, diskutiert, befragt, angegriffen und verteidigt. So wird auch das dreibändige katholische Werk, auf das ich hier anspiele, gar nicht erwähnt. Von den westlichen Autoren werden überhaupt nur Harnack, Heussi und Lietzmann als Repräsentanten patristischer Forschung erwähnt. Es ist freilich nicht schwer, unter Auslassung der gesamten neueren Veröffentlichungen aus dem katholischen, anglikanischen und protestantischen Bereich auch auf ein Gespräch mit diesen Teilen der Kirche zu verzichten. In der Darstellung der dogmatischen Probleme hängt Schmemann stark von G. Florovsky ab, ohne aber dessen offene und gelehrte Diskussion nachzuzeichnen, und auch ohne seine eigenen Bewertungskriterien zu nennen. Am Rande sei noch vermerkt, daß Schmemann Leontius von Byzanz und Pseudo-Dionysius gar nicht und Johannes von Damaskus nur ganz gelegentlich erwähnt. Eine Geschichte der Kirche ist also nicht eine "Dogmengeschichte."

Sehr anregend ist hingegen Schmemanns Beurteilung Justinians und seine Diskussion der Gründe für die später folgende Trennung zwischen Ost und West. Hier kann der westliche Leser eine Menge lernen. Die Tragödie wird transparent, die in der Mitschuld der Kirche für die spätere politische Trennung liegt, eine Trennung, die schon in den inneren Spannungen in Byzanz und im Abbröckeln der orientalischen Kirchen vom homogenen orthodoxen Block vorgeformt ist. Schmemann ist in seinem eigensten Territorium bei der Analyse und Beurteilung der Spannungen zwischen dem Selbstverständnis der orthodoxen Kirche und dem byzantinischen Reich. Hier scheut er auch vor kritischen Urteilen und eigenen, konstruktiven theologischen Gedanken nicht zurück. Er bietet keine Anzeichen von Einseitigkeit in der Diskussion über die Haltung der römischen Päpste, erwähnt eigentümlicherweise nie das Infallibilitätsdogma, und zeigt große Fairness in der Beurteilung des Islam. Man gewinnt den Eindruck, daß alles außer dem Herzstück wissenschaftlich angegangen und kritisiert werden darf: in der Theologie alles außer dem Dogma und in der Geschichte der Kirche alles außer dem Mönchtum. Immer waren die Mönche — in Byzanz sowie in Russland — "ein hellscheinendes Licht in der Dunkelheit," eine Gruppe stellvertretend Glaubender, eine Vikariatskirche. Diese Einstellung Schmemanns spiegelt sich auch in den Abschnitten über Gregor Palamas wider, in den Bemerkungen über "Vergottung" und hesychastische Mystik. Der westliche Leser wird sich manchmal fragen, wie dies mit den starken Aufforderungen zur Wahrnehmung kirchlicher Verantwortung gegenüber dem Staat und der Welt überhaupt in eins zu sehen sei. Vielleicht wird man gerade hier umdenken und neues in bezug auf die Orthodoxie lernen müssen.

Der letzte und kürzeste Teil des Buches ist der Entwicklung der Orthodoxie in Russland gewidmet. Der Autor ist höchst kritisch gegenüber den Verwestlichungs-Tendenzen in der Zeit von Peter dem Großen und auch im 19. Jahrhundert. Er lobt das hohe akademische Niveau der Theologie im späten 19. Jahrhundert, läßt aber jegliche Bemerkung über ein eventuelles Versagen der Kirche im Bereich sozialer Aufgaben aus. Schmemann beruft sich häufig auf Autoritäten aus der Zeit um das Jahr 1900 — aber kann man wirklich einen Consensus voraussetzen über die unbestritten hohen Leistungen der damaligen russischen Theologen? Auch wenn dies im Gebiet der Dogmatik möglich sein sollte, oder der "Philosophiegeschichte," wie Schmemann es nennt, so wird man kaum ableugnen können, daß die entscheidenden Leistungen in der Byzantinistik von Westeuropäern, anfänglich besonders von Franzosen, erbracht worden sind, ohne die — mindestens als Hintergrund — die Arbeiten von V. G. Vasilievskij, N. P. Kondakov, Th. I. Uspensky u.a. nicht genannt werden sollten. Einige der großen russischen Gelehrten waren ja auch Teil der panslawischen Bewegung — kein Wunder, daß sie in späterer Tradition als autonome Forscher erscheinen.[3] Historische Redlichkeit würde es auch erfordern, die Leistungen der westeuropäischen Patristiker der vergangenen einhundert Jahre zu erwähnen, auch wenn wir westlicherseits heute wenig glücklich über etliche ihrer Tendenzen und Resultate sein mögen.

A. Schmemann schließt sein Buch mit einem kurzen Abschnitt, der den Titel "Tragic Halt" trägt. Hier ist nicht der Ort, die komplexe Frage des Lebens und der Lebensformen der orthodoxen Kirche in der heutigen UdSSR zu diskutieren.[4] Aber es ist doch bedauerlich, daß der Autor dieses wertvollen und gewiß mindestens in den USA einflußreichen Buches den Lesern nicht wenigstens in zurückhaltenden Worten mitgeteilt hat, daß die orthodoxe Kirche im heutigen Russland sehr wohl am Leben ist und vielleicht in ihrer Stellung

[3] Vgl. A. A. Vasiliev, *History of the Byzantine Empire*, Vol. I, Madison, Univ. of Wisconsin Press, S. 32ff., über byzantinische Studien in Russland, mit einem sehr sprechenden Zitat von T. N. Granovsky (1850), der den westlichen Gelehrten das letzte Verständnis byzantinischer Geschichte abspricht (S. 33).

[4] Vgl. u.a. meinen Bericht "The Priestly Church in Marxist Lands", in *Union Seminary Quarterly Review*, Vol. XX, Nr. 4, Mai 1965, S. 333—342.

zum Staat nicht einmal so sehr von dem abweicht, was Prof. Schmemann über die Jahrhunderte hinweg als ideal oder mindestens als normal dargestellt hat.

II.

Ein ganz anderes Beispiel bietet das an allen Maßstäben gemessen sehr gelehrte Buch *The Athanasian Creed,* von Canon J. N. D. Kelly in Oxford.[5] Der Leser lernt hier aufs neue Respekt vor strengster historischer Frageweise, Liebe zum Text und Mitfreude bei den Entdeckungen, die Schritt für Schritt gemacht und mitgeteilt werden. Bestimmte Passagen lesen sich wie eine Detektivgeschichte, obgleich dem Leser immer in Erinnerung gerufen wird, daß die gesuchte Person ein westlicher Kirchenvater und daß das analysierte Material eine kondensierte Form lateinischen Kirchenglaubens ist. Wer hat das Athanasianum geschrieben?

Daß Athanasius unmöglich hätte der Autor sein können, hatte J. Camerarius schon im 16. Jahrhundert vermutet und war von dem niederländischen Humanisten G. J. Vossius fast einhundert Jahre später erwiesen worden. Seither haben zahlreiche Autoren versucht, Theorien über den Verfasser und die Datierung, den Hintergrund und den Zweck, den Inhalt und die metrische Struktur des Athanasianum aufzustellen und zu beweisen. Ohne solchen Nachfragen Beachtung zu schenken, haben Generationen von katholischen und anglikanischen Gläubigen − wenigstens bis in die jüngste Zeit − dies komplizierte, abstrakte und vielleicht am wenigsten persönliche und am allerwenigsten die Frömmigkeit erwärmende Credo respektiert und rezitiert. (So haben auch Luther, Zwingli und Calvin und etliche der reformatorischen Bekenntnisschriften das Athanasianum als eines der drei "ökumenischen Credos" hochgehalten und empfohlen.)

J. N. D. Kelly, der Verfasser des bekannten und auch ins Deutsche übersetzten Buches *Early Christian Doctrines,* beweist in diesem Buch die ganze Kunst des souveränen Historikers und Philologen, indem er jede These und Hypothese, jeden Text und jede Lesart, jede grammatische und linguistische Parallele untersucht, die auch nur im entferntesten die Frage nach dem Ursprung des Athanasianum erhellen könnte. Der Text des Credos selbst wird im Detail untersucht und aus immensem Wissen lateinischer Patristik von Kelly interpretiert. Das Ergebnis ist dies: das Athanasianum war ursprünglich als Instrument der Unterweisung konzipiert und wurde erst später rezitiert und gesungen; sein Verfasser ist stark beeinflußt und abhängig von Augustins Theologie, genauer noch, von Vincent von Lerinum; es ist anti-nestorianisch, aber nicht − wie oft angenommen − anti-eutychianisch; sein Ursprungsort ist Lérins oder ein Ort im Einflußbereich des dortigen Klosters, wo Caesarius von

---

[5] J. N. D. Kelly, *The Athanasian Creed,* New York, Harper & Row, 1964. Vgl. meine Besprechung in *Perspective* (Pittsburgh), Vol. X, Winter 1969, S. 259−261.

Arles es im Jahr 540 kannte, der aber kaum als sein Autor, jedoch sicher als sein eifriger Vertreter angesehen werden muß. Wegen der emphatischen Betonung des korrekten Verständnisses der Trinität war es verständlich, daß das Credo als *Fides sancti Athanasii* tradiert wurde und so den Schutz und die Autorität des Namens des großen Verteidigers der Trinitätslehre genoß.

Indem man diese Ergebnisse außerordentlich exakter historischer Forschung dankbar registriert, überfällt den Theologen doch am Ende ein eigentümliches Gefühl der Traurigkeit. Ist die Aufgabe theologiegeschichtlicher Analyse und Textexegese wirklich auf die Rekonstruktion der historischen Situation und auf die Erstellung verifizierbarer "Ergebnisse" der Art, wie sie in diesem gelehrten Buch erarbeitet werden, beschränkt? Allerdings geht Prof. Kelly kurz auf die schrecklichen Verdammungsklauseln ein (2: *"quam nisi quis integram inviolatamque servaverit, absque dubio in aeternum peribit"*; 41: *"et qui bona egerunt ibunt in vitam aeternam, qui mala in ignem aeternum"*; 42: *"Haec est fides catholica: quam nisi quis fidelitur firmiterque crediderit, salvus esse non poterit"*). Welch entsetzliche Armut des Glaubens und welch unerträglicher Hochmut! – Der Autor des Buches enthält sich ganz einer Diskussion über die Tatsache, daß dies Credo in autoritativen Verlautbarungen der Kirche über Jahrhunderte hinweg die biblische Botschaft zu entstellen und die Gläubigen zu versklaven drohte, so als sei intellektueller *assensus* zu komplizierten theologischen Sätzen der Weg zum Heil und zur Rettung vor "ewigem Feuer." Ich möchte mit diesen kritischen Bemerkungen nicht sagen, das Athanasianum sei inhaltlich "falsch," kommen doch die Hauptsätze seines Inhalts aus jahrhundertelangem Bemühen der griechischen Kirche; aber ich bin der Meinung, die Verpackung der alten Weisheit in die Verdammungsklauseln sei der Anfang einer katastrophalen Entwicklung der intellektuellen Trennung zwischen "korrekten" Sätzen und dem wahren, gläubigen und hingebenden Leben der Christen. Ein Gnostizismus höchster Ordnung ist so im Westen geschaffen worden, gegen den sich im Vergleich der viel kritisierte Gnostizismus der griechischen Väter wie ein neckisches Sprachspiel ausmacht. Es ist in keiner Weise schade, daß das Athanasianum aus den westlichen Liturgien verschwindet.

Die methodische Frage, die hier unbeantwortet bleibt, ist diese: wie lange sollen wir noch Bücher über Teile unserer eigenen Tradition in strenger Enthaltsamkeit gegenüber jeglichem Urteil und jeder Empfehlung oder Warnung schreiben?

III.

Ein drittes Beispiel ganz eigener Art wird von H. v. Campenhausen in seinen beiden erstaunlichen Büchern über die griechischen und die lateinischen Kirchenväter geboten. Ich beschränke mich hier auf einige Gedanken über das zweite dieser Bücher.[6] Erstaunlich sind sie darum, weil hier ein großer Kenner und Könner — und zudem noch ein Deutscher — auf die Form des fußnotenreichen und gelehrten Buches verzichtet, um einer breiteren Leserschaft die Augen und das Herz für die alten Kirchenväter zu öffnen, ohne der Differenziertheit wissenschaftlichen Urteils Opfer bringen zu müssen.

In der Regel vermeiden moderne Dogmenhistoriker das Ideal mancher Autoren des 19. Jahrhunderts, "große Persönlichkeiten" darstellen zu wollen, oder die durch kirchliche Sitte bestimmte Hinwendung zu individuellen "Heiligen" in der katholischen Tradition. Aber Campenhausens Sammlung von Biographien ist anderer Art. Die sieben lateinischen Väter, Tertullian, Cyprian, Lactantius, Ambrosius, Hiernonymus, Augustin und Boethius erscheinen nicht eigentlich als individuelle Denker oder Protagonisten bestimmter Theologien. Vielmehr werden sie als Kinder ihrer Zeit vorgestellt, abhängig von kulturellen, philosophischen, theologischen, politischen und ganz persönlichen Erfahrungen und Umständen, aber doch immerhin als solche, die, wie es der Titel der englischen Übersetzung sagt, "shaped the Western Church." Der Leser wird eingeladen, eigentümliche Erfahrungen zu machen: je mehr er über die persönlichen Schwächen, Eitelkeiten und Fehler dieser Väter hört, umsomehr beginnt er sie zu schätzen, ja zu lieben. Die Fairness von Campenhausens Beschreibungen hat die Qualität des Bezwingenden, wodurch der Leser beschämt und in seine Schranken gewiesen wird, wenn er es wagt, ein abschliessendes Urteil fällen zu wollen: etwa über den unausstehlichen Hieronymus, der — vielleicht verständlich — sehr häßlich mit seinem alten Freund Rufinus umgeht — Campenhausen versteht dies alles immer noch und lädt zu verteidigenden Gedanken ein. Oder Boethius, dessen Exekution unter Theoderich in späteren Jahrhunderten beklagt und in ein wahres christliches Martyrium uminterpretiert wurde, wird hier anders gesehen: obwohl sein Tod wohl nicht gerecht war, so ist er politisch doch verständlich, und ein christlicher Märtyrer ist er, der liebenswerte heidnisch und christlich denkende Aristokrat, gewiß nicht.

Diese bewundernswerte Offenheit und Objektivität in biographischen und historischen Fragen wird von H. v. Campenhausen auf interessante Weise theologisch balanciert. Man kann im Prinzip die Frage diskutieren, ob es die Aufgabe des Historikers der Theologie und Kirche sei, theologisch tolerant aber historisch scharfsinnig-kritisch zu sein, oder umgekehrt. Beides sind wohl Extreme, die es zu vermeiden gilt. Campenhausen, der im allgemeinen fast zu wenig Leidenschaft für bestimmte theologische Positionen zeigt, entgeht dem Dilemma meist dadurch, daß er bei der Beurteilung jedes Kirchenvaters und jeder Epoche nur den Maßstab des Vergleichs mit der diesen Autoren

---

[6] H. v. Campenhausen, Lateinische Kirchenväter, Stuttgart, Kohlhammer, 1960 (= Urban Bücher, Nr. 50). Vgl. meine Besprechung der englischen Ausgabe (*Men Who Shaped the Western Church,* übers. Manfred Hoffmann, New York, Harper & Row, 1964) in *Union Seminary Quarterly Review,* 1966 (Belegheft mit Nr. u. Seitenzahl z.Z. nicht greifbar).

möglichen und von ihnen intendierten Theologie anlegt. So werden die recht dünnen theologischen Gedanken und mageren Ergebnisse des Lactantius tolerant bewertet und nur innerhalb ihrer gegebenen Limitierungen beurteilt; hingegen werden Augustins Endergebnisse, besonders in bezug auf die Gnadenlehre, scharf ins Gericht genommen. Dieses Vorgehen verrät Campenhausens historische Methode des Lesens und Beurteilens patristischer Texte. Sie ist in diesem Buch meisterhaft angewandt, das darum nicht nur als Einführung in die lateinische Patristik, sondern in die Methode theologisch verantwortlicher Historiographie dienen kann.

Obwohl das Buch für eine breitere Leserschaft geschrieben wurde, enthält es zahllose Urteile und Beobachtungen, die man gewöhnlich nur in gelehrten Werken wissenschaftlicher Art sucht. Dies gilt in besonderer Weise für das lange Augustin-Kapitel und für die beiden Kapitel, die den eher untheologischen Gestalten des Lactantius und des Boethius gewidmet sind. Diese beiden scheinen überhaupt Campenhausens Aufmerksamkeit und Sympathie gewonnen zu haben, wie auch im Buch über die griechischen Väter der philosophierende und recht unkirchliche Bischof Synesios von Kyrene, vielleicht weil gerade sie in der traditionell betriebenen Dogmengeschichte so behandelt wurden, wie Campenhausen es nicht vorschlägt: sie wurden entweder als untheologisch oder unoriginell ausgelassen und abgewertet, oder sie wurden posthum christianisiert und katholisiert.

* * * * *

Ist diese dritte, verstehende, humanistisch-tolerante und christlich verantwortliche Perspektive der Beurteilung patristischer Texte nun die ideale und ökumenisch konstruktive Lösung? Bei aller Bewunderung wird man dies kaum sagen wollen, denn auch diese Methode – die beste mir bekannte – ist nur anwendbar resp. produzierbar im Horizont der liberalen, westlichen Universität, (diese Bezeichnung soll ohne jede negative Färbung verwendet sein). Die Schwierigkeit bei der Interpretation der alten Väter liegt wohl nicht nur in der Frage, was wir über sie denken sollen, wie wir sie einordnen und verstehen wollen, sondern wie wir uns als die Interpretierenden im Verhältnis zu ihren Stimmen verstehen wollen. Dies ist freilich keine neue Einsicht in das alte, theologisch-hermeneutische Problem, das natürlich den biblischen Büchern gegenüber ebenso besteht. Aber es ist die Wiederholung der alten Einsicht, daß es sehr schwierig ist, in der Universität – und das heißt eben außerhalb der Kirche und ihres Gottesdienstes, oder als einzelner, der zwar von daher kommt – die alten Autoren und ihre Texte auch in der Dimension zu interpretieren, in der sie mehr als Autoren und bloße Texte sind.

Personenregister

Abaelard, 100
Abelson, R., 125
Adam, Alfr., 107
Alexander v. Alex., 44
Alfaric, P., 108
Altaner, B., 106
Ambrosius, 12, 108, 134, 147
Andresen, C., 105–6, 117
Anselm v. Canterbury, 45, 100
Antonius d. Einsiedler, 47–8
Apollinaris v. Laodicea, 63, 78, 83
Aristoteles, 85, 89, 106–7, 123, 125–9, 135
Arius, 27–9, 32, 38–43, 65, 67, 143
Athanasius, 12, 20, 21–77, 83–4, 86–8, 90, 92–6, 98, 100, 143, 145
Augustin, 21–3, 70, 75, 87, 89, 93, 98, 102–122, 123–140, 145, 147
Aulén, G., 26

Bacon, Sir Francis, 102
Barth, K. 27, 63, 79, 86, 90, 102–4, 118, 120–1, 124
Barth, M., 124
Basilius, 92, 96
Bernhard v. Clairvaux, 110
Blaser, K., 79
Boethius, 147–8
Bonaventura, 134
Bonhoeffer, D., 37, 79, 86
Bonwetsch, N., 12–3, 90
Bornhäuser, K., 24–5, 90
Borovoij, V., 21
Bouyer, L., 29
Boyer, Ch., 108
Braun, H., 115, 120
Bright, Wm., 23
Brunner, E., 26, 90–1, 124
Bultmann, R., 77,'79, 83, 103, 108, 113, 115, 118–9
Bunsen, C. C. J., 18–9
Burckhardt, J., 117
Buren, P. van, 115–6, 120
Burnaby, John., 111

Caesarius v. Arles, 145–6
Cahill, J., 121
Calixt, Joh., 22
Callistus, 13, 19
Calvin, 75, 98, 114, 116, 145
Camerarius, J., 145

Campenhausen, H. v., 59, 105, 109, 113, 146–8
Campbell, Th. C., 94
Chadwick, H., 27
Cicero, 107, 123, 130, 132
Clemens v. Alex., 14, 24, 61–2, 87, 93–4, 96
Cochrane, C. N., 39, 65
Collingwood, R. G., 115, 119
Courcelle, P., 106, 108
Cross, F. L., 23
Cyprian, 113, 147
Cyrill v. Alex., 24, 26, 32, 63, 70, 92, 96, 143

Daniélou, J., 49, 91
Deane, Herbt. A., 114, 134
Dilthey, W., 89
Dodd, C. H., 113
Dorner, A., 122
Drewello, W., 78
Duns Scotus, 123, 125, 136–9
Du Roy, O. (J. B.), 122

Ebeling, G., 103, 118–9
Edsman, C. M., 11
Elert, W., 88
Eusebius, 27–8

Florovsky, G., 28–9, 31, 39, 39–40, 57, 65, 143
Frank, Erich, 106, 117
Frend, W. H. C., 82
Fuller, Lon L., 124

Geest, J. E. L. van der, 82
Gilg, A., 27–8, 31, 91
Gilson, E., 111–2
Gollwitzer, H., 72
Graham, Billy, 77, 119
Granovsky, T. N., 144
Grant, R. M., 83
Green, W. B., 114
Gregor v. Nazianz, 67, 76, 84, 93, 96
Gregor v. Nyssa, 24, 26, 49, 57, 84, 86–7, 92, 94, 96
Gregor Palamas, 84, 86, 144
Grillmeier, A., 28, 54, 62
Gross, J., 49, 91
Grotius, H., 123, 131

Hamel, A., 11–2, 118
Harakas, St. S., 129